Kleiner. Feiner. Leichter.

Jörg Kreienbrock

Kleiner. Feiner. Leichter.

Nuancierungen zum Werk Robert Walsers

diaphanes

1. Auflage
ISBN 978-3-03734-098-1
© diaphanes, Zürich 2010
www.diaphanes.net
Alle Rechte vorbehalten

Satz und Layout: 2edit, Zürich
Druck: pH, Berlin

Inhalt

Unaufhörliches Aufhören   7

In die Irre gehen: der Spaziergang   49

Höflichkeit im Zeichen der Nuance   83

Verspätete Möglichkeiten
Tradition und Potentialität   125

Der monotone Lehrgang des Dilettanten
Wie lernt man, eine Null zu werden?   151

Unaufhörliches Aufhören

Der Briefschreiber

Hat jemand beispielsweise das Talent,
Briefe zu schreiben, die sich jeweils lesen,
als schaue man in eine Bilderreihefolge,
so wird vermutet, er hör nimmer auf.
Keinem fällt ein, ein's Tages könnt' es ihm
am inneren und äußern Anlaß fehlen,
geistreich und mitteilsam zu sein.
Man wundert sich, wenn sich der Briefverfasser
stillhält, nicht fortfährt, wie ein Brünnlein
zu rauschen, plätschern und zu plaudern.
Man möchte immer nichts als von dem Wackern
aufs wackerste und aufs gediegenste
bedient, belustigt, unterhalten sein.
Er aber, der die Briefe schrieb,
womit er sich und andre amüsierte,
hat vielleicht plötzlich das Bedürfnis,
im Schweigen sein Vergnügen zu entdecken,
und er entdeckt es in der Tat
und schweigt jetzt, wo er früher schwatzte,
munter drauflos, weil die Zurückhaltung
für ihn ein anderes und Neues ist,
das ihn belebt, ihm Verwechslung verschafft.
Er findet, daß das tagelange
denkend im Zimmer Auf-und-nieder-Wandern
von einer unbekannten und aparten
Annehmlichkeit und Schönheit sei,
und unter andrem denkt er ans
Entstehen seines ersten Briefs, und etwas
Einfaches kommt ihm seltsam vor;
der Anfang, das Beginnen int'ressieren ihn,
und die Empfänger seiner Briefe können
dies nicht verstehn, sind nicht imstande, zu
begreifen, aus welch sonderlichem Grunde
er die Gesprächigkeit nicht fortsetzt […][1]

---

1 Robert Walser: *Sämtliche Werke in Einzelausgaben*, hg. v. Jochen Greven, Bd. 13, Zürich, Frankfurt 1986, S. 225f. (im Folgenden im laufenden Text zitiert mit Band- und Seitenzahl).

Robert Walsers erster Roman *Geschwister Tanner* endet mit einem Aufruf und einem Aufbruch: »Sie müssen in ein Ohr hineinflüstern und Zärtlichkeiten erwidern lernen. Sie werden sonst zu zart. Ich will sie lehren; das alles, was Ihnen fehlt, will ich Sie lehren. Kommen Sie. Wir gehen hinaus in die Winternacht. In den rauschenden Wald. Ich muss Ihnen so viel sagen [ ] Kein Wort mehr, kein Wort mehr. Kommen Sie nur.« (4,332) In diesen Zeilen, welche den Roman ausklingen lassen, spannt sich zwischen der überbordenden Erzähllust – *Ich muss Ihnen so viel sagen* – und dem resignierten Verstummen – *kein Wort mehr* – das Schreiben eines Dichters der »unteren Regionen«.[2] Das Schreiben eines Dichters, dessen geflüsterter Aufruf – *Kommen Sie nur, ich will Sie Zärtlichkeiten erwidern lehren* – zunächst nur von wenigen aufmerksamen Ohren gehört wurde. Zu diesen gehörten unter anderen Franz Kafka, Robert Musil, Christian Morgenstern und Walter Benjamin.[3] Was waren sie in der Lage zu hören? Was ist die Lehre Walsers? Was ist es, was ihn lange nach seinem Verstummen für Susan Sontag, W.G. Sebald, Elfriede Jelinek oder Giorgio Agamben so ansprechend macht? Warum kommt Walser auf sie zu? Wie *bringt* Walser, um eine Wendung Martin Heideggers aufzunehmen, die Leser *ins Hören*? So wie der Sohn in Heideggers Vorlesung

---

2 Die Wendung von den »unteren Regionen« stammt aus Walsers Roman *Jakob von Gunten,* wo es heißt: »Ich kann nur in den untern Regionen atmen« (4,145). Vgl. Claudio Magris: »In den unteren Regionen: Robert Walser«, in: Klaus-Michael Hinz und Thomas Horst (Hg.): *Robert Walser,* Frankfurt 1991, S. 343–357. Vgl. dazu Roland Barthes' Selbstcharakterisierung in einer am Collège de France gehaltenen Vorlesung über das Neutrum: »(Mein ganzes Leben verbringe ich in diesem Hin und Her: schwankend zwischen der überschwenglichen Begeisterung für die Sprache (Genuß des Sprachtriebs (deshalb: ich schreibe, ich spreche, genau das ist meine soziale Existenz, da ich publiziere und lehre) und dem Begehren, dem großen Wunsch nach einem Ausruhen der Sprache, einem Stillstand, einem Dispens.)« In: Roland Barthes: *Das Neutrum. Vorlesung am Collège de France 1977–1978,* übers. v. Horst Brühmann, Frankfurt 2003, S. 165.
3 Vgl. deren Texte in: Schweizer Kulturstiftung Pro Helvetia (Hg.): *Robert Walser,* Zürich, Bern 1984. Walter Benjamins Aussage: »Man kann von Robert Walser viel lesen, über ihn aber nichts« ist allerdings im Zuge der besonders durch die Entzifferung und Herausgabe des sogenannten ›Bleistiftgebiets‹ entzündeten literaturwissenschaftlichen Interesses an diesem ›heimlichsten‹ Schriftsteller nur noch eingeschränkt gültig. Vgl. Walter Benjamin: »Robert Walser«, in: ders.: *Gesammelte Schriften,* Bd. 2,1, hg. v. Rolf Tiedemann und Hermann Schweppenhäuser, Frankfurt 1991, S. 324–328, hier S. 324.

Was heißt Denken? von der Mutter das Horchen, Gehorchen und schließlich Denken lernt,[4] so flüstert Walser den Lesern ins Ohr: *Ich will sie lehren.* Es ist diese Lektion des Flüsterns – eines Sprechens, das auf der Schwelle des Sprechens und Nicht-Sprechens bzw. Hörens und Nicht-Hörens verweilt –, die aus Robert Walser spricht. Flüstern und Horchen kommen in die Nähe, die den Leser lehrt zu hören. Doch ist diese Nähe – die gelehrt und gelernt sein will – von Bestand oder lässt nicht das leise Vibrieren der flüsternden Stimme Walsers die belehrende Beziehung zwischen Sprechendem und Hörendem erzittern? Die Nähe, in der Sprechen und Hören, Schreiben und Lesen sich verhalten – Spielraum der Literatur –, hat keine feste Form, und es bleibt offen, ob sie zum verstehenden Gespräch oder zur sinnstiftenden Lektüre fixiert werden kann.

Was Walser dem Leser aufgibt, ist das Hören des *leisen Flüsterns* und die Erwiderung *von Zärtlichkeiten.* Fähigkeiten und Vorgehensweisen, so ließe sich präzisieren, welche aufmerksam für den Vorgang des Gesprächs – im Mit- und Gegeneinander von Sprechen und Hören, Flüstern und Horchen – im Detail, der Nuance und der leichten Abweichung den *Möglichkeitssinn* in der Beziehung zum Anderen wahrnehmen.[5] Die wechselnden Gestalten – sei es in der Form von Personen, Texten oder Landschaften –, die dem aufmerksam Wahrnehmenden begegnen, werden in ihrer feinen Differenziertheit lesbar. Es ist folglich ein Schreiben, das sich der direkten Feststellung zum gerundeten, abgeschlossenen Werk entzieht, das nicht aufhört aufzubrechen und das aufbrechend nicht aufhört, Lesern von Kafka bis Agamben ein leises *Kommen Sie nur* zuzuflüstern. Dieses Kommen der Literatur – *hinaus in die Winternacht. In den rauschenden*

---

4 Martin Heidegger: *Was heißt Denken?*, Tübingen 1961, S. 19.
5 Zärtlichkeiten lassen sich ebenfalls als eine Wahrnehmung von feinen und kleinen Differenzen lesen, wie es etwa von Friedrich Nietzsche in »Der Fall Wagner« entwickelt wird: »Nochmals gesagt: bewunderungswürdig, liebenswürdig ist Wagner nur in der Erfindung des Kleinsten, in der Ausdichtung des Détails, [...] der in den kleinsten Raum eine Unendlichkeit von Sinn und Süsse drängt. [...] der kleine Kostbarkeiten bei Seite legt: unsern grössten Melancholiker der Musik, voll von Blicken, Zärtlichkeiten und Trostworten.« In: Friedrich Nietzsche: »Der Fall Wagner. Ein Musikanten-Problem«, in: *Kritische Studienausgabe*, Bd. 6, hg. v. Giorgio Colli und Massimo Montinari, München, Berlin, New York 1988, S. 9–54, hier S. 28f.

Wald – verweist auf einen Ort und eine Zeit, die scheinbar ohne Anfang und Ende, erhellt von »dürftigen Lampions der Hoffnung«,[6] sich zart vom *dunklen Rauschen* des Waldes – an der Grenze von bedeutender Artikulation und bloßem Geräusch – abhebt. Es bedarf des horchenden Lesers, der Zärtlichkeiten zu erwidern weiß, und der das wortlose Rauschen des Waldes zu hören und die Winternacht, »wo sie am schwärzesten ist«,[7] zu sehen in der Lage ist. Dieser Leser verwandelt sich bereits im Moment des rezipierenden Hörens in einen produzierenden Schreibenden, den es drängt weiterzuerzählen, so wie es Peter Bichsel anlässlich einer Lektüre der *Geschwister Tanner* beschreibt: »Aber ich habe in den letzten Wochen all meine Freunde mit den ›Geschwistern‹ belästigt, ich hatte einen unbezwingbaren Drang, zu erzählen. Das Buch ist nicht spannend, überhaupt nicht spannend, aber es löst den Drang aus, zu erzählen, und wer es erzählt bekommt – Kafka zum Beispiel, erzählt bereits weiter.«[8]

Simon Tanner, eine Figur aus *Geschwister Tanner*, nimmt die Natur spazierengehend als eine *Darbietung* wahr, die an die Form des Horchens gebunden ist: »Es war komisch und weithintragend, forttragend und herbeibringend: Ein Bringen, wie junge Knaben bringen, ein Darbieten, wie Kinder darbieten, ein Gehorchen und Aufhorchen. Man konnte sagen und denken was man wollte, es blieb immer dasselbe Unausgesprochene, Unausgedachte!« (9,160) Die Landschaft, in der sich der Spaziergänger bewegt, und die damit verbundenen Assoziationen werden ihm gebracht, sie kommen – wie Kinder – auf ihn zu und tragen ihn fort. Es ist eine Vorgehensweise des Kommens und Gehens, in der Aufhorchen und Gehorchen ungeschieden ineinander greifen. Das kindliche Darbieten ist noch dem Prozess des Lernens verhaftet, es horcht unsicher auf den Vorgang des Bringens bzw. den Vorgang des Horchens selbst, welche noch nicht zur gelernten Methode geronnen sind. Unsicher schwankend zwischen Auf- und Gehorchen lernt das Kind. Das Bringen wird durch das Horchen beigebracht: Die Mutter, so fährt Heidegger an der oben zitierten Stelle fort, »wird vielmehr dem Sohn das Gehorchen beibringen.

---

6   Benjamin: »Robert Walser«, in: *Gesammelte Schriften*, Bd. 2,1, a.a.O., S. 327.
7   Ebd., S. 326f.
8   Peter Bichsel: »Geschwister Tanner lesen«, in: Schweizer Kulturstiftung Pro Helvetia (Hg.): *Robert Walser*, a.a.O., S. 79–88, hier S. 83.

Oder noch besser und umgekehrt: sie wird den Sohn in das Gehorchen bringen.«[9]

Indem der *junge Knabe* auf- und gehorcht, entwickelt sich eine leise Form des Begreifens von *Unausgesprochenem* und *Unausgedachtem*. Was bei-gebracht und begriffen wird, entzieht sich der Definition, ist noch nicht vollständig ausgesprochen oder gedacht, und nur indem das Hören sich in ein Horchen auflöst, eröffnet sich die Möglichkeit dieses ge-horchenden und aufmerksamen Begreifens: »Man hatte nicht nötig, irgend etwas zu begreifen, es begriff sich nie und wieder begriff es sich ganz von selbst, indem es sich in das Horchen nach einem Klang auflöste, oder in das Sehen in die Ferne hinein.« (9,160) Begreifen gleicht einem passiven Auflösen, einem Schweifen, welches nicht die Dinge hör- oder sichtbar macht, sondern das, von dem sich solche *Gegenständlichkeiten* abheben. Es lenkt den Blick auf die Nuancen, die *schwärzeste Winternacht* und das *stille Rauschen* der Wälder: »Die blauen, verhauchten Waldberge klangen wie ferne, ferne Hörner.« (9,160) Sehen wird zum Horchen auf *ferne, ferne Klänge*, die kaum hörbar – *verhaucht* – das Hintergrundrauschen der Umwelt in den Vordergrund – die Nähe – rücken lässt und damit das Denken erhört. Ein solch lösendes und gelöstes Begreifen, das in die verklingende Ferne schweift, bringt die nuancierten Ränder der Dinge und Wörter – zwischen Vorder- und Hintergrund schwankend –, die sich der geläufigen Wahrnehmung entziehen, ans Licht und zur Sprache.

Der Schüler Fritz Kocher, Protagonist von Walsers erster Veröffentlichung *Fritz Kochers Aufsätze*, beschreibt die schulische Aufsatzstunde – ein anderer Moment des Horchens und Lernens – mit den Worten: »Die Aufsatzstunde ist vielleicht aus eben diesem Grunde die anziehendste. In keiner Stunde geht es so geräuschlos, so andächtig zu und wird so still für sich gearbeitet. Es ist, als höre man das Denken leise flüstern, leise sich regen. Wie das Treiben von kleinen weißen Mäusen ist's. Hin und wieder fliegt eine Fliege empor und senkt sich dann leise auf einen Kopf, um es sich auf einem Haar wohl sein zu lassen.« (1,25) Die *geräuschlose, andächtige Stille* der schreibenden Schüler beginnt zu tönen und zu vibrieren, sie gleicht – an der verklingenden Schwelle von Schweigen und Sprechen – den fernen Klängen des Waldes, die sich kaum hörbar nur dem aufmerksam

---

9 Heidegger: *Was heißt denken?*, a.a.O., S. 19.

Horchenden erschließen. Diese Form der Aufmerksamkeit geht nicht auf den Klangkörper an sich, sondern bewegt sich an dessen Rändern *in die Ferne hinein*. Diese Bewegung lässt, wie ein leises Geräusch, das *wie eine Fliege hin und wieder fliegt*, die Möglichkeit, Denken zur Sprache kommen zu lassen, erzittern. Sowohl die Stille als auch das laute Sprechen werden vom vibrierenden Summen und Flüstern angeregt, sie spielen ineinander, sind immer schon – leise – von ihrem scheinbaren Gegensatz berührt. Sie beginnen zu rauschen, sodass in der tönenden Stille der Aufsatzstunde das Denken erhört werden kann, es *flüstert* und *regt sich leise*.

Walser entwirft flüsternde Reihen von Wörtern, Dingen und Zuständen, deren Bewegung in minimaler Differenz sich gegenseitig überbieten und ineinander verklingen. »Ein Wortschwall bricht aus«, so Walter Benjamin, »in dem jeder Satz nur die Aufgabe hat, den vorigen vergessen zu machen«[10] und in die zitternde Balance von Geschwätzigkeit und Verstummen zu überführen. Nicht zufällig entstammt diese Charakteristik des *Wortschwalls* einer kurzen Anekdote aus dem Leben Gottfried Kellers, welche Walsers Herkunft aus einer *gewissen schweizerischen Sprachscham* erklären soll: »Von Arnold Böcklin, seinem Sohn Carlo und Gottfried Keller erzählt man diese Geschichte: Sie saßen eines Tages wie des öftern im Wirtshaus. Ihr Stammtisch war durch die wortkarge, verschlossene Art seiner Zechgenossen seit langem berühmt. Auch diesmal saß die Gesellschaft schweigend beisammen. Da bemerkte, nach Ablauf einer langen Zeit, der junge Böcklin: ›Heiss ist's‹, und nachdem eine Viertelstunde vergangen war, der ältere: ›Und windstill‹. Keller seinerseits wartete eine Weile; dann erhob er sich mit den Worten: ›Unter Schwätzern will ich nicht trinken‹.«[11]

Wie sind nun das Schweigen – man denke an Walsers späte Jahre in Herisau – und der unaufhörlich alles mit sich reißende Sprachfluss miteinander in Beziehung zu bringen? Kann man die ausufernden Texturen des Bleistiftgebiets und die höflich-bescheidene Zurückhaltung des internierten Dichters, die Selbstverkleinerung, ja das Verstummen als schriftstellerische Methode zusammen denken? Vielleicht liegt eine mögliche Antwort in dem, was man vorsichtig

---

10 Benjamin: »Robert Walser«, in: *Gesammelte Schriften*, Bd. 2,1, a.a.O., S. 327.
11 Ebd., S. 327.

als unaufhörliches Aufhören bezeichnen könnte. Ein Schreiben, das nicht aufhört aufzuhören. Ein beständiges Horchen auf die Unbeständigkeit, die sich zwischen Aufhören und Fortfahren eröffnet. Dieses horchende Schreiben ist gekennzeichnet von einer Aufmerksamkeit für das Aufbrechen im Aufhören, für das, was die unaufhörliche Abfolge der aufgezählten Episoden, Begegnungen und Namen unterbricht. Walsers Texte verhalten sich ungehorsam gegenüber den Zwängen kausaler und linearer Folgerichtigkeit. Ihr Fortschritt ist im Intervall zwischen Ab- und Aufbruch, Verstummen und Geschwätz[12] aufgehalten. Sie kommen nicht voran und beginnen flüsternd, die scharfe Trennung von Sprechen und Schweigen, Anfang und Ende zu befragen.

Im November 1919 erscheint in der Zeitschrift *Die Rheinlande* der Text »Das letzte Prosastück«. Zu diesem Zeitpunkt, lange vor dem endgültigen Verstummen des Dichters in der Heilanstalt Herisau und etwa die Mitte der schriftstellerischen Laufbahn Walsers markierend, kündigt Walser das Ende seines Schreibens an: »Wahrscheinlich ist dies mein letztes Prosastück. Allerlei Erwägungen lassen mich glauben, es sei für mich Hirtenknaben höchste Zeit, mit Abfassen und Fortschicken von Prosastücken aufzuhören und von offenbar zu schwieriger Beschäftigung zurückzutreten. Mit Freuden will ich mich nach anderer Arbeit umschauen, damit ich mein Brot in Frieden essen kann.« (16,321) Doch das Aufhören hört nicht auf. Unaufhörlich schreibt Walser weiter. Wenige Zeilen später notiert er: »Zehn Jahre lang schrieb ich fortgesetzt kleine Prosastücke, die sich selten nützlich erwiesen. Was habe ich dulden müssen! Hundertmal rief ich aus: ›Nie mehr wieder schreibe und sende ich‹, schrieb und sandte aber jeweilen schon am selben oder folgenden Tag neue Ware, derart, daß ich meine Handlungsweise heute kaum noch begreife.« (16,321) Insofern das Aufhören sich unaufhörlich während der letzten zehn Jahre fortsetzt,[13] bleibt das erste Prosastück vom letzten

---

12 Zum Ursprung von Walsers Geschwätzigkeit in seiner Einsamkeit vgl. Nagi Naguib: *Robert Walser. Entwurf einer Bewußtseinsstruktur*, München 1970, S. 30: »Das hemmunglose Sprechen ist die Kehrseite der Einsamkeit und der Absonderung, die Einsamkeit verbirgt sich im Wortschwall.«
13 Das Unaufhörliche am Schreiben Robert Walsers wird auch von Martin Walser hervorgehoben: »Es gibt Bücher, die verbreiten sich wie Flächenbrand, und solche, die sinken allmählich in uns hinein, und hören und hören nicht auf, in uns hineinzusinken, und wir hören nicht auf, uns darüber zu wundern,

berührt. Anfang und Ende sind ineinander verschränkt, das Schreiben Walsers schreitet unaufhörlich – *fortgesetzt* – zwischen Anfangen und Aufhören fort. Schon am Tag des Ausrufs *Nie mehr wieder schreibe und sende ich* geht das *Herstellen* und *Fortfliegenlassen* von Prosastücken weiter. Ein Vorgang, den der Schriftsteller – *heute* – kaum noch begreift. Der *Eifer* und die *Geduld* des Schreibens sind *unsagbar* und *unbeschreiblich*: »In bezug auf Herstellen und Fortfliegenlassen von passenden Prosastücken legte ich einen unsagbaren Eifer und eine unbeschreibliche Geduld an den Tag.« (16,321)

Das fortgesetzte Handwerk des Schreibens – wie in vielen anderen Texten beschreibt Walser Schreiben hier als eine handwerkliche Tätigkeit –, das Anfang und Ende ineinander verschränkt, lässt sich *kaum noch* begreifen. Wie die Ware Prosastück produziert wird, weiß der Schriftsteller Walser nicht mehr. Der Vorgang des Abbrechens und Neubeginnens, welcher das fortgesetzte Herstellen von Literatur kennzeichnet, ist kein begreifbares Vermögen oder erlernbares Handwerk. Es ist eine schwierige Handlungsweise, die nicht nur *abfasst*, sondern auch *fortschickt*, die nicht nur *herstellt*, sondern auch *weggibt*. Unaufhörliches, fortgesetztes Schreiben oszilliert zwischen Fassen und Schicken, zwischen Stellen und Geben. Schreiben heißt sowohl behütendes Sammeln als auch fortgesetztes Senden: »Das flog aus meinem Uhrmacheratelier oder Schneider- und Schusterwerkstatt nach allen Windrichtungen wie Tauben aus einem Taubenschlag oder Bienen aus einem Bienenhäuschen. Mücken und Fliegen summen und schwimmen nicht emsiger hin und her, wie die Prosastücke hin- und herflogen, die ich an allerlei Redaktionen sandte.« (16,321f.) So wie die Beschäftigung des Schreibens für den Schriftsteller *unsagbar* und *unbeschreiblich* bleibt, so zeichnet auch die Bewegung des Geschriebenen – obwohl es an Zeitungsredaktionen gerichtet ist – eine irritierende Richtungslosigkeit. Es *fliegt nach allen Windrichtungen*. Die Aufgabe des Dichters – als Hirtenknabe – scheint für Walser im Sammeln und Ausrichten der orientierungslosen Prosastücke zu bestehen. Der Hirte, nicht nur Referenz an die Tradition der klassischen Idyllendichtung, ist eine Figur der Samm-

---

daß Bücher ein so unendliches und sanftes Gewicht haben können und daß in uns solche Tiefen zu wecken sind. Was man dabei empfindet, grenzt an Glück.« In: Martin Walser: »Über Unerbittlichkeitstil. Über Robert Walser«, in: ders.: *Werke*, Bd. 12, Frankfurt 1997, S. 294–321, hier S. 296.

lung und Fassung, welche das Schwärmen der Prosastücke in ihrer Tendenz zur Zerstreuung aufzuhalten sucht.[14] Im Schwarm der ungeregelten Bewegung tritt das einzelne Prosastück in seiner Bedeutung zurück. Literatur schwärmt aus, im *Hin und Her* des Abfassens und Ausschickens verwirren sich die klaren Grenzen der einzelnen Prosastücke – sie *summen* und *schwimmen*. Das fortsetzende, unaufhörliche Schreiben beginnt sich dem Geschwätz anzugleichen, indem, folgt man Walter Benjamin, jedes Wort versucht, das vorangehende vergessen zu machen.

Fortgesetztes Schreiben bricht aus und fliegt fort, der sammelnden Geste des Hirten entfliehend, dem es nicht mehr gelingt, das *Hin und Her* der Prosastücke zu einer gesammelten Herde zu fassen. Der fortfliegende Schwarm verweigert den Zugriff, er verschwimmt und lässt die Ränder des Schreibens – Anfang und Ende – verklingen. Sie verschwinden im *Tumult und Wirrwarr*, nur um immer wieder neu zu beginnen: »Einmal wurde mir mitgeteilt: ›Ihre Prosastücke sind im Tumult und Wirrwarr verlorengegangen. Nehmen Sie uns das nicht übel und schicken Sie uns Neues. Wir wollen es wieder verlieren, worauf sie uns wiederum Neues einsenden können‹.« (16,324) In der Rhythmik des Verlierens und Findens kommt es zum fortgesetzten Schreiben, dem unaufhörlichen Herstellen und *Fortfliegenlassen* von Prosastücken. Diese Texte – verloren und vergessen – sind weggeworfen und unbrauchbar, ihnen kann weder feste Gestalt noch ein bestimmter Ort zugewiesen werden. Sie *erweisen sich selten als nützlich*, lassen sich in keinen Rahmen fügen: »Die Tag- und Nacht-, Lust- und Trauer-, Rühr- und Zier-, Türen- und Treppen-, Schmuck und Kunststücke, die ich fortwährend hoffnungsvoll fortschickte, erwiesen sich meistens als unbrauchbar, paßten selten oder nie in den Rahmen und entsprachen den Wünschen vielmals keineswegs.« (16,322f.) Schon die Charakterisierung der Prosastücke erweist sich als schwierig, scheinen sie doch unter gänzlich gegensätzliche Rubriken zu fallen: Erzählung, Geschichte, Aufsatz.[15] Walsers kleine

---

14 Zur Sammlung und Streuung von Walsers Texten aus editorisch-philologischer Perspektive vgl. Margit Gigerl und Barbara von Reibnitz: »Sammeln und lesbar machen. Von der Bewahrung des Zerstreuten in Archiv und Edition«, in: Wolfram Groddeck u.a. (Hg.): *Robert Walsers ›Ferne Nähe‹. Neue Beiträge zur Forschung*, München 2007, S.159–176.
15 Zum Problem literarischer Gattungen und Genres im Werk Walsers vgl. Carsten Dutt: »Was nicht in den Rahmen passt. Anmerkungen zu Robert Wal-

Prosastücke behandeln gleichzeitig Tag und Nacht, Lust und Trauer, erzielen Rührung und sind doch nur Zierrat. Sie lassen jeden Versuch, sie zu abgeschlossenen, wirkenden, eine Reaktion hervorrufenden Einheiten zu fassen, vergeblich erscheinen. Sie brechen aus, perforieren jeden möglichen Rahmen und verunmöglichen ihre Festschreibung zu einem definierten Genre. Jedes neue Stück ist ohne Nutzen, verfliegt – unbestimmt – noch im Moment seiner Herstellung ins *Hin und Her*, verschwimmt im *Tumult und Wirrwarr*.

Das unveröffentlichte Manuskript »Der heiße Brei« macht auf ähnliche Weise auf das Sich-Verlieren in der Richtungs- und Orientierungslosigkeit des Schreibens aufmerksam: »Besteht nicht Schriftstellern vielleicht vorwiegend darin, daß der Schreibende beständig um die Hauptsächlichkeit herumgeht oder -irrt, als sei es etwas Köstliches, um eine Art heißen Brei herumzugehen?« (19,91) Schreiben heißt, *beständig* um eine *Hauptsächlichkeit* herumzugehen oder zu irren. Diese Bewegung, im *oder* zwischen Gehen und Irren unentschieden suspendiert, führt in keine Richtung noch auf ein Ziel zu. Als eine »Ästhetik der Abweichung«[16] verlangt sie vom Schriftsteller ein Vorgehen, das beständig abweicht und sich nicht zu einem ausgerichteten Fortschreiten fassen lässt. Zwischen der Anziehung des *Köstlichen* und der abweichenden Verfehlung bewegt sich das *Schriftstellern* ständig fort, ohne jemals anzukommen, kommt es niemals zum Verzehr des heißen Breis. Das unaufhörliche Abweichen, von Susan Sontag als »lyrische Beweglichkeit«[17] gedeutet, lose um das köstliche Zentrum kreisend, eröffnet einen *summenden* und *schwimmenden* Raum, in dem Sich-Verlieren und Sich-Finden, Glück und Unglück, Lust und Trauer gleichzeitig erfahrbar werden. Susan Sontag weiter: »Dies sind sowohl heitere wie traurige Selbstgespräche über die Beziehung zur Gravität, in der physikalischen und charakterologischen Bedeutung des Wortes: antigravitätisches Schreiben zum Lobe der Bewegung und der Erleichterung, der Gewichtslosigkeit; Porträts eines Bewusstseins, das in der Welt herumwandert und

---

sers Gattungsreflexion«, in: Anna Fattori und Margit Gigerl (Hg.): *Bildersprache, Klangfiguren. Spielformen der Intermedialität bei Robert Walser*, München 2008, S. 49–62.
16 Wolfgang Baur: *Sprache und Existenz. Studien zum Spätwerk Robert Walsers*. Göppingen 1974, S. 113.
17 Susan Sontag: »Walsers Stimme«, übers. v. Werner Morlang, in: Schweizer Kulturstiftung Pro Helvetia (Hg.): *Robert Walser*, a.a.O., S. 76–78, hier S. 77.

sein ›Stückchen Leben‹ geniesst, strahlend vor Verzweiflung.«[18]

Das irrende Umschreiben des Eigentlichen wird von Walser nicht nur räumlich, sondern auch zeitlich als eine Form des Aufschubs gedacht. Der Schriftsteller schreibt *beständig* über das *Nebensächliche*, ohne jemals das *Hauptsächliche* zu erreichen, seine *Prosastückelchen, klein von Gestalt*, sind gewichtslos und vorläufig: »Man schiebt schreibend immer irgend etwas Wichtiges, etwas, was man unbedingt betont haben will, auf, spricht oder schreibt vorläufig in einem fort über etwas anderes, das durchaus nebensächlich ist.« (19,91) Ein Sprechen oder Schreiben, das neben den Sachen herumirrt und über den Status der Vorläufigkeit nicht hinausgeht, verzichtet auf die starke Betonung des Wichtigen und der *Hauptsächlichkeit*. Es irrt umher, fährt vorläufig fort aufzuschieben und abzuweichen. Die derart hergestellten *Prosastückeli* – Verkleinerung des gestalteten Stücks zum gebrochenen Stückeli[19] – sprechen und schreiben in ihrem *differenzierten Zeilenreichtum* von Nebensächlichem und Abseitigem. In der permanenten Aberration, die das Wichtige beständig leicht verfehlt, geht der Schreibende in einem fort, ohne dass seine Vorgehensweise – sein abweichendes Irren – ein wichtiges Ergebnis erzielen würde. Jeder Schritt geht vor und ist gleichzeitig aufgehalten, nähert und entfernt sich vom Ziel, hält auf etwas zu und verfehlt es. Schreiben heißt Aufschieben. Eine Bewegung ohne Fortschritt, ein *stillstehendes Galoppieren*. Walser nennt dieses ausrichtungslose Ausrichten *östreicheln*: »Vielleicht ist Östreichelei wesentlich nichts anderes als ein gedankenloses Gedankenvollsein, ein stillstehendes Galoppieren, ein versteinertes über die Dinge, die man beschreibt, Dahinfließen.« (19,90)[20] *Östreicheln* erinnert nicht nur an einen abweichenden, österreichischen Umgang[21] mit der Sprache, der das

---

18 Ebd., S. 77.
19 Vgl. Anette Schwarz: *Melancholie. Figuren und Worte einer Stimmung* Wien 1996, S. 171–189.
20 Vgl. Georg Kurscheidt: »›Stillstehendes Galoppieren‹ – der Spaziergang bei Robert Walser: Zur Paradoxie einer Bewegung und zum Motiv des ›stehenden Sturmlaufs‹ bei Franz Kafka«, in: *Euphorion. Zeitschrift für Literaturgeschichte*, 81,2 (1987), S. 131–155.
21 Zum Verhältnis Walsers zu Österreich vgl. Alois Brandstetter: »Robert Walsers Österreicher. Überlegungen zu ›Die Schlacht bei Semprach‹«, in: Katharina Kerr (Hg.): *Über Robert Walser*, Bd. 2, Frankfurt 1978, S. 45–50. Und: Karl Wagner: »Österreicheleien««, in: Groddeck u.a. (Hg.): *Robert Walsers ›Ferne Nähe‹*, a.a.O., S. 97–106.

Deutsche leicht verfremdet, sondern enthält anagrammatisch auch das Wort *streicheln*. Wie ein Beschreiben, das über die Dinge *dahinfließt*, kennzeichnet Streicheln einen leichten, fast gewichtslosen Zugang, der sich an der Oberfläche bewegt, ohne in die Tiefe zu gehen. Streicheln ist eine undefinierbare Form der Finesse, die versucht, die schwebenden Gestaltgrenzen nachzuzeichnen: »Gewiß lassen sich solche beruflichen Finessen nur schwer definieren« (19,90). Es »beruht ganz auf denkbar feinster Aufmerksamkeit« (19,90), welche die *Köstlichkeit* der beschriebenen Gegenstände wahrnimmt. In ihrer schwebenden, differenzierten Form entziehen sich diese der direkten Darstellung, sie kommen nur indirekt im Abweichenden und Nebensächlichen zur Sprache. Was sich dem streichelnden Schriftsteller zeigt, sind *weiche*, sich bewegende Oberflächen, an denen sich sein aufmerksames, *östreichelndes* Schreiben entlang bewegt: »Irgendwie und -wo war uns die Frau, bei der ich gewissermaßen möbliert wohnte, eigentümlich weich und leicht entgegengetreten. Es war, als sei sie ein Bild, das die Fähigkeit habe, sich zu bewegen.« (19,90) Die einzige Form der Darstellung, die den *weichen* und *leichten* Bildern gerecht wird, umschreibt diese, fließt an ihren verschwimmenden Grenzen. Walsers Literatur ist eine der Umschreibung, nicht der Beschreibung.

An anderer Stelle behandelt Walser, die Bedeutung des scheinbar Unbedeutenden weiterentwickelnd, Fragen der Darstellung, indem er die Figur eines Herausgebers imaginiert, der die Notizbuchblätter eines Malers veröffentlicht. Der Aufsatz »Ein Maler« beginnt mit einem Absatz, welcher den Leser anweist, nicht auf die *niedergelegten Kunstansichten* des Malers zu achten, sondern das *andere*, was zwischen den einzelnen Blättern und *Kunstansichten* liegt, zu lesen: »Diese Blätter aus dem Notizbuch eines Malers sind mir, wie man so sagt, zufällig in die Hände geraten. Mir erscheinen sie nicht so unbedeutend, als daß ich nicht glaubte, sie veröffentlichen zu dürfen. Über die darin niedergelegten Kunstansichten kann man gewiß verschiedener Meinung sein. Das ist aber auch nicht das Wichtigste, sondern das andere, Dazwischenliegende, das rein Menschliche in den Blättern erschien mir als das Besondere, wirklich Lesenswerte.« (1,66) Das *Wichtigste* in den veröffentlichten Blättern des Notizbuchs eines Malers ist nicht dessen Inhalt – *die niedergelegten Kunstansichten* –, sondern das, was in und zwischen den Blättern liegt. Der Blick des Lesers gleitet vom Niedergelegten und Festgeschriebenen zum scheinbar Nebensächlichen und Unbedeutenden, welches – *ganz auf denkbar feinster Aufmerksamkeit beruhend* – sich zum *wirklich Lesenswerten* und *Bedeutenderen* wandelt. Indem man in den Blättern liest, wie es der fiktionale Herausgeber aufgibt, liest man zwischen ihnen, legt man das Gelesene auseinander, erkennt man *das andere, das Dazwischenliegende.* Das *Wichtigste* zeigt sich im Abweichenden und Unscheinbaren. So wie das Schreiben des Schriftstellers ein beständiges Umschreiben der *Hauptsächlichkeit* darstellt, wird Lesen hier als eine ähnliche Bewegung verstanden, die vom Niedergelegten abweicht und im scheinbar Nebensächlichen das *Bedeutendere* zu lesen in der Lage ist. Ist dies noch ein Lesen, das in einem Buch liest, oder liest es zwischen ihm, den einzelnen Blättern und Kunstansichten? Wo ist der Ort des *in den Blättern*? Was ist das für ein Vorgehen, das nicht zusammenliest – *legein* – sondern auseinanderschreibt?

In der Figur des Schriftstellers als Herausgeber treten Lesen und Schreiben, Sammlung und Zerstreuung zusammen. Er sammelt die Blätter des Malers und gibt diese heraus, er kompiliert und veröffentlicht, erfasst und lässt *fortfliegen*. Was *zufällig in die Hände gerät,* um veröffentlicht zu werden – *diese Blätter aus dem Notizbuch eines Malers* –, verweigert die Abrundung zur geschlossenen Buchform. Das *Wichtigste* ist nicht im Buch niedergelegt, es liegt dazwischen, anders, jeden möglichen Einband perforierend. Das Notizbuch des Malers verwandelt sich in den Händen des herausgebenden Schriftstellers zu einer losen Blattsammlung. Derart zerstreuendes Lesen entbindet das Buch als Einheit. Im Sammeln und Herausgeben kommt es nicht zur Verbindung, sondern zur Entbindung des Geschriebenen. *Wirklich Lesenswertes* zerfasert die Verbindung der Blätter zu einem Buch und belässt die Blätter als Notizbuch im Status der Vorläufigkeit, Ausdruck eines beständigen Aufschubs, der aber durch die Konzentration auf das Kleine und Unwichtige, das *rein Menschliche* erscheinen lässt, das in den Lücken des Textes lesbar wird. Ist es das menschliche Wesen des Malers, den der Titel des Aufsatzes nennt: »Ein Maler«? Ist das *rein Menschliche* noch menschlich, obwohl es den Rahmen eines gestalteten Lebens fragwürdig werden lässt? Gerät die Beschreibung des Lebens eines Malers in den Händen des Schriftstellers aus den Fugen? Das eigentümliche Ineinander von »Genuss und Verzweiflung« (Sontag) bzw. »Glück und Unheimlichkeit« (Benjamin), von dem verschiedene Kommentatoren Walsers sprechen, lässt sich vielleicht auf diese Entbindung des *rein*

Menschlichen zurückführen. Das Leben gerät außer Form, es bewegt sich beständig im Raum der Vorläufigkeit als ein loses Notizbuch mit lockerem Einband. Die flüchtigen Blätter des Malers sind dem Schriftsteller als Herausgeber zugefallen – *in die Hände geraten* –, ein Produkt des Zufalls. *Rein Menschliches* fällt in und zwischen Notizen, Skizzen des Lebens als kleine Formen an der Grenze zur Gestaltlosigkeit. Beständig aufgeschoben, unaufhörlich aufhörend, vom *rein Menschlichen* zäsuriert, zeichnet das Leben eines Malers, wie so vieler anderer Helden aus Walsers Werk, das »ganz ungewöhnliche Geschick« (Benjamin) »einer merkwürdigen Laufbahn« (15,62). Walsers erster Lektor Christian Morgenstern macht in einem Brief an den Verleger Bruno Cassirer auf das Vorläufige, Unfertige im Schreiben Walsers aufmerksam:

> Dieser Mann [Robert Walser, J.K.] wird sein ganzes Leben lang so weiter reden, und er wird immer schöner und schöner und immer bedeutender und bedeutender reden, seine Bücher werden ein eigentümlicher und wundervoller Spiegel des Lebens werden, des Lebens, das er, heute mehr fast wie eine Pflanze noch als ein Mensch, durchwächst und durchwachsen wird. Jetzt ist er noch ganz Dämmerung, aber wenn einmal Sonne aus ihm brechen wird, wenn aus diesen Schleiern eines frauenhaften Jünglings einmal der Mann, der reife, eigene, bestimmen und befehlen wollende Geist wie ein Kern aus der Schale treten wird, so dürfte es ein unerhörtes Schauspiel werden. Jetzt gibt er es noch wie ein Kind: die Nichtachtung dessen, was ich das Bürgerliche im Innern des Menschen nenne, und das Sehen der Welt als eines immerwährenden Wunders; gereift wird er dieses, wie man meinen sollte, sich von selbst verstehen müssende Durchgreifen zum Wesentlichen zu seiner bewussten Aufgabe machen und einer der stärksten Verlocker zur Freiheit werden, zur Souveränität nicht des Individuums aber des Geistigen im Individuum, der einzigen möglichen absoluten Freiheit, die im selben Augenblick zu dem umschlägt, was wir Religion nennen, wo sie zugleich von einem grossen überzeitlichen Gedanken erfüllt und befruchtet wird.[22]

---

22 Christian Morgenstern: »Aus einem Brief an Bruno Cassirer«, in: Schweizer Kulturstiftung Pro Helvetia (Hg.): *Robert Walser*, a.a.O., S. 30.

Den Brief abschließend, äußert Morgenstern jedoch – so wie Kafka und Benjamin – Zweifel an Walsers erfolgreicher Karriere: »Ob er auch solch einen Gedanken, solch ein Neues Wort (wie es Dostojewski nennt) finden wird, steht dahin – aber wer weiss, ob an diesem wunderlichen Sinnierer nicht Cromwells Wort wieder einmal wahr werden wird: ›Der kommt am weitesten, der nicht weiss, wohin er geht‹.«[23] Es ist ein Schicksal, das nicht weiß, wohin es geht, und das durch den Einbruch des *rein Menschlichen* fast unmenschlich erscheint. Ein anderer früher Kommentar Oskar Loerkes spricht daher auch von der *anonymen Poesie des Menschen* in der Prosa Walsers: »Walser findet die anonyme Poesie des Menschen und seiner Mit- und Umwelt.«[24] Die Poesie des Menschen – vielleicht ein anderes Wort für das *rein Menschliche* – ist anonym, ohne Namen oder bestimmbare Gestalt. Helden dieser Poesie sind charakterlose, verblassende Figuren des Dazwischen: »Er [Robert Walser, J.K.] kann es entbehren, Charaktere zu bosseln, denn jede Stunde, jeder Wald, jedes Zimmer, jede Reise, jeder Aufenthalt ist ihm ein Charakter, und sein Held, der alles mit seinen Augen charakterisiert, so scharf, liebreich, herzhaft, listig, nachsichtig, bescheiden, leichtsinnig, sanft, frech, schwärmerisch, langmütig, – o, was ist zu solchem Blicke alles nötig! – sein Held, der Poet, steht dazwischen fast nur ausgespart.«[25] Der namenlose Held, sei es der Poet oder ein Maler, erscheint nicht als Gestalt, sondern als Aussparung, Lücke, Intervall.[26] In *anti-gravitätische Selbstgespräche* verstrickt, bringt er – anonym – das *rein Menschliche*, was in und zwischen den Blättern jeden Charakter zum flüchtigen Notizbuch auflockert, zur Sprache. Er steht dazwischen,

---

23 Ebd., S. 30.
24 Oskar Loerke: »Poetenleben«, in: Schweizer Kulturstiftung Pro Helvetia (Hg.): *Robert Walser*, a.a.O., S. 32–33, hier S. 32.
25 Ebd.
26 Vgl. dazu auch Gert Mattenklotts Reflexionen über das *Verblassen der Charaktere* in der Moderne: »Das Charakteristische, so wird hier behauptet, hat seine neue Form nicht mehr in den Individuen, sondern es existiert in energetischen Kriechströmen; linguistisch gesprochen, sitzt es nicht auf den Substantiven, Verben und Attributen, sondern im Zwischenfeld adverbialer, temporaler, modaler Differenzierungen; verkrümelt es sich im Sprachspiel und doppelten Verneinungen; flüchtet es sich in eine bestimmte Wortstellung, die Indifferenz einer Intonation; ein Semikolon anstelle eines Punktes.« In: Gert Mattenklott: »Sondierungen. Das Verblassen der Charaktere«, in: ders.: *Blindgänger. Physiognomische Essais*, Frankfurt 1986, S. 7–40, hier S. 35.

»fast ausgespart«, und »bewegt sich an der Grenze zum Anonymen, zum Nicht-Existenten«.[27] Seine Wahrheit »ist die letzte ›Wahrheit‹ des Seufzers«.[28]

Die skizzierende, flüchtige Darstellung des *rein Menschlichen*, die sowohl die Gestalt des Menschen als auch die des Buches auftrennt, wird von Robert Walser in »Eine Art Erzählung« – einem zu Lebzeiten unveröffentlichten Prosastück – weiter diskutiert: »Meine Prosastücke bilden meiner Meinung nach nichts anderes als Teile einer langen, handlungslosen, realistischen Geschichte. Für mich sind die Skizzen, die ich dann und wann hervorbringe, kleinere oder umfangreichere Romankapitel. Der Roman, woran ich weiter schreibe, bleibt immer derselbe und dürfte als ein mannigfaltig zerschnittenes oder zertrenntes Ich-Buch bezeichnet werden können.« (20,322) Walser skizziert – in Stücken – ein zerfaserndes Ich-Buch, dessen kontinuierliches Fortschreiben ver- und entbindet: es ist *mannigfaltig zerschnitten oder zertrennt*. Das Ich als Buch geht auseinander, in einzelne Blätter zerlegt. Es ist Vorgang des Zerfledderns, der unregelmäßig und unkontrolliert geschieht, da keine Ästhetik oder Ökonomie den geregelten Austausch von Teil und Ganzem, Kapitel und Roman garantieren könnte. Durch die Betonung des Mannigfaltigen, d.h. des Ungeregelten im Zerschneiden und Zertrennen zerfällt die ordnende Abfolge eines aus Kapiteln bestehenden Romans, die Vorstellung eines gestalteten Lebens, das sich auf einer zielgerichteten Laufbahn fortbewegt. *Weiter und weiter* geht das Schreiben, bleibt aber – *mannigfaltig* – immer dasselbe. Ohne Handlung fügt kein Kapitel dem Roman etwas Neues hinzu, was das Buch für den Leser als monoton und unspannend erscheinen lässt: »Das Buch [Walsers *Geschwister Tanner*, J.K.] ist nicht spannend, überhaupt nicht spannend.«[29] Mannigfaltigkeit und Monotonie schließen sich nicht aus, sondern bedingen und durchdringen sich gegenseitig in der Unaufhörlichkeit des Schreibens.

---

27 Loerke: »Poetenleben«, in: Schweizer Kulturstiftung Pro Helvetia (Hg.): *Robert Walser*, a.a.O., S. 32–33, hier S. 32.
28 Ferruccio Masini: »Robert Walsers Ironie«, in: Paolo Chiarini und Hans Dieter Zimmermann (Hg.): ›*Immer dicht vor dem Sturze...*‹: *Zum Werk Robert Walsers*, Frankfurt 1987, S. 144–152, hier S. 149.
29 Bichsel: »Geschwister Tanner lesen«, in: Schweizer Kulturstiftung Pro Helvetia (Hg.): *Robert Walser*, a.a.O., S. 83.

In der Beschreibung der schriftstellerischen Techniken, mit der »Eine Art Erzählung« einsetzt, listet Walser sammelnde und zerstreuende, bindende und schneidende Tendenzen im Handwerk des Romanciers auf: »Ich weiß, daß ich eine Art handwerklicher Romancier bin. Ein Novellist bin ich ganz gewiß nicht. Bin ich gut aufgelegt, d.h. bei guter Laune, so schneidere, schustere, schmiede, hoble, klopfe, hämmere oder nagle ich Zeilen zusammen, deren Inhalt man sogleich versteht.« (20,322) Die Betonung des Handwerklichen im Vorgang des Schreibens, die als eine weitere Ausformung von Walsers ästhetischem Selbstverkleinerungsprozess gelesen werden kann, lenkt den Blick darauf, dass der Zusammenhang der Zeilen und damit der Romankapitel nicht einfach gegeben ist, sondern mühsam, fast gewalttätig hergestellt werden muss. Diese Vorgehensweise kann jedoch immer wieder anders und *mannigfaltig* die Zeilen verbinden als auch trennen. Wie die Blätter aus dem Leben eines Malers sind sie dem Schriftsteller *in die Hände geraten*, der versucht sie zu greifen und zu binden. Gleichzeitig lockert sich aber der Zugriff, im Zusammenschneidern der Prosastücke zerbricht der Rahmen eines gestalteten Ich-Buchs. Das Wort *Schneidern* verbleibt – nur durch einen Buchstaben getrennt – in der gespannten Nähe zum *Schneiden*. Hobeln, Klopfen und Hämmern stellen nicht nur her, sondern drohen auch zu fragmentieren, zu zerschneiden. Derart zusammengeschustert verliert der Roman seine Form. Ohne Rahmung, die Ausgangs- und Endpunkt des zu Schreibenden sinnvoll verklammert, geht die fortschreitende Handlung eines traditionellen Romans verloren. Der handwerkliche Romancier Walser schreibt *weiter und weiter*, ohne dass sich die formlose Gestalt – der verblassende Charakter – des zerfasernden Ich-Buchs schärfer konturieren würde. Die Vorstellung von Dichtung »quasi aus einem Gusse« (20,325) bricht unter dem beständigen Schneidern, Schustern und Schmieden zusammen. Dieser Zusammenbruch berührt auch die Möglichkeit der Darstellung des Lebens im Roman bzw. des *rein Menschlichen* als gebundene Literatur. Ohne Handlung und Veränderung schreibt sich das Leben fort, zerfasert dabei gleichzeitig ziellos zu einer Kette lockerer Episoden ohne Abschluss, deren Zusammenhang mühsam handwerklich hergestellt werden muss.

Seit Robert Musils Einschätzung, bei Franz Kafka handele es sich um einen Spezialfall des Typus Walser, hat es zahlreiche Versuche gegeben, Parallelen, Analogien und Konvergenzen zwischen diesen beiden Größen der »kleinen Literatur«[30] aufzuzeigen.[31] Auffallend ist dabei, dass zwar oft auf einen Brief Kafkas an seinen damaligen Vorgesetzten bei der *Assucuriazioni Generali*, Ernst Eisner, hingewiesen wird, dieser Text jedoch kaum genau gelesen und interpretiert wird.[32] Dies ist umso überraschender, als er wichtige Einsichten in die Beziehung von Leben und Schreiben sowohl bei Kafka als auch Walser versammelt. Ernst Eisner, einer der Direktoren der *Assicurazioni Generali* und Cousin des Komponisten Adolf Schreiber, scheint mit Kafka nicht nur Diskussionen über zeitgenössische Literatur geführt, sondern diesen auch mit aktuellen Neuerscheinungen versorgt zu haben. Roberto Calasso spekuliert über den Ursprung der Identifizierung von Kafka mit Walser und dessen Romanfigur Simon Tanner: »Le lien de Kafka avec Walser n{í}etait pas seulement littéraire. Il y avait quelque chose de plus intime, de secret. Le chef de service de Kafka aux Assicurazioni Generali, Eisner, s{í}en aperçut. Il trouvait que son subordonné ressemblait à Simon, un des frères Tanner du roman homonyme de Walser. Ce simple constat fait rêver.«[33] Der genaue Kontext, in dem dieser Brief entstand, ist bis heute größtenteils ungeklärt. Die Briefausgabe stellt lakonisch fest: »Prag, vermutlich 1909. Fragmentarisch überliefert«.[34] Der Brief in seiner ganzen Länge lautet:

---

30 Gilles Deleuze und Félix Guattari: *Kafka. Für eine kleine Literatur*, übers. v. Burkhard Kroeber, Frankfurt 1976.
31 Vgl. Robert Musil: »Literarische Chronik [August 1914]«, in: *Gesammelte Werke*, Bd. 9, hg. v. Adolf Frisé, Reinbek bei Hamburg 1978, S. 1465–1471, hier S. 1468. Diese Identifizierung ging in der ersten Phase der Rezeption so weit, dass Franz Blei ausdrücklich auf die Differenz der beiden hinweisen musste: »Kafka ist nicht Walser, sondern ein junger Mann aus Prag, der so heißt.« Zitiert nach: Karl Pestalozzi: »Nachprüfung einer Vorliebe. Franz Kafkas Beziehung zum Werk Robert Walsers«, in: Kerr (Hg.): *Über Robert Walser*, Bd. 2, a.a.O., S. 94–114, hier S. 94.
32 Eine Ausnahme bildet Karl Pestalozzi, vgl. ders.: »Nachprüfung einer Vorliebe«, in: Kerr (Hg.): *Über Robert Walser*, Bd. 2, a.a.O.
33 Roberto Calasso: »Kafka/Walser. Un air de parenté«, in: *Magazine Littéraire*, Nr. 415 (2002), S. 50–52, hier S. 50.
34 Franz Kafka: *Briefe. 1900–1912*, hg. v. Hans-Gerd Koch, Frankfurt 1999, S. 115.

Lieber Herr Eisner, ich danke Ihnen für die Sendung, mit meiner Fachbildung steht es sowieso schlecht. Walser kennt mich? Ich kenne ihn nicht, *Jakob von Gunten* kenne ich, ein gutes Buch. Die anderen Bücher habe ich nicht gelesen, teils durch Ihre Schuld, da Sie trotz meines Rates *Geschwister Tanner* nicht kaufen wollten. Simon ist, glaube ich, ein Mensch in jenen *Geschwistern*. Läuft er nicht überall herum, glücklich bis an die Ohren, und es wird am Ende nichts aus ihm als ein Vergnügen des Lesers? Das ist eine sehr schlechte Karriere, aber nur eine schlechte Karriere gibt der Welt das Licht, das ein nicht vollkommener, aber schon guter Schriftsteller erzeugen will, aber leider um jeden Preis. Natürlich laufen auch solche Leute, von aussen angesehen, überall herum, ich könnte Ihnen, mich ganz richtig eingeschlossen, einige aufzählen, aber sie sind nicht durch das Geringste ausgezeichnet als durch jene Lichtwirkung in ziemlich guten Romanen. Man kann sagen, es sind Leute, die ein bisschen langsamer aus der vorigen Generation herausgekommen sind, man kann nicht verlangen, dass alle mit gleich regelmässigen Sprüngen den regelmässigen Sprüngen der Zeit folgen. Bleibt man aber einmal in einem Marsch zurück, so holt man den allgemeinen Marsch niemals mehr ein, selbstverständlich, doch auch der verlassene Schritt bekommt ein Aussehen, das man wetten möchte, es sei kein menschlicher Schritt, aber man würde verlieren. Denken Sie doch, der Blick vom rennenden Pferde in der Bahn, wenn man seine Augen behalten kann, der Blick von einem über die Hürden springenden Pferde zeigt einem sicher allein das äusserste, gegenwärtige, ganz wahrhaftige Wesen des Rennbetriebs. Die Einheit der Tribünen, die Einheit des lebenden Publikums, die Einheit der umliegenden Gegend in der bestimmten Jahreszeit usw., auch den letzten Walzer des Orchesters und wie man ihn heute zu spielen liebt. Wendet sich aber mein Pferd zurück und will es nicht springen und umgeht die Hürde oder bricht aus und begeistert sich im Innenraum oder wirft mich gar ab, natürlich hat der Gesamtblick scheinbar sehr gewonnen. Im Publikum sind Lücken, die einen fliegen, andere fallen, die Hände wehen hin und her wie bei jedem möglichen Wind, ein Regen flüchtiger Relationen fällt auf mich und sehr leicht möglich, dass einige Zuschauer ihn fühlen und mir zustimmen, während ich auf dem Grase liege wie ein Wurm. Sollte das etwas beweisen?[35]

---

35 Ebd., S. 115f.

In den ersten Zeilen des Briefs konzidiert Franz Kafka, Robert Walser nicht zu kennen: *Ich kenne ihn nicht*. Folglich stehen die folgenden Spekulationen Kafkas über seinen Zeitgenossen Walser unter dem Vorzeichen einer *schlechten Fachbildung*, sind gezeichnet von einem Nicht-Wissen und einem Nicht-Lesen. Eine Unkenntnis, die allerdings nicht absolut gesetzt ist – ›*Jakob von Gunten*‹ *kenne ich* –, die aber die Charakterisierungen Simon Tanners und Robert Walsers im Modus des Glaubens und der Frage aussprechen lässt:»Simon ist, glaube ich, ein Mensch in jenen ›Geschwistern‹, läuft er nicht überall herum, glücklich bis an die Ohren, und wird nichts aus ihm als ein Vergnügen des Lesers?«[36] Die Einsichten in das Leben und Werk Walsers entspringen einer Unzulänglichkeit, einer Lücke in der Lektüre. Diese Lückenhaftigkeit und Fehlerhaftigkeit schlägt sich im folgenden Gedankengang Kafkas nieder, der sich – wie die *schlechte Karriere* Walsers – sprunghaft und scheinbar ziellos von einem Thema zum anderen fortbewegt.

Ein mit »Lücken« überschriebenes Stück aus Theodor W. Adornos *Minima Moralia* erörtert die Begriffe der *Lebenslinie* und des *erfüllten Lebens*, indem es die Nähe dieser Begriffe zur Vorstellung vom *Gedankengang* hervorhebt, welche sich laut Adorno in einer gewissen *Unzulänglichkeit* manifestiert: »Diese Unzulänglichkeit gleicht der Linie des Lebens, die verbogen, abgelenkt, enttäuschend gegenüber ihren Prämissen verläuft und doch einzig in diesem Verlauf, indem sie stets weniger ist, als sie sein sollte, unter den gegebenen Bedingungen der Existenz eine unreglementierte zu vertreten vermag. Erfüllte Leben geradenwegs seine Bestimmung, so würde es sie verfehlen.«[37] Eine solch unreglementierte Existenz, die sich im Widerspiel von Erwartung und Enttäuschung, Erfolg und Erfolglosigkeit entfalten kann, erkennt Franz Kafka in der Gestalt Robert Walsers und in den von ihm erfundenen Figuren wie Simon Tanner, wenn er von deren *schlechter Karriere* spricht: »Das ist eine sehr schlechte Karriere, aber nur eine schlechte Karriere gibt der Welt das Licht, das ein nicht vollkommener, aber schon guter Schriftsteller erzeugen will, aber leider um jeden Preis.«[38] Es ist gerade diese *schlechte Karriere*, der mögliche Misserfolg, welche es dem Schriftsteller er-

---

36 Ebd., S. 115.
37 Theodor W. Adorno: *Minima Moralia*, Frankfurt 1969, S. 100.
38 Kafka: *Briefe*, a.a.O., S. 115f.

laubt, der Welt *Licht* zu geben und das *Vergnügen des Lesers* hervorzurufen. Alexander García Düttmanns Zusammenfassung von Adornos Gedankengang lässt sich somit auf Kafkas Charakterisierung von Walsers schlechter Karriere übertragen: »Die Lebenslinie folgt also nicht einem geraden Weg, der Regel oder der Bestimmung, die man aus den Prämissen ableiten könnte. Sie durchkreuzt ihre Voraussetzung und verläuft stets zwischen Erwartung und Enttäuschung; sie enttäuscht, weil sie die Erwartung nicht erfüllt, sie erfüllt indes auch die Erwartung, weil sie enttäuscht.«[39] Walser, wie er von Kafka imaginiert wird, ist ein Beispiel für eine *unreglementierte Existenz* im Sinne Adornos, ein Beispiel für eine Existenz, die sich nicht auf Erfolg oder Erfolglosigkeit festlegen lässt, die in ihrer Lückenhaftigkeit nicht mehr trennscharf zwischen Kontinuität und Diskontinuität, Erfüllung und Verfehlung unterscheidet. Leben und Schreiben, so lässt sich präzisieren, sind *verbogen, abgelenkt* und *enttäuschend*, ohne jedoch Geradlinigkeit, Richtung und Erfolg aus den Augen zu verlieren. Weder wird auf dem Intervall, dem Umweg oder der Lücke an sich beharrt, noch werden diese unterbrechenden Elemente den starren Regeln eines methodisch organisierten Diskurses unterworfen. Walser unterliegt der »Spannung zwischen der Diskontinuität der (Denk-)Lücken und der Kontinuität des Bekannten, in der Denken steht und die Denken ist, […] Denken wäre die Gleichzeitigkeit des Unvereinbaren, das Zugleich von Lücke und lückenhafter Rechtfertigung«.[40] Dieses *Zugleich* gelingt dem nicht vollkommenen Schriftsteller. Er ist *schon gut*, aber (noch) nicht vollkommen und es bleibt offen, ob Vollkommenheit jemals erreichbar ist. Es bleibt das *Vergnügen des Lesers*, dem das Ende der Karriere des Schriftstellers gegenübersteht: *Es wird nichts aus ihm.*

Die Differenz zwischen Simon Tanner, der fiktiven Romanfigur, und Robert Walser, dem realen Schriftsteller, liegt im *aber leider um jeden Preis*. Was ist dieser Preis? Ist es das handwerkliche Schreiben zwischen Schneiden und Schneidern? Ist der Preis des Schriftstellers vielleicht der, dass er unentschieden zwischen Sammlung und Zerstreuung schwankt, und dass er zwar *schon gut* ist, in der Entwicklung zur Vollkommenheit jedoch aufgehalten wird? So wie aus einer

---

39 Alexander García Düttmann: *Philosophie der Übertreibung*, Frankfurt 2004, S. 242.
40 Ebd., S. 245f.

schlechten Karriere nichts außer dem Vergnügen des Lesers wird, so verläuft sich das Schreiben des Schriftstellers, kommt es nie zur Perfektion, bleibt es lückenhaft, verzögert: unvollkommen.

Schon zum Zeitpunkt der Abfassung dieses Briefs, vermutlich im November 1909, scheint Kafka Walsers schlechte Karriere zu ahnen. Eine Laufbahn, die von Erfolg- und Stellenlosigkeit gekennzeichnet ist. Sprunghaft und niemals Fuß fassend folgt die Karriere Walsers keiner geradlinigen Entwicklung vom linkischen, ungeschickten Anfänger zur vollkommenen, gebildeten Meisterschaft. Das heißt jedoch nicht, dass es sich hier um eine einfache Umkehrung des geläufigen Bildungsschemas handelt, in welchem der Künstler seine frühen Entwicklungsstufen auf dem Weg zum großen Meister hinter sich lässt, sodass es zu einer negativen Theologie des Scheiterns käme. Walsers Schreiben stellt keine Apologie oder »Apotheose der Nullität«[41] dar, vielmehr den Verlust einer stetig fortschreitenden, durchgängigen Künstlerlaufbahn. Charakterisierungen wie gut und vollkommen sind nicht aufgehoben oder völlig außer Kraft gesetzt, aber das Kontinuum, welches sich zwischen Schüler und Meister aufspannt, die Linie, an der sich traditionellerweise ein werdender Künstler orientieren kann, wird brüchig.

Literatur, die sich noch nicht zu einem abgerundeten Ganzen entwickelt hat, die von guten aber noch nicht vollkommenen Schriftstellern geschrieben wird, eröffnet die Möglichkeit, sowohl *Vergnügen* beim Leser zu erzeugen als auch der Welt *Licht zu geben*. Das Licht der Welt kann zunächst als ein Verweis auf die Erkenntnisfunktion von Literatur gelesen werden. Literatur klärt auf, verdeutlicht und macht sichtbar. Im Gegensatz dazu deutet Kafka jedoch gerade auf den Unvollkommenen, denjenigen mit einer *schlechten Karriere*, der dem allgemeinen Fortschritt nachhinkt, und dessen *Romane sich durch jene Lichtwirkung auszeichnen*. Im Schreiben muss sich das ziellose Umherirren und Vagabundieren, welche das Bewusstsein und den Willen unterbrechen, erhalten, soll es *Licht geben* und die Welt sichtbar machen. Licht wird zum Medium, in dem sich latent die verschiedenen Formen von Welterkenntnis ausbilden. *Lichtwirkung* als Latenthaltung entsteht durch die einbrechende Irre flüchtiger Schritte, die *überall herumlaufen*, und welche die Methode des

---

41 Dieter Borchmeyer: *Dienst und Herrschaft. Ein Versuch über Robert Walser*, Tübingen 1980, S. 10.

gestandenen Schriftstellers entstellen. Der Wille zu Vollkommenheit und Erfüllung bricht unaufhörlich auf und lässt Lücken.

Jedes schriftstellerische Vorgehen, das der Welt Licht geben will, muss *schon gut*, aber *nicht vollkommen* sein, es muss auf der Schwelle zur Vollkommenheit verweilen und diese nicht überschreiten, muss den Preis entrichten, nicht vollkommen zu sein. Nicht um jeden Preis vollkommen zu sein, sondern eine von außen angesehen *schlechte Karriere* einzuschlagen, nichts zu werden, ist eine Voraussetzung, etwas zu schreiben, das eine *Lichtwirkung* erzeugt: Nicht *Nichts* werden, sondern *nichts werden*. Dieses Schreiben basiert auf der Möglichkeit, dass jeder Schritt im Fortschritt nicht fortschreitet, sondern sich wendet und von der vorgegebenen Richtung abweicht, dass die Entwicklung zögernd aufgehalten bleibt. Die exzentrische Bahn der *schlechten Karriere* lässt sich nicht zur Laufbahn eines gebildeten Schriftstellers auslegen.

Lichtwirkung kann in diesem Zusammenhang auch als eine Form des Lichtens und Lockerns gelesen werden. Im Laufe dieses Vorgehens ohne Fortschritt wird das Abirrende und Abweichende nicht zurückgelassen oder überwunden, sondern lockert feste Ordnungen und stabile Wahrheiten. Wie lassen sich diese lockeren Schritte wahrnehmen? Wie lassen sich die Stellen eines Stellenlosen lesen? Kann es eine Lektüre geben, die klaffende Lücken zulässt und diese nicht sofort schließt? Muss der Leser nicht das Entstellende zulassen, sodass die Stellen ent-stellt, sie in Bewegung geraten, sie zu Passagen, Übergängen, Schrittstellen[42] werden? Die *schlechte Karriere* ist der guten, erfolgreichen Karriere nicht einfach entgegengesetzt, sie ist kein zielloses Umherirren, welches nur die negative Umkehrung eines ausgerichteten Lebenslaufs darstellen würde. Aus dem geregelten Schritt gekommen, verwirrt sich der Unterschied von Richtung und Richtungslosigkeit, von Erfolg und Misslingen, von gut und schlecht. Zunächst scheint Simon Tanner erfolglos, da sein Leben sich nicht zu einer zielgerichteten, folgerichtigen Bewegung, zur erfolgreichen Karriere, die in einem Höhepunkt gipfeln und zu Stande kommen würde, festlegen lässt. Im Aufbrechen der Geschlossenheit

---

[42] Unter dem Wort *Schrittstellen* diskutiert Thomas Schestag verschiedene Texte Kafkas, Benjamins und Thoreaus, die um das Gehen und den Schritt verhalten sind. Thomas Schestag: »Schrittstellen«, in: *Der Prokurist*, 19/20 (1998), S. 9–102.

und Ausgerichtetheit von Biografie – es geht hier nicht nur um das Leben an sich, sondern gerade um das Schreiben des Lebens, um das Ineinander von *bios* und *graphein* – wird es möglich, das von der erfolgreichen Karriere Ausgeschlossene, seine Lücken, Zufälle, Verzögerungen und Abweichungen erfahrbar zu machen. Diese Wendungen des Lebenslaufs, die sich nicht in die geläufige Unterscheidung von Fort- und Rückschritt eintragen lassen, machen eine andere, schlechte Art von Karriere. Walsers wie Simon Tanners Leben – als Künstlerbiografie – bleibt unfassbar, ohne Gestalt. Am Abschluss des Lebenswegs steht nicht die ganze, gebildete Person, die am Ende des Lebens, am Ende des Romans, ans Ziel einer Entwicklung gekommen wäre. Simon kommt nirgendwo an, sein Gehen und sein Leben gehen weiter, er befindet sich im Vorgang des Werdens – *es wird nichts aus ihm* –, welcher niemals die gestaltete und geschlossene Einheit einer stabilen Persönlichkeit erreicht. Flüchtig und stellenlos kommt er nicht voran, bewegt er sich ständig fort, ohne je zum Stillstand zu kommen. Kein Ankommen, aber ein kontinuierliches Auf- und Abbrechen; Oszillation zwischen Richtung und Richtungslosigkeit, Bewegung und Bewegungslosigkeit, die weder reglementiert noch festgestellt werden kann. Vielleicht, so Kafka, wird aus diesem Irren ein *Vergnügen des Lesers*, ein Effekt, der ebenfalls als ein Werden begriffen wird: *und so wird am Ende nichts aus ihm als ein Vergnügen des Lesers?* Selbst das scheinbare Resultat der Laufbahn – hier von Kafka als Frage formuliert – ist am Ende noch im Werden begriffen. Dieser irrende Vorgang der Werdens entzieht sich der »Vergegenwärtigung«,[43] er unterbricht als *Vergnügen des Lesers* die Bahn des geregelten Lebenslaufs, ohne dass diese Zäsur zu einer feststellbaren Gestalt gerinnen würde. Das Leben wie seine literarische Darstellung findet seine Bestimmung weder in einer vorformulierten Karriere noch in der Hypostasierung der Unterbrechung und Diskontinuität – vielmehr drängen beide darauf, im Werden eines Vergnügens sich als das latente Medium ihrer gegenseitigen Bedingtheit zu erhalten.

Ernst Bloch unterscheidet unter dem Titel »Rokoko des Geschicks«[44] zwischen verschiedenen Formen, die das menschliche Schicksal als Lebenslauf und Karriere unterbrechen, und dieses schließlich in

---

43 García Düttmann: *Philosophie der Übertreibung*, a.a.O., S. 248.
44 Ernst Bloch: *Spuren*, Frankfurt 1965, S. 57.

Kleinheiten verlaufen lässt. Bloch deutet in diesem Zusammenhang das Kleine als »Zeichen des Auslaufens, zu Ende Gehens«.[45] Dieses »fast lautlose Auslaufen«[46] am Ende einer Laufbahn ist eine Bewegung des Umschlags und des Übergangs. Es zeigt sich in den »Spitzen und Arabesken einer Schlußspirale, die auch Schluß bedeuten kann«.[47] Was jedoch derart schließt, endet nicht. Das auslaufende, nicht enden wollende Ende offenbart einen Indifferenzpunkt, in welchem Glück und Unglück, Erfolg und Erfolglosigkeit, Gewinn und Verlust sich einer deutlichen Scheidung entziehen: »Ja eine Art von Glücks-, auch Unglücks-Inzest tritt schließlich ein, bei dem die Geburten immer leichter, eleganter, lebensunfähiger, kleiner werden.«[48] In der äußersten Feinheit der Spitzen und Arabesken – Markierungen unscharfer Ränder – treffen sich die *Serien* von Glück und Unglück und lassen Gestalten der Verkleinerung und Verfeinerung sichtbar werden. Bloch spricht von einer »dämonischen Leichtigkeit des Gelingens«,[49] da die Frage, ob etwas gelungen und geglückt erscheint, nicht eindeutig beantwortet werden kann. Die »Spielformen, Brüsseler Spitzen und Alhambren«[50] der Schlussspirale entziehen dem Geschick sein klar definiertes Ende, die *Gestaltgrenze* verwischt ohne deutlichen Abschluss. Die *dämonische Leichtigkeit* und Zweideutigkeit des Gelingens, die immer auch eine Form des Scheiterns beinhaltet, kann als Charakterisierung der walserschen Figuren »in schwankender Beleuchtung«[51] gelesen werden. Sie antwortet auf Kafkas rhetorische Frage, ob sie in Walsers Romanen nicht alle *glücklich bis an die Ohren* herumlaufen. Es ist ein unheimliches Glück – untrennbar vom »Schluchzen«[52] –, das spiralenartig die Spracharabesken Walsers auf- und abbrechen lässt. In der Leichtigkeit des glücklichen Gelingens bleibt – *bis an die Ohren* – das unglückliche Misslingen hörbar.

---

45 Ebd., S. 59.
46 Ebd.
47 Ebd., S. 60.
48 Ebd.
49 Ebd., S. 59.
50 Ebd.
51 Benjamin: »Robert Walser«, in: *Gesammelte Schriften*, Bd. 2,1, a.a.O., S. 327.
52 Ebd.

Doch für Bloch gibt es nicht nur die Form des übergängigen, *umschlagenden* Endes ohne Ziel, sondern auch eine Form des *einschlagenden* Endes, das auf andere, minimale Art und Weise das Geschick ausgehen lässt. Dieses echte, *austretende* Ende tritt plötzlich und überraschend ein – plötzlich und ungeplant erscheint *das Kleine, fast Lautlose*. Es rettet vor »dem erbarmungslosen Treiber, vor der Arbeitsjagd«[53] einer gerichteten Laufbahn und befreit *augenblicklich* aus der schicksalhaften Verstrickung: »Der Komiker Valentin fand einmal seinen Ring auf der Pauke, grade als er draufschlagen wollte, er hatte ihn selbst vorher hingelegt und vergessen an sich zu nehmen: – unvorstellbar nun, völlig einleuchtend das Lächeln, mit dem er den liegenden Ring entdeckte, auf das klein Befremdende hinsah; aus dem Trubel der Musikjagd trat er augenblicklich aus.«[54] Zwischen *Einleuchten* und *Austreten* wird das *klein Befremdende* und Abseitige zum Zeichen einer Rettung, die gleichzeitig unvorstellbar und einleuchtend ist: »Das Kleine und fast Lautlose wurde die Rettung, wenigstens das Zeichen einer Rettung vor dem ›erbarmungslosen Treiber‹, vor der Arbeitsjagd, in die er eingespannt war.«[55] In der Auflösung der Spannung kommt es zu einer Befreiung und Öffnung, welche den »Schuldzusammenhang des Lebendigen«[56] unterbricht und den rastlosen Wiederholungszwang des dämonischen Lebens zäsuriert. Valentins Glück besteht in der unvorstellbaren Einleuchtung des *klein Befremdenden* und *höchst Befreienden*, welches in der plötzlichen Unterbrechung – als lockernde Lichtwirkung – hervortritt. Es ist die Fähigkeit, das Abweichende, das aus der geschlossenen Serie von Glück und Unglück ausbricht, wahrzunehmen, ohne diesem jedoch eine neue Richtung vorzugeben: »›Kleinheit‹ sagt dann keine neue Serie an, sondern führt aus ihnen heraus, nicht weit weg, doch fast unbekannt, wohin.«[57] Das Kleine gibt keine neue Richtung vor, sondern unterbricht das Geschick und befreit es aus den Zwängen vorgegebener Ziele. Das dämonische Schicksal wird durchbrochen. Nur eine leichte Verschiebung – *nicht weit weg* – befreit vom schicksalhaften Gesetz der Serie, sie führt an einen unbekannten Ort, wo

---

53 Bloch: *Spuren*, a.a.O., S. 60.
54 Ebd.
55 Ebd.
56 Benjamin: »Schicksal und Charakter«, in: *Gesammelte Schriften*, Bd. 2,1, a.a.O., S. 175.
57 Bloch: *Spuren*, a.a.O., S. 60.

Laufbahn und Richtung sich aus der Klammer von Anfang und Ende gelöst haben. Bloch spricht in diesem Zusammenhang von *unserer Richtung*, die vom *wirklichen*, kleinen Ende gegeben wird, und die es erlaubt, aus der Serialität auszutreten und dem »dummen Riesen der Notwendigkeit«[58] zu widerstehen: »Diese Zeichen des ›Kleinen‹ wird man nicht verwechseln, sie haben etwas von der Kleinheit des wirklichen Endes, das in jeden richtigen Anfang eingesprengt ist, der ihm Richtung und Geschmack *unserer Richtung* gibt.«[59] Die Wendung vom in den Anfang eingesprengten Ende verweist auf eine Vorstellung des Lebenslaufs, der sich in *unserer Richtung* – der jeweils individuellen Richtung jedes einzelnen Menschen – bewegt. Das *Zeichen der Kleinheit* besitzt eine Sprengkraft, die Anfang und Ende aus der geregelten Abfolge und geschlossenen Serialität befreit. *Richtung und Geschmack* werden nicht mehr als eine von einem ungeteilten Ausgangspunkt auf einer vorgegebenen Laufbahn fortschreitende Bewegung gedacht. Menschliches Geschick hat *Richtung und Geschmack*, diese sind jedoch aus dem *erbarmungslosen Treiben der Arbeitsjagd* befreit und bereiten den *Eintritt in das möglich Schicksallose*: »Sie [die Zeichen des Kleinen, J.K.] finden sich im Leben der Meisten (wenn man recht hinhören wollte), geben grade das Zeichen zum Austritt aus der Serie (ein letztes, heute noch unkräftiges Zeichen), zum Eintritt in das möglich Schicksallose, mindestens in das formbare Schicksal.«[60] Für Walter Benjamin markiert das hölderlinsche Wort von der Schicksalosigkeit der seligen Götter – auf das auch Bloch anspielt – eine Form des Glücks, die aus dem Schicksal – verstanden als der *Schuldzusammenhang des Lebendigen* – hinausführt. Er fragt in der frühen Skizze »Schicksal und Charakter«: »Gibt es denn im Schicksal eine Beziehung auf das Glück? Ist das Glück, so wie ohne Zweifel das Unglück, eine konstitutive Kategorie für das Schicksal? Das Glück ist es vielmehr, welches den Glücklichen aus der Verkettung der Schicksale und aus dem Netz des eignen herauslöst. ›Schicksallos‹ nennt nicht umsonst die seligen Götter Hölderlin.«[61] Das Glück des Schicksallosen oder das *Glücklich-bis-an-die-Ohren-Sein* des Simon Tanner,

---

58 Ebd., S. 60.
59 Ebd.
60 Ebd., S. 61.
61 Benjamin: »Schicksal und Charakter«, in: *Gesammelte Schriften*, Bd. 2,1, a.a.O., S. 174.

von dem Franz Kafka spricht, definiert sich nicht als Gegensatz zum Unglück. Indem das *dämonische Schicksal* durchbrochen wird, befreit sich das Leben des Menschen aus der Klammer von Anfang und Ende, gewinnt es eigene *Richtung und Geschmack*. Laut Bloch geschieht diese *höchste* Befreiung in der Wahrnehmung – dem aufmerksamen *Hinhören* auf das »fast Lautlose«[62] – der »Kleinwelt des Endes«,[63] für das Walser, in einer Formulierung Benjamins, »ein ganz ungewöhnliches Geschick«[64] besaß. Das Kleine, *fast lautlos* und *fast unbekannt*, verweilt auf der Schwelle des Wahrnehmbaren. Es ist weder deutlich zu hören noch ganz still, weder geläufig noch völlig unbekannt. Es will erhorcht werden, es hat den Status eines »Grenzbegriffs« (Benjamin) an der »Gestaltgrenze« (Bloch), dessen Bedeutung als »unkräftiges Zeichen«[65] im Raum des Möglichen verbleibt. Das kleine Ende: Eintritt in das *möglich Schicksallose*.

Ein anderer Modus, der die eigentümliche Charakteristik der unreglementierten Existenz zutage treten lässt, stellt für Kafka die Verlangsamung dar: »Man kann sagen, es sind Leute [Simon Tanner und Robert Walser, J.K], die ein bisschen langsamer aus der vorigen Generation herausgekommen sind, man kann nicht verlangen, daß alle mit gleich regelmäßigen Sprüngen den regelmäßigen Sprüngen der Zeit folgen. Bleibt man aber einmal in einem Marsch zurück, so holt man den allgemeinen Marsch niemals mehr ein.«[66]

Walser bleibt im Fortschreiten der Literatur zurück, sein Vorgehen ist verzögert, hinkt dem geradlinigen, allgemeinen Marsch hinterher. Er hat sich noch nicht ganz aus der Vorgängergeneration gelöst, sein Zögern und seine Verspätung hintergehen sowohl seine Stellung als Nachkomme einer ihm vorausgehenden Tradition als auch seine Zeitgenossenschaft, seine Zugehörigkeit zu einer gleichförmig fortschreitenden Literaturbewegung. Seine Literatur verweigert sich der Vergegenwärtigung. Im verlangsamten Übergang begriffen, ist Walser weder Vorläufer noch Nachkomme, weder ganz in der Vergangenheit noch ganz in der Gegenwart, weder Vater noch Sohn, sondern er geht – vielleicht als Kind – im Zwischen beider Generationen

---

62 Bloch: *Spuren*, a.a.O., S. 60.
63 Ebd.
64 Benjamin: »Robert Walser«, in: *Gesammelte Schriften*, Bd. 2,1, a.a.O., S. 327.
65 Bloch: *Spuren*, a.a.O., S. 61.
66 Kafka: *Briefe*, a.a.O., S. 60.

auf. Sein Schreiben ähnelt dem eines Schulkinds, eines Anfangenden, das nicht über die ersten ungefügten Buchstaben hinauskommt. Theodor W. Adorno spricht in dem oben zitierten Text »Lücken« ebenfalls von der Figur des Schülers, welcher für ihn eine mögliche Form der unreglementierten Existenz darstellt: »Wer alt und im Bewußtsein des gleichsam schuldenlosen Gelingens stürbe, wäre insgeheim der Musterknabe, der mit unsichtbarem Ranzen auf dem Rücken alle Stadien ohne Lücken absolviert. Jedem Gedanken jedoch, der nicht müßig ist, bleibt wie ein Mal die Unmöglichkeit der vollen Legitimation einbeschrieben, so wie wir im Traum davon wissen, daß es Mathematikstunden gibt, die wir um eines seligen Morgens im Bett willen versäumten, und die nie mehr sich einholen lassen.«[67] Nicht umsonst ist das walsersche Universum mit den verschiedensten Schülerfiguren bevölkert. Aufbauend auf Lücken, Fehlern und versäumten Schulstunden entfaltet sich eine Literatur, die sich unentschieden zwischen Vorläufertum und Nachkommenschaft, Originalität und Epigonalität bewegt. Sie ist kein Produkt eines *Musterknaben*, sie erlaubt sich Versäumnisse, sie dient weder zum Vorbild noch zur Regel.

Walser lässt sich keine zeitlich eindeutige Position innerhalb der Literaturgeschichte zuweisen. Er hat keinen festen Ort, ist stellenlos. Walser ist ein Verrückter, der – ohne Stelle und Stellung – Vorstellungen einer fortschrittlich orientierten Literaturgeschichte leicht entstellt. Kindlich entsetzendes, verrückendes Vorgehen.

Walser gehört zu denjenigen, die *ein bisschen langsamer aus der vorigen Generation herausgekommen* sind. Kafka schreibt ihn weder in die Generation der Vorläufer noch in die der Nachfolger ein, sondern ist aufmerksam für die Bewegung, den Übergang zwischen vor und nach, *prä* und *post*, Vater und Sohn. Was ist der geschichtliche Ort – wenn man überhaupt noch von Ort und Position sprechen kann – von jemandem, der *ein bisschen langsamer aus der vorigen Generation herausgekommen* ist? Im langsamen Übergang von einer Generation zur nächsten, der ein *bisschen langsamer* vor sich geht, verwickelt und verwirrt sich die gängige Auffassung einer linear ausgerichteten Entwicklung. Walser bleibt zurück, er geht ein *bisschen langsamer* als seine Zeitgenossen, die sich von ihren Vorläufern abgesetzt und diese hinter sich gelassen zu haben scheinen. Er hinkt

---

67 Adorno: *Minima Moralia*, a.a.O., S. 101.

der allgemeinen Entwicklung hinterher, sein Vorgehen ist unregelmäßig, unfeststellbar, verspätet. Er ist charakterisiert durch die kleinen, feinen Differenzen – ein *bisschen langsamer* –, die ihn vom allgemeinen Marsch des ungehemmten Fortschritts unterscheiden, und welche es ihm niemals erlauben, auf dem aktuellen Stand zu sein. Seine *schlechte Karriere* besteht gerade auch in dieser Langsamkeit, welche das ›Jetzt‹, den Übergang aus der vorigen Generation in die heutige, aus dem Tritt geraten lässt. Walsers Schreiben: Verrückter Anachronismus.

Neben Simon Tanner und Robert Walser zählt Kafka sich selbst zur Liste solcher Spätlinge, die nur durch das Geringste, das kleinste Detail ausgezeichnet sind: »Natürlich laufen auch solche Leute, von außen angesehen, überall herum, ich könnte Ihnen, mich ganz richtig eingeschlossen, einige aufzählen, aber sie sind nicht durch das Geringste ausgezeichnet als durch jene Lichtwirkung in ziemlich guten Romanen.«[68] Sie unterscheiden sich von den restlichen Menschen – und dieser Unterschied ist minimal, kaum wahrnehmbar – durch *jene Lichtwirkung in ziemlich guten Romanen*. Dem flüchtigen, unaufmerksamen Blick – *von außen angesehen* – erscheinen sie undifferenziert und ubiquitär. Erst wenn sich ihr Leben zur Literatur nuanciert, sie in *ziemlich guten Romanen eine Lichtwirkung erzielen, die der Welt das Licht gibt*, das ein nicht vollkommener aber *schon guter* Schriftsteller erzeugen will, wird ihre unscheinbare Differenz zu den gewöhnlichen Menschen deutlich. Es geht nicht mehr um die strikte Unterscheidung von Leben und Literatur, sondern um die leichte Möglichkeit, eine *Lichtwirkung* – vielleicht in der Nuance – zu erzeugen. Vielleicht erlaubt dieses Licht ein Leichterwerden? Es ist auffällig, wie Kafkas Brief von den Silben *-lich* und *-leich*[69] skan-

---

68 Kafka: *Briefe*, a.a.O., S. 115.
69 Vgl. Jacob Grimm und Wilhelm Grimm (Hg.): *Deutsches Wörterbuch*, Bd. 6, Leipzig 1885, Sp. 611: »Leich: 1) der grundbegriff einer rhythmischen bewegung zeigt sich manigfach in der ältern sprache, so im goth. *laiks* χορός, altnord. *leikr*, spiel, gesellschaftsspiel, tanz, ags. *lâc*, tanz, aber auch das feierliche schreiten zum opfer«. Vgl. auch ebd., Sp. 616–617: »der kern des verbums leichen ist die wurzel *lich*, urverwandt *lig* und *rig* [...] mit einer nebenform urverwandt *lag*, welche in griech. λαγώς hase sich zeigt, mit der sinnlichen bedeutung des hüpfens und springens.« Vgl. auch Thomas Schestags Nachzeichnung des irrenden Weges, den die Silben *-lich* und *-leich* in verschiedenen Schriften Johann Peter Hebels gehen: Thomas Schestag: *para – Titus Lucretius Carus, Johann Peter Hebel, Francis Ponge – zur literarischen Hermeneutik*,

diert ist: *glücklich ... Licht ... natürlich ... menschlicher Schritt ... Lichtwirkung ... selbstverständlich ... ziemlich ... möglicher Wind ... gleich regelmäßig ... leicht möglich.* In dieser Reihung geht in der leichten Möglichkeit des Lichtens, die *Lichtwirkung* ins Leicht- und Leichterwerden über. Das Schreiben des Leichten ist eine Literatur des leicht Möglichen, des *Vielleicht*. Es sind die *ziemlich guten* Romane – schon gut, aber noch nicht vollkommen – geschrieben von Schriftstellern mit *schlechten Karrieren*, die diese Möglichkeit erleichtern. *Schon* und *ziemlich gut*, d.h. weder einfach gut noch einfach schlecht, weder vollkommen noch unvollkommen, hintergeht ein solches Schreiben die Gegenüberstellung eindeutiger, unnuancierter Zuschreibungen. Nur in diesem Hintergehen kann es die Möglichkeit der *Lichtwirkung* geben, im *schon* und *ziemlich*, im Nichtvollkommenen der *schlechten Karriere*, im Vergnügen des Lesers. So wird Literatur, so wird Leben leicht möglich, leichter. Sie entspringen aus der feinen Differenz zwischen dem Guten und dem Vollkommenen, aus dem Unterschied – dem fast lautlosen Intervall –, das im noch nicht vollkommenen, aber schon guten Schriftsteller aufbricht, seine Laufbahn hemmt und zu einer *schlechten Karriere* entstellt. Sein leichtes, lichtendes Vorgehen läuft überall herum, ohne anzukommen, irritiert den Glauben an den Fortschritt des sich derart Fortschreibenden. In dieser Leichtigkeit des *Vielleicht* lockert sich die Beziehung von Leben und Literatur. Der *ziemlich gute* Roman ist nicht einfach das Abbild oder die Darstellung eines Lebensweges, vielmehr gerät das Zählen im Erzählen[70] aus dem Takt. Durch diese leichten Möglichkeiten, die der gehemmte, verzögerte Fortschritt eröffnet, ist das Vergnügen des Lesers nicht mehr vom *bis an die Ohren* glücklichen Simon Tanner zu unterscheiden.

Vielleicht ist die *Lichtwirkung* eine Nuancierung, die Schattierungen aufleuchten lässt[71] und welche die kleinen, feinen und leichten Differenzen sichtbar macht? Vielleicht ist dieses Licht gerade nicht das Licht der üblichen Wahrnehmung, die sich durch klare Deutlichkeit ausgezeichnet glaubt. Vielleicht ist es eine andere Art der

---

München 1991.
70 Zur Nähe von zählen und erzählen vgl. Eva Meyer: *Zählen und erzählen, Für eine Semiotik des Weiblichen*, Wien, Berlin 1983.
71 Vgl. Roland Barthes: *Fragmente einer Sprache der Liebe*, übers. v. Hans-Horst Henschen, Frankfurt 1988, S. 195.

Deutlichkeit oder Genauigkeit, in welchem die Gegenstände *von den hereinbrechenden Rändern*[72] an ihren porösen, brüchigen Grenzen aufmerksam wahrgenommen werden können. Walsers Literatur der leichten Möglichkeiten ist ein Schreiben der Nuance, das jedoch nicht zur Methode, zur geregelten Vorgehensweise gerinnt, denn vielleicht ist die Nuance immer auch eine Lücke, eine Unterbrechung der scheinbar abgeschlossenen Einheiten von Literatur und Geschichte, die Perforation des Biografischen, das Irren in der Methode.

Das Fortschreiten des Verspäteten ist unregelmäßig, denn »man kann nicht verlangen, dass alle mit gleich regelmäßigen Sprüngen der Zeit folgen«.[73] *Solcher Leute* Vorgehen ist maßlos, ohne Regel, es lässt sich nicht mit einer Vorstellung von Zeit als einer gerichteten Abfolge von regelmäßigen Sprüngen oder Schritten in Einklang bringen. Die Silbe -*lich*, folgt man Grimms Wörterbuch, bezeichnet den Vorgang des Hüpfens und Springens.[74] Diese Bewegungen lassen sich kaum in die Zielgerichtetheit eines allgemeinen Marsches einfügen. Hüpfen und Springen unterbrechen den regelmäßigen Ablauf, weichen ab, zäsurieren seinen Fortschritt: »Bleibt man aber einmal in einem Marsch zurück, so holt man den allgemeinen Marsch niemals mehr ein.«[75] Derart zurückgeblieben stimmt die Entwicklung des Schriftstellers, der ein *bisschen langsamer* aus der vorigen Generation herausgekommen ist, nicht mit der Regelmäßigkeit des allgemeinen Marsches überein. Sie wird sprunghaft, lichtend, -*lich*. Auf ähnliche Weise ist Kafkas Brief gelichtet, sein Zusammenhang aufgelockert, lückenhaft, diskontinuierlich oder, wie es der Herausgeber feststellt: *Prag, vermutlich 1909, fragmentarisch überliefert*. Scheinbar planlos von einem Thema zum anderen springend, wechselt Kafka unablässig die Richtung, ohne je zu einem feststehenden Resultat zu gelangen: »sehr leicht möglich, daß einige Zuschauer mir zustimmen, während ich auf dem Grase liege wie ein Wurm. Sollte das etwas beweisen?«[76] Es ist *leicht möglich*, dass einige Zuschauer – und Leser – zustimmen. Diese Frage, ob der Brief wirklich etwas beweist oder nicht, bleibt unbeantwortet. Überlegungen über die Vor-

---

72 Ludwig Hohl: *Von den hereinbrechenden Rändern. Nachnotizen*, Frankfurt 1986.
73 Kafka, *Briefe*, a.a.O., S. 116.
74 Grimm (Hg.): *Deutsches Wörterbuch*, a.a.O., Sp. 616–617.
75 Kafka, *Briefe*, a.a.O., S. 115.
76 Ebd., S. 116.

gehensweise des Schriftstellers lassen sich nicht zu einer lehrbaren Methode zusammenschließen, sie verbleiben im Modus der Frage, lassen sich nicht folgerichtig beweisen. Die Literatur eines verspäteten Schriftstellers – Manifestation einer unreglementierten Existenz – beruft sich auf keine lehrbare Methode mit doktrinärem Inhalt, sie bleibt Fragment: paradoxe Gleichzeitigkeit von Kontinuität und Diskontinuität, Erfolg und Erfolglosigkeit, Fortschritt und Stillstand.

Immer auf dem Sprung scheren *solche Leute* wie Kafka oder Walser aus der geradlinigen Laufbahn aus, treten sie – *von außen angesehen* – auf der Stelle. Ihre Schritte wirken verlassen, sie kommen nicht voran. Ein solches Gehen, unzeitgemäß und ohne Regel, scheint nicht mehr menschlich: »[D]och auch der verlassene Schritt bekommt ein Aussehen, daß man wetten möchte, es sei kein menschlicher Schritt, aber man würde verlieren.«[77] Die sprunghafte Unregelmäßigkeit des Gehenden lässt sein Vorgehen – seine Schritte – auf den ersten Blick – *so daß man wetten möchte* – als nicht-menschlich erscheinen. Diese Wette kann jedoch nur verloren werden, nicht weil – auf den zweiten Blick – der Schritt sich als menschlich herausstellen würde, sondern weil er sich jeder eindeutigen Festschreibung – wie das *rein Menschliche* –, sei es als menschlich oder nicht-menschlich, entzieht. Dem *verlassenen Schritt* kann keine Gestalt gegeben werden, seine formlose Sprunghaftigkeit und Verspätung kommt niemals zu sich, entsetzt die Möglichkeit, seine Unregelmäßigkeit zur reglementierten Methode zu fassen. Maßloses Intervall des Schritts, weder menschlich noch tierisch.

Der folgende Abschnitt des Briefs, der den Blick des Reiters auf dem Rücken eines rennenden Pferdes imaginiert, führt die Verwirrung zwischen Mensch und Tier weiter aus: »Denken Sie doch, der Blick vom rennenden Pferde in der Bahn, wenn man seine Augen behalten kann, der Blick von einem über die Hürde springenden Pferde zeigt einem sicher allein das äußerste, gegenwärtige, ganz wahrhaftige Wesen des Rennbetriebs. Die Einheit der Tribünen, die Einheit des lebenden Publikums, die Einheit der umliegenden Gegend in der bestimmten Jahreszeit usw., auch den letzten Walzer des Orchesters und wie man ihn heute zu spielen liebt.«[78] Gehört dieser Blick dem Pferd oder dem Reiter? Es bleibt unklar, wie die Wendung *wenn man*

---

77 Ebd.
78 Ebd.

seine Augen behalten kann zu verstehen ist. Sind *seine Augen* die des Pferdes, des Reiters oder die des Schriftstellers? Ist es ein Pferd mit menschlichen Augen oder ist es ein Mensch mit den Augen eines Pferdes? Die Verwandlung, die zwischen Mensch und Tier vor sich geht, stellt keinen geregelten, messbaren Übergang von einem gegebenen Zustand zu einem anderen dar. Sie ist vielmehr ein Werden, ein Prozess ohne Ziel und Richtung. In der Zone des ungeregelten Übergangs, in der Zone des Werdens wird der Mensch nicht einfach Tier noch das Tier einfach Mensch, sondern beide treten in ein gebrochenes Verhältnis zueinander, eröffnen einen Raum des Zwischen, dem kein fester Ort zugewiesen werden kann.

Die Hürde in der Rennbahn führt in die Regelmäßigkeit des Galopps – in die regelmäßigen Sprünge – eine Unregelmäßigkeit ein und lässt das rennende Pferd aus dem Takt geraten. Diese zäsurierende Unterbrechung – immer auf dem Sprung – erlaubt eine Wahrnehmung der Welt, die deren *wesenhafte Einheit* sichtbar macht: »der Blick von einem über die Hürde springenden Pferde zeigt einem sicher allein das äußerste, gegenwärtige, ganz wahrhafte Wesen des Rennbetriebs. Die Einheit der Tribünen, die Einheit des lebenden Publikums, die Einheit der umliegenden Gegend in der bestimmten Jahreszeit usw.«[79] Was sich dem Blick des Reiters zeigt – oder ist es der Blick des Pferdes, des sich zum Tier verwandelnden Menschen, welcher über die Hürde springt? –, ist die *äußerste Gegenwärtigkeit*, das *wahrhafte, bestimmte Wesen*. Im Sprung wird – vielleicht – das Jetzt, aus der kontinuierlichen Laufbahn herausspringend, als Momentaufnahme, die den gebrochenen Augenblick in seiner Übergängigkeit ausstellt, erfahrbar.

Walter Benjamin erkennt in »Kleine Geschichte der Photographie« in der Technologie der Fotografie eine Vorgehensweise, die Flüchtigkeit solcher *Schrittstellen* zu bannen: »Ist es schon üblich, daß einer, beispielsweise, vom Gang der Leute, sei es auch nur im groben, sich Rechenschaft gibt, so weiß er bestimmt nichts mehr von ihrer Haltung im Sekundenbruchteil des ›Ausschreitens‹. Die Fotografie mit ihren Hilfsmitteln: Zeitlupen, Vergrößerungen erschließt sie ihm.«[80] Gehen ist für Benjamin unhaltbar, es lässt sich durch die geläufige

---

79 Ebd.
80 Walter Benjamin: »Kleine Geschichte der Photographie«, in: *Gesammelte Schriften*, Bd. 2,1, a.a.O., S. 368–385, hier S. 371.

Wahrnehmungsfähigkeit des Menschen nicht zu einer Haltung feststellen. Im Bruchteil einer Sekunde kommt das *Ausschreiten* voran, ohne dass diesem Übergang ein Ort, eine Stelle oder eine umrissene Gestalt zugewiesen werden könnten. Gehen ist in gebrochene Teile aufgespalten, die sich nicht fassen lassen: Maßlosigkeit des *Ausschreitens*. Selbst die Sekunde als kleinste Zeiteinheit ist im Augenblick des Schreitens geteilt: *Sekundenbruchteil*. Dieser Aufbruch im Gehen, der nicht zustande kommt oder zur Figur gerinnen kann, dieser *Sekundenbruchteil* bedarf einer anderen Wahrnehmung, bedarf der Zeitlupe und der Vergrößerung. In dieser Aufmerksamkeit für den Augenblick des *Ausschreitens*, der Verzögerung des Schritts in der Zeitlupe und seiner Vergrößerung in der Fotografie, setzt die Möglichkeit aus, den Vorgang des Gehens zu einem reglementierten, geradlinigen zu gestalten. Die Methode der Fotografie mit ihren Hilfsmitteln ist eine mögliche Vorgehensweise, kleinste Abweichungen im menschlichen Gang sichtbar zu machen: »Aller Kunstfertigkeit des Photographen und aller Planmäßigkeit in der Haltung seines Modells zum Trotz fühlt der Beschauer unwiderstehlich den Zwang, in solchem Bild das Fünkchen Zufall, Hier und Jetzt, zu suchen, mit dem die Wirklichkeit den Bildcharakter gleichsam durchgesengt hat, die unscheinbare Stelle zu finden, in welcher, im Sosein jener längstvergangenen Minute das Künftige noch heut so beredt nistet, daß wir, rückblickend, es entdecken können.«[81] Die *unscheinbaren Stellen*, das Ineinander der Schritte im *Ausschreiten*, diese feine, leichte und flüchtige Bewegung, entziehen sich der geläufigen Wahrnehmung. Im *Ausschreiten* bricht das Gehen sowohl an als auch ab, gehen beide unscheinbar ineinander über, sodass im geteilten, aufgelockerten Schritt Vor und Zurück nicht strikt zu trennen sind, in jeder Setzung bereits ihre Entsetzung wirkt. Der Ablauf des Gehens folgt keiner vorgezeichneten Bahn, es ist von Zufällen perforiert, welche jegliche *Planmäßigkeit* des Fortschreitens kaum merklich – denn *sie wohnen im Kleinsten* – in Frage stellen.

Das *Wesen des Rennbetriebs* in der *carrière* tritt in der plötzlichen Unterbrechung, im Sekundenbruchteil des Springens hervor. Im Sprung über die Hürde, der Brechung der Geläufigkeit unfassbarer Übergänge, der Entstellung des Galopps zeigt sich das *äußerste Wesen*, zeigt sich die Einheit an ihren Grenzen, wo sie ins Außen auf-

---

81 Ebd.

bricht. *Wahrhaft* ist es an seinen äußersten Rändern, dort, wo es »wie die Schauspieler in den frühen Filmen, umgeben von einem zitternden, schimmernden Schein, der ihre Umrisse unkenntlich macht«,[82] erscheint. Die *Einheit* des Wahrgenommenen, der Tribünen, des lebenden Publikums, der umliegenden Gegend fußt unfassbar und grundlos auf einem Sprung, welcher die scheinbare Regelmäßigkeit des Galopps bricht. Das Ganze, Abgeschlossene, die Einheit basiert auf dem Aufbrechen einer Erfahrung des Ganzen, einem Ab- und Unterbrechen. Die Wahrnehmung der Ganz- und Einheit geschieht im Modus der Unterbrechung, in der Übergängigkeit des ortlosen Sprungs. Dieser Sekundenbruchteil ist jedoch nicht beherrschbar. Ort- und stellenlos ist er ständig im Übergang begriffen und kann nicht zu einer verfügbaren Methode festgestellt werden und ähnelt daher den ersten, unsicheren Schritten des gehen bzw. schreiben und lesen lernenden Kindes.[83]

Es gibt noch eine andere Möglichkeit – Wendung –, mit der Hürde, die sich dem rennenden Pferd entgegenstellt, umzugehen: »Wendet sich aber mein Pferd zurück und will es nicht springen und umgeht die Hürde oder bricht es aus und begeistert sich im Innenraum oder wirft mich gar ab, natürlich hat der Gesamtblick scheinbar gewonnen.«[84] Wenn das Pferd sich abwendet, den Sprung über die Hürde verweigert und einen Umweg macht, d.h. vom vorgegebenen Weg abweicht, wird eine andere Art der Wahrnehmung möglich. Das Vorgehen wird zu einer *schlechten Karriere*. Nicht nur verlässt das Pferd den allgemeinen Marsch des Rennens, sondern auch die *carrière* – die Rennbahn oder Laufbahn[85] –, die vorgeschriebene Richtung. In-

---

82 W.G. Sebald: »Le promeneur solitaire. Zur Erinnerung an Robert Walser«, in: ders.: *Logis in einem Landhaus*, München 1998, S. 127–169, hier S. 145.
83 Walter Benjamin thematisiert diese Bezüge unter dem Begriff der *Kunst des Verirrens* in mehreren Stücken der »Berliner Kindheit um Neunzehnhundert«. Eine andere Notiz »Kind und Pferd – Kentaur« diskutiert die Nähe des Kindes zum Kentauren, d.h. zu einem *ursprünglichen Umirren*: »Die Indifferenz. Das Kind geht nach hinten so selbstverständlich wie nach vorn. Die Schritte nach vorn setzen sich erst auf Grund eines Ausleseprozesses durch. Daß das Kind das Pferd hinter sich herschleppt, ist also zum Teil ein Ausdruck seiner Indifferenz gegen vorn und hinten.« In: Walter Benjamin: »Zu Grenzgebieten«, in: *Gesammelte Schriften*, Bd. 6, Frankfurt 1985, S. 191f.
84 Kafka, *Briefe*, a.a.O., S. 116.
85 Friedrich Kluge: *Etymologisches Wörterbuch der deutschen Sprache*, Berlin 1960, S. 354: »Karriere, die : -,n [frz. carrière = Rennbahn, Laufbahn, zu spät-

sofern erinnert die Wendung von der *schlechten Karriere* Walsers an eine solche equestrische Abweichung vom geläufigen, menschlichen Schritt. Im Umweg und der Abweichung, dem Abirren von der zielgerichteten Karriere – Reiter und Pferd haben das Ziel aus den Augen verloren – *hat natürlich der Gesamtblick scheinbar gewonnen*. Wie im Sprung kommt es zu einer Zäsurierung des scheinbar geschlossenen Vorgangs des Rennens, das vom Start bis zum Ziel durchgängig fortläuft und in welchem jedem Schritt das Ziel der Fortbewegung eingetragen ist. Die abgeschlossene Rennbewegung, die nach dem Durchlaufen der Karriere am Ziel ankommt, gerät aus dem Tritt. In der kurzen Betrachtung »Zum Nachdenken für Herrenreiter«, die wahrscheinlich zeitgleich mit dem Brief an Ernst Eisner entstanden ist und die verschiedene Wendungen des Briefes aufnimmt, wird der Sieger eines Pferderennens als derjenige dargestellt, der trotz seines Sieges als gescheitert angesehen werden muss: »Nichts, wenn man es überlegt, kann dazu verlocken, in einem Wettrennen der erste sein zu wollen.«[86] Der Erfolg des Siegers, der sich und sein Pferd beherrscht und als Erster durch das Ziel geht, verwandelt sich zur Niederlage, zum Misserfolg. Der Sieg hat nichts Verlockendes, er erweist sich bei näherer Betrachtung als eine Form der Niederlage. Paradoxerweise verwandelt sich der Vorsprung des das Rennen anführenden Reiters in seinen Nachteil: »Der Neid der Gegner, listiger, ziemlich einflußreicher Leute, muß uns in dem engen Spalier schmerzen, das wir nun durchreiten nach jener Ebene, die bald vor uns leer war bis auf einige überrundete Reiter, die klein gegen den Rand des Horizonts anritten.«[87] Diejenigen, die der führende Reiter im Rennen

---

lat. (via) carraria = Fahrung, zu lat. Carrus, Karre].« Das Wort »Karriere« bedeutet darüber hinaus im Reitsport eine besondere Gangart des Pferdes. Vgl. Sadko G. Sodlinski: *Reiter, Reiten, Reiterei. Die Grundlagen pferdegemäßen Reitens*, Hildesheim 1983, S. 252: »Cariera, auch: Carrière, Karriere = langgestreckter Renngalopp.«

[86] Franz Kafka: »Zum Nachdenken für Herrenreiter«, in: *Kritische Ausgabe*, Bd. 1, hg. v. Wolf Kittler, Hans-Gerd Koch und Gerhard Neumann, Frankfurt 1994, S. 30–31, hier S. 30. Vgl. dazu auch die Bemerkungen Elias Canettis zu Walsers Erfolglosigkeit in: Elias Canetti: »Einige Aufzeichnungen zu Robert Walser«, in: Kerr (Hg.): *Über Robert Walser*, Bd. 2, a.a.O., S.12–13, hier S. 13: »Das Peinigende des Erfolgs: er wird immer andern weggenommen, und nur die Ahnungslosen, die Beschränkten, die sich nicht sagen, daß es unter den Beraubten immer Bessere gab als sie selbst, vermögen ihn zu genießen.«

[87] Ebd., S. 30.

hinter sich gelassen hat, erscheinen als Überrundete nun erneut vor ihm. Nicht nur ist der Sieger dem *Neid der Gegner* ausgesetzt, vielmehr tauchen diese auch wieder vor ihm auf. Der größtmögliche Vorsprung wird zum uneinholbaren Rückstand. Siegen heißt gegen eine Leere – den Rand des Horizonts – anreiten, die immer schon von den listigen Verlierern bevölkert ist und deren Einfluss sich der Reiter nicht entziehen kann. Da der Sieger im *schmerzend engen Spalier* gefangen bleibt, erreicht er niemals die freie und offene Ebene. Spricht der Brief an Direktor Eisner noch von der Möglichkeit eines Ausbruchs aus der *carrière*, einer *schlechten Laufbahn* und den Chancen der Niederlage, so stellt »Zum Nachdenken für Herrenreiter« die *Reue* und den *Schmerz* des Siegers aus. Die *schlechte Karriere* des Schriftstellers ist aus der Bahn geraten. Sein Vorgehen ist keines, über das er vollständig verfügen könnte, er bleibt ein Anfangender, der keinen vorwegnehmenden Überblick, keine Zielsetzung vor Augen hat. Sein Schreiben geht vor, kommt aber nicht voran. Er irrt ab, verrennt sich und macht scheinbar sinn- und zwecklose Umwege. Er ist sprunghaft. Indem er sich weigert, seine Schritte als bloßes Mittel zur Erreichung eines vorgegebenen Ziels anzusehen, setzt er sich – aus dem *allgemeinen Marsch* ausgeschert, zurückgeblieben – der entsetzenden Ortlosigkeit des Schreibens aus.

Wie sieht dieser scheinbare *Gewinn des Gesamtblicks* aus, den eine *schlechte Karriere* verspricht, und warum geschieht er *natürlich*? Was sieht der Reiter – wenn man denn noch Reiter und Pferd deutlich scheiden kann – des ausbrechenden Pferdes? »Im Publikum sind Lücken, die einen fliegen, andere fallen, die Hände wehen hin und her wie bei jedem möglichen Wind, ein Regen flüchtiger Relationen fällt auf mich.«[88] Die *Einheit* ist scheinbar aufgebrochen, ihre Lücken und Risse, die die Umgebung beweglich machen, werden sichtbar. Diese Auflockerung des Ganzen ist das Resultat der durch das abirrende Pferd veränderten Wahrnehmung: *Lichtwirkung*. Sie ist aufmerksam für die innerhalb der scheinbaren Einheit vorgehenden Bewegungen und Übergänge: Die Lücken sind instabil, *flüchtig, fliegen, fallen, wehen hin und her*. Es gibt keine einsinnige Ausrichtung, an der sich die Übergängigkeit und Beweglichkeit der Lücken im Publikum festmachen könnte. Oben und unten, rechts und links verwirren sich in dieser gelückten Auflockerung der leichten Möglichkeiten. Flüch-

---

88 Kafka: Brief an Ernst Eisner, in: *Briefe*, a.a.O., S. 116.

tig, von *jedem möglichen Wind* getrieben, steht jede Richtung offen, kommt das sich dem Gesamtblick Darbietende nicht zustande. Durch die Wahrnehmung dieser Lückenhaftigkeit gewinnt die Erkenntnis an Nuanciertheit. Nicht die Dinge an sich, sondern ihre bewegliche Stellung zueinander, ihre leichten Beziehungen und flüchtigen Relationen werden erfahrbar.

In der Einleitung zu seiner Essaysammlung *Of Minimal Things. Studies on the Notion of Relation* macht Rodolphe Gasché auf die in der aristotelisch-scholastischen Tradition geläufige Bezeichnung des Begriffs »Relation« als »kleines Ding« aufmerksam: »A relation is an ens minimum, minimum understood as the superlative of parvus, and, hence, in the sense of something that is excruciatingly small, the smallest of all entities or things. As a ›minimum de entitate‹, a relation has the ontological status of a real thing. Yet compared to substance, which exists primarily, the accidental nature of relation [ ] entails that the being this thing can claim as its own is minimal.«[89] Folgt man Gaschés Rekonstruktion, so macht der Blick vom sich verweigernden, ausbrechenden Pferd die Beziehung zwischen den Dingen – ens minimum – sichtbar. Das Kleinste hat keine feste Identität, ist kein ›Ding an sich‹, sondern die flüchtige Relation, der nuancierte Übergang an den hereinbrechenden Rändern. Es ist der minimale Abstand des *Zwischen*, der winzige Raum der Lücke, in dem die Dinge sich aufeinander beziehen, ineinander aufgehen. Diese Beziehung ist jedoch nicht als eine durchgängige, die sich problemlos feststellen ließe, zu denken: Sie ist aufgelockert, immer auf dem Sprung, begeistert im Aufbruch begriffen. Ihre Leichtigkeit entzieht sich einer geregelt fortschreitenden Vorgehensweise und kann nur in der Lücke, im Intervall, in der Zäsur, im Sekundenbruchteil des Ausbrechens gewonnen werden. In der scheinbaren Beziehungslosigkeit des Moments, in dem sowohl die gängigen Relationen der Dinge zueinander als auch ihre Einheit aufgebrochen sind, kann die kleine, feine, leichte Art der Nuance eine andere Beziehung zwischen den Dingen imaginieren.

Die Relationen, die kleinsten Dinge, fallen – *wie ein Regen* – auf den reitenden Schriftsteller herab. Sie sind nicht greifbar, stehen nicht vor Augen, entziehen sich dem Zugriff. Ihre Flüchtigkeit kommt über

---

89 Rodolphe Gasché: *Of Minimal Things. Studies on the Notion of Relation*, Stanford 1999, S. 3.

den Reiter. Ohne sie kontrollieren zu können, ist er dem Regen der Relationen ausgesetzt, und in der Wolke der Regentropfen – flüchtig und flüssig – verfliegt die Möglichkeit, die Welt als eine stabile, lückenlose Einheit aufzufassen und zu ihr Stellung zu nehmen. Sie wird aufgelockert, zerstäubt in bewegliche, unbeständige Beziehungen, die sich dem geläufigen Blick verweigern und nicht festschreiben lassen. Die Welt verwandelt sich in eine Welt der kleinsten Dinge, in eine Welt der flüchtigen Relationen. Sie wird in Wind und Regen zu einer lückenhaften, flüchtigen Bewegung, zu einer Regenböe, in der das Pferd aus der Bahn gerät und den Reiter abwirft. Im Sturz vom Rücken des Pferdes, der Niederlage im wortwörtlichen Sinne – *der Reiter liegt darnieder* –, dem Abbruch des Rennens werden die Zäsuren im Schritt schmerzhaft erfahrbar und *scheinbar gewinnt der Gesamtblick*.

Dieser veränderte Blick für das Gesamte kennzeichnet auch Walsers Wahrnehmung der literarischen Tradition, in die er sich – vielleicht *ein bisschen langsamer* aus der vorigen Generation von Schriftstellern herauskommend – einschreibt. Was sich dem aufmerksamen Leser Walser darbietet, ist eine aufgelockerte, lückenhafte Überlieferung, die jeder Richtung offensteht und dazu einlädt, sie weiterzuschreiben. Der scheinbar übermächtige, monolithische Block der Überlieferung bekommt *Lücken, die einen fliegen, andere fallen, sie wehen hin und her wie bei jedem möglichen Wind und ein Regen flüchtiger Relationen fällt herab*. Der Einfluss der literarischen Überlieferung – »Hie und da ließ ich mich vielleicht durch Lektüre beeinflussen« (10,430) – besteht jedoch nicht in einer einfachen Imitation oder dem Versuch einer Überbietung der gelesenen Literatur, sondern in einer Wiederholung oder Abschrift, indem Walser das Gelesene zitiert, paraphrasiert oder zusammenfasst. Mit anderen Worten, indem er sich in die Lücken seiner Vorläufer einschreibt. Da ein lückenloses Verständnis der tradierten Texte niemals zu erreichen ist – jede Lektüre stößt notwendigerweise auf unverständliche Stellen, hinterlässt Lücken im Verständnis –, eröffnet sich die Möglichkeit, diese immer wieder neu und anders auftauchenden Momente des Nicht-Verstehens für das eigene Schreiben produktiv zu machen. Walsers kleine Moderne entspringt aus dem Unvermögen, die Tradition lückenlos zu verstehen und sich aus ihr restlos zu lösen.

Walsers Schreiben exponiert Stellen des Un-Sinns, aus dem Sinn entstehen kann. Es handelt sich um Unbestimmtheitsstellen, »Spielräume der Konjunktivität«,[90] die »keinesfalls den Gegensatz zum Sinn« darstellen, »sondern das, was ihn [den Sinn, J.K.] zur Geltung bringt und erzeugt«.[91] Diese Zirkulation von Sinn und Bedeutung, unaufhörliches Neu- und Umschreiben von Angelesenem, früher Niedergeschriebenem, entstellt Literatur, löscht Vergangenes aus und erhält im Un-Sinn gleichzeitig dessen Möglichkeit. Die mögliche Langeweile und Monotonie der Wiederholung – es sei hier an Peter Bichsels Leseerfahrung der Spannungslosigkeit erinnert – des scheinbar Immergleichen eröffnet Spielräume der Variation und Aberration, erlaubt Nuancierungen des Bestehenden, verflüssigt Stellen zu Passagen.

Im aufmerksamen Umgang mit dem Vorhergehenden, den Vorläufern und Vorschriften entwickelt sich eine ungebundene Literatur, die sich gerade in ihrer Bindung an Vorbilder von diesen löst. Bezeichnenderweise *will* dem Schüler Fritz Kocher beim freien Aufsatz, der an kein Thema gebunden ist, *nichts einfallen*: »Diesmal sagte der Lehrer, dürft ihr schreiben, was euch gerade einfällt. Ehrlich gestanden, mir will nichts einfallen. Ich liebe diese Art von Freiheit nicht. Ich bin gern an einen vorgeschriebenen Stoff gebunden.« (1,24) Der Vorgang des Einschreibens in vorgegebene Texte beleuchtet Walsers scheinbar anachronistische Position als Spätling innerhalb der großen deutschsprachigen Tradition. Entgegen den zeitgleich sich entwickelnden Avantgarden des ersten Drittels des 20. Jahrhunderts, deren innovatorische Dynamik sich aus dem Versuch der radikalen Destruktion jeglicher Tradition speiste, ist Robert Walsers Beziehung zu dieser Tradition differenzierter. Er ist sich bewusst, dass jeder absolute Traditionsbruch im Zeichen einer bloßen Verneinung sich notwendig im Rahmen der abgelehnten Tradition bewegen muss. Das Beharren auf Neuheit und Originalität kann nur bereits gemachte Forderungen wiederholen. Paul de Man fasst diese Aporie moderner Literatur bündig zusammen: »When they [the Moderns, J.K.] assert they own modernity, they are bound to discover their dependence on similar assertions made by their literary predecessors; their claim to being a new beginning turns out to be the repetition of a claim

---

90 Dierk Rodewald: *Robert Walsers Prosa. Versuch einer Strukturanalyse*, Bad Homburg, Berlin, Zürich 1970, S. 164.
91 Gilles Deleuze: *Woran erkennt man den Strukturalismus?*, übers. v. Eva Brückner-Pfaffenberger und Donald Watts Tuckwiller, Berlin 1992, S. 18.

that has always already been made.«[92] Das Selbstverständnis einiger Teile der klassischen Moderne, die Modernität mit radikaler Neuheit und der Kontingentsetzung alles bis dahin Dagewesenen koppelt, wird durch Walsers Schreibweise, die sich der Tradition gegenüber scheinbar klein macht und deren Autorität höflich affirmiert, fragwürdig. Diese Literatur des Kleinen, Feinen, Leichten verzichtet darauf, die ›große‹ Tradition zu überbieten, denn, so Walser in einem Gespräch mit Carl Seelig: »Auf Klassiker war ich nie jaloux.«[93]

---

[92] Paul de Man: »Literary History and Literary Modernity«, in: ders.: *Blindness and Insight. Essays in the Rhetoric of Contemporary Criticism*, Minneapolis 1983, S. 142–165, hier S. 161. Zu ähnlichen Schlussfolgerungen gelangt auch Adorno in: Theodor W. Adorno: »Thesen über Tradition«, in: ders.: *Parva Aesthetica*, Frankfurt 1967, S. 29–41.
[93] Carl Seelig: *Wanderungen mit Robert Walser*, Frankfurt 1977.

In die Irre gehen: der Spaziergang

> Ich wanderte und wandre noch,
> doch war mein Gehn nicht immer gleich. (2,6)

(Der Beginn eines Spaziergangs): »Ich teile mit, daß ich eines schönen Vormittags, ich weiß nicht mehr genau um wieviel Uhr, da mich die Lust, einen Spaziergang zu machen, ankam, den Hut auf den Kopf setzte, das Schreib- oder Geisterzimmer verließ, die Treppe hinunterlief, um auf die Straße zu eilen.« (5,7) Die Erzählung »Der Spaziergang« beginnt damit, den Anfang des Erzählens, im Moment seiner versuchten Bestimmung, zu teilen. Der Erzähler teilt mit, sein Einsatz setzt aus. Anfang der Erzählung und Anfang des Spaziergangs sind nicht identisch, sondern sind mitgeteilt. In der Wendung *Ich teile mit* wird anerkannt, dass der Beginn der Erzählung geteilt ist und somit auch immer anders mitgeteilt werden könnte.[1] Die Erzählung ist eine Mitteilung, deren Anfang und Ende geteilt sind, sodass die Möglichkeit der Mitteilbarkeit eines fassbaren Inhalts, der ungeteilt erzählt werden könnte, fragwürdig wird. Der Moment, in dem der Spaziergang beginnt, zergeht in dem Augenblick, in dem der Erzähler versucht, den Beginn des Gehens genauer zu bestimmen: *eines schönen Vormittags, ich weiß nicht mehr genau um wieviel Uhr*. Der Beginn der erzählten Handlung lässt sich nicht präzisieren, der Erzähler *weiß nicht mehr genau, wann ihn die Lust, einen Spaziergang zu machen, ankam*. Unbestimmtheit des Anfangs: Der Versuch der Präzisierung des traditionellen Einsatzes *eines schönen Vormittags*, welcher die genaue zeitliche Bestimmung des Erzählten in eine unbestimmte Vergangenheit verlegt, muss scheitern. Der Erzähler *weiß nicht mehr genau um wieviel Uhr*. Der Anfang des Spaziergangs – der Beginn der erzählten Handlung – bleibt ungenau, aufgebrochen. Gehen hat keine Gestalt, es entzieht sich dem ungeteilten Zugriff des Schriftstellers, dessen Vorhaben, den Spaziergang

---

[1] Peter Gronau liest die Wendung *Ich teile mit* als »wegweisende Ironie«. Vgl. Peter Gronau: »Idylle, Anti-Idylle – Robert Walsers Affinitäten zum Rokoko. ›Der Spaziergang‹ und ein Besuch bei Salomon Gessner«, in: ders.: ›*Ich schreibe hier dekorativ*‹. *Essays zu Robert Walser*, Würzburg 2006, S. 45–55, hier S. 46.

zur und in die Schrift zu stellen, von dieser zergehenden Formlosigkeit berührt ist.

Der aufbrechende Anfang des Gehens, und damit der erzählte Spaziergang, ist nicht gewollt; der Beweggrund seines Gehens ist vielmehr das Ankommen einer Lust. Die Motivation zu gehen tritt an den Erzähler heran. Wille und Handlung lassen sich nicht direkt aufeinander beziehen, ihr unmittelbarer Bezug ist durch das *Ankommen einer Lust* zäsuriert. Die Möglichkeit, eine willentliche Entscheidung über den Beginn des Spazierengehens treffen zu können, scheint suspendiert, da der Erzähler seinen Spaziergang beginnt, ohne über dessen Beginn verfügen zu können. Der Anfang des Gehens ist ein Ankommen. Der Aufbruch entspringt einer Ankunft. Dieses ankommende Aufbrechen ist geteilt, es lässt sich nicht zu einem *genauen*, ungeteilten Zeitpunkt fixieren, hat kein Datum – *ich weiß nicht mehr genau um wieviel Uhr* –, sondern wird als das Ankommen einer Lust erfahren, die im Fortgang des Spaziergangs nicht einfach – wie etwa der Entschluss, spazieren zu gehen – zurückgelassen wird. Geht üblicherweise die Intention zu handeln der Handlung voraus, so ist das dem Ankommen der Lust entspringende Gehen nicht einfach das folgerichtige Resultat eines in der Handlung aufgehenden Vorhabens. Das Ankommen der Lust – ein bleibendes Ankommen wie ein aufbrechendes Bleiben – lässt sich zeitlich nicht *genau* bestimmen. Gehen ist ein Ankommen, das zu keinem Ziel führt, ein Aufbrechen ohne anzukommen. Der Spaziergänger folgt keinem anderen Ziel als dem des Ankommens; er hält nicht auf ein vorgegebenes Ziel zu. Sein Gehen bricht auf, irrt ziellos.

Das Ankommen der Lust, zu einem Spaziergang aufzubrechen, ist der Anfang des Schreibens über den Spaziergang. Hatte der Erzähler *soeben*, vor dem Ankommen der Lust, »in seiner Stube düster über ein leeres Blatt Papier hingebrütet« (5,7), so wird durch das Gehen der Prozess des Schreibens in Gang gebracht.[2] Der Erzähler schreibt *heute*, auf das Gehen zurückblickend, aus seiner Erinnerung: »Soviel ich mich heute, wo ich dieses alles schreibe, noch zu erinnern vermag.« (5,7) Das Schreiben über den Spaziergang füllt das *leere Blatt*

---

2   Zur Nähe von Schreiben und Gehen vgl. Sabine Rothemann: »Der Gang des Gehens und Schreibens: zum Problem der Wahrnehmung und Welterfahrung bei Robert Walser«, in: Hans J. Piechotta u.a. (Hg.): *Die literarische Moderne in Europa*, Bd. 2, Opladen 1994, S. 474–502.

Papier, es erinnert lückenhaft – *soviel ich mich heute noch zu erinnern vermag* – das Gehen. Das Schreiben folgt dem Gehen, es ist ein nachträgliches Erinnern, das auf einem Vergessen fußt: »Rasch vergaß ich, daß ich oben in meiner Stube soeben noch düster über ein leeres Blatt Papier hingebrütet hatte.« (5,7) Der Spaziergang beginnt mit dem *raschen* Vergessen dessen, auf was er folgt. Der aufbrechende Erzähler vergisst das *Brüten über einem leeren Blatt Papier*, er vergisst das bewusste Bemühen zu schreiben, er vergisst, Schreiben einem intentionalen Akt entspringen zu lassen. Im Vorgang des Schreibens über das Gehen ist die unmittelbare Beziehung von Möglichkeit und Aktualität vergessen. Das *Brüten*, das nur ein *leeres Blatt Papier*, aber keine Schrift hervorbringt, muss *rasch* vergessen, muss unterbrochen werden, damit Gehen und Schreiben beginnen können. Die Erzählung besteht in diesem Moment des Erinnerns des Vergessens. Im Vergessen, im Augenblick der nicht mehr herzustellenden Verbindung von Wille und Handlung, eröffnet sich die Möglichkeit des Erinnerns, eröffnet sich die Möglichkeit einer Literatur, die nicht aufhört aufzubrechen.

Das Vergessen lässt alle *schweren Gedanken* hinter sich und macht das Schreiben des Spaziergangs zu einem *zarten* und *sanften* – »Handelt es sich doch hier mehr um zartes, sanftes Spazierengehen als um eine Reise und Wanderung, und mehr um einen feinen Rundgang als um einen Gewalttritt und -marsch« (5,32) –, das die Düsternis und Enge der Stube zurücklässt, diese jedoch nicht einfach vergisst oder überwindet: »Alle Trauer, aller Schmerz und alle schweren Gedanken waren wie verschwunden.« (5,7) In der Wendung vom *wie verschwunden* zeigt sich die Unmöglichkeit eines völligen Vergessens des *Schreibzimmers*. Der Vorgang des Vergessens kann von dem des Erinnerns nicht rein geschieden werden: *Trauer* und *Schmerz*, beides Modi des Erinnerns, sind nicht verschwunden, sondern *wie verschwunden*, im Vergleich verhalten. So wie jede Erinnerung lückenhaft, vom Vergessen perforiert ist, so ist das Vergessen des Gehenden nicht absolut, sondern ist von Erinnerungen unterbrochen. Wäre das Gehen ein völliges Vergessen, würde alle Erinnerung komplett ausgelöscht, so wäre auch der Spaziergang nicht erinnerbar, könnte »Der Spaziergang« *heute*, wo der Erzähler *dieses alles* erinnert, nicht geschrieben werden. Es bedarf eines Aufbruchs des Erinnerns als auch des Vergessens. Vergessen darf nicht vergessen, es muss erinnert werden. Wie lässt sich ein Vergessen erinnern? Was bleibt von *allen schweren Gedanken* in der Leichtigkeit des Gehenden? Für den Erzähler ist es ein *gewisser Ernst*, den er *lebhaft als Klang spürt*, welcher die *düstere Stube* und ihr Vergessen erinnert: »Alle Trauer, aller Schmerz und alle schweren Gedanken waren wie verschwunden, obschon ich einen gewissen Ernst, als Klang, noch immer vor mir und auch hinter mir lebhaft spürte.« (5,7f.) Im *Spüren* des *Klangs* erhält sich der *Ernst* im Verhallen. Es ist das Wesen des Klangs, kein Wesen zu haben, leicht und flüchtig zu sein, sich zu keiner geformten Einheit feststellen zu lassen. Die Erinnerung in und durch den Klang hat keine stabile Identität, sondern wird *gespürt*, hat den Charakter einer Spur. Das Erinnerte stabilisiert sich nicht zu deutlich hörbaren Eindrücken, die der Spaziergänger hinterlässt. Der Klang ist – *noch immer* – vor dem Gehenden als auch hinter ihm. Die *schweren Gedanken*, die sich im verhallenden Klang erhalten, werden im Vorgang des Gehens nicht zurückgelassen, sondern begleiten den Spaziergänger, sind unterwegs. Der *gewisse Ernst* kann nicht in die Gewissheit eines fundierten Wissens überführt werden, er kann nicht festgestellt werden. Was von den *schweren Gedanken* bleibt, ist der *Klang* eines *gewissen Ernstes*, welcher den Gehenden umhüllt, dem aber keine fest umrissene Gestalt gegeben werden kann.

Das Vergessen dessen, was dem Spaziergang vorausging, lässt den Erzähler die Welt unvoreingenommen betrachten, so *als sähe er sie zum ersten Mal*: »Die morgendliche Welt, die sich vor meinen Augen ausbreitete, erschien mir so schön, als sähe ich sie zum erstenmal.« (5,7) Schönheit entfaltet sich, *als sähe* sie der Erzähler *zum erstenmal*. Ihr Modus ist der des Konjunktivs[3] und der des Scheins. Die *morgendliche Welt* erscheint, indem sie wie *zum erstenmal* angeschaut wird, als schön. Es bleibt unklar, wie in diesem Zusammenhang die Wendung *erschien mir so schön* zu lesen ist. Ist sie das, was Walter Lüssi eine Unsicherheitsform nennt, die Versetzung eines unmittelbar Feststehenden in die Form der Mittelbarkeit[4] bzw. der Konjunktivität, oder spielt der Erzähler auf den grundsätzlichen Scheincharakter des Schönen an, wie er aus der klassizistisch-idealistischen Ästhetik geläufig ist? Die Erfahrung des Spaziergängers oszilliert unentscheidbar zwischen diesen beiden Möglichkeiten, die Erscheinung der schönen

---
3   Rodewald: *Robert Walsers Prosa*, a.a.O., S. 164ff.
4   Walter Lüssi: *Robert Walser. Experiment ohne Wahrheit*, Berlin 1977, S. 26.

morgendlichen Welt zu deuten, da die Versetzung eines unmittelbar Feststehenden in die Form der Mittelbarkeit selbst von dieser Mittelbarkeit betroffen ist. Der nicht feststellbare, mittelbare Scheincharakter der Schönheit fußt auf dem Konjunktiv *als sähe ich sie zum erstenmal*. Die Schönheit der Welt ist eine Schönheit wie auf den ersten Blick. *Alles* erscheint dem Spaziergänger wie neu, noch nicht durch *schwere Gedanken* belastet. Die Dinge treten in ihrer schieren Phänomenalität hervor: Die *morgendliche Welt breitet sich* vor dem unbelasteten Blick *aus*. Eine solch folgerichtige Deutung, welche versucht, Schönheit als eine quasi unschuldige Wahrnehmung auf den ersten Blick zu definieren, bleibt im Fall des Spaziergangs undeutlich. Der erste Blick des Spaziergängers steht nicht fest; er ist im Konjunktiv mitgeteilt: *als sähe ich sie zum erstenmal*. Die Bedingung, die Welt als schön zu erfahren – der erste Blick –, ist geteilt. Das *erstemal* ist kein fundierender Grund, auf dem eine mögliche Wahrnehmung des Schönen – eine Ästhetik – fußen könnte. Die *morgendliche Welt*, die der Spaziergänger *erblickt*, ist keine, die er zum *erstenmal* sieht, sondern er nimmt sie wahr, *als sähe er sie zum erstenmal*. Bereits die erste Wahrnehmung des Spaziergängers ist geteilt. Die Fähigkeit, etwas wie *zum erstenmal* zu sehen, ist nur durch den Bezug auf ein früheres Sehen möglich. Das *erstemal* verweist immer schon auf ein vorgängiges, anderes erstes Mal, ist immer schon Teil eines Vergleichs, der sowohl den ersten Schritt als auch den ersten Blick des Spaziergängers aussetzt.

Das Problem des aufbrechenden Anfangs wird von Walser an anderer Stelle, in dem im Juni 1928 in der Prager Presse erschienenen Prosastück »Der erste Schritt«, erneut diskutiert. Diese Diskussion bedarf einer besonderen, der Feinheit des Themas angemessenen Behandlung: »An welch merveillöses Problem, wie wenn ich ein Hämmerchen in der Hand hätte, und als wenn das zu behandelnde Thema ein Musikapparat wäre, schlage ich hier mit soviel Takt, Feinsinn, Schlagfertigkeit und liebevoller Umsicht, wie mir aufzubringen möglich sein wird?« (19,215) Nur *Takt* und *Feinsinn*, ein Wissen um kleine, feine Differenzen, ein Wissen von der Nuance erlauben es, dem Problem des ersten Schritts gerecht zu werden.

Ein in einer van Gogh-Reproduktion abgebildetes Kind, welches seine ersten Schritte unternimmt, löst beim Erzähler eine Reflexion über die Idee des *Anfänglichen* aus. Das *Angehende* hat für den Erzähler als Schriftsteller besondere Bedeutung, da die ersten Schritte eines Kindes und die ersten *Bemühungen* eines Künstlers einander ähneln: »Sind nicht erste Schritte in Kunst, Literatur, Politik, und, der Kuckuck mag wissen, auf was noch für sonstigen Gebieten, wie kleine Kinder, an denen man nun einmal allgemeine Freude hat, die uns keine so starke Genugtuung mehr zu schenken vermögen, sobald sie aufwachsen?« (11,215) In der Erinnerung der ersten Schritte geht das *Anfängliche* nicht verloren, der Schriftsteller erinnert das *Angehende*, das für ihn nicht einfach hinter ihm liegt und zurückgelassen wird. Das *Anfängliche* ist nicht abgeschlossen, sondern hält an weiterzugehen. Der Aufbruch der ersten Schritte lässt sich nicht zu einem eindeutigen Zeitpunkt in der Vergangenheit fixieren, von dem der Vorgang des Gehens seinen Ausgang nehmen würde. Er liegt in der märchenhaften Zeit des *es war einmal*, welche – ohne Datum – die Zeit des Gehenlernens zu einem Zeitraum des Übergangs dehnt, in welchem sich das Alter des Kindes einer genauen Bestimmung entzieht: »ein kaum bereits vielleicht anderthalbjähriges Kind.« (11,215) Davide Giuriato liest diese »Unverfügbarkeit des Kindlichen« als spezifische Ausformung einer walserschen Poetik des kindlichen *noch nicht*: »Mit dem Wunsch, Kind zu sein, verbindet sich keine Sehnsucht nach einem verlorenen Ursprung. Vielmehr ist das Kind ein Ich-loses Etwas, an dem alle Zuschreibungen des Erwachsenen zerschellen: [...] Walsers Poetik des Kindlichen ist keine Poetik der Entwicklung und der Vergängnis, der Auflösung und des Verschwindens, sondern eine der labilen Entstehung, des Werdens, eines Noch[-nicht] in der Sprache.«[5] Der kindliche Künstler, der den feinen, leichten Charakter des *Anfänglichen* wahrnimmt, bleibt ein *Anfänger*, bleibt jemand, der zögert, über den ersten Schritt hinauszugehen, dessen Entwicklung sich nicht zu einem folgerichtigen Fortschritt zusammenfassen lässt, da er sich weigert, »den zweiten, dritten, vierten Schritt usw.« (19,210) auszuführen. Das Vorgehen des feinsinnigen Schriftstellers ist eines, das versucht, das *Angehende* der ersten Schritte im Schreiben zu erhalten, das Unsichere und Zögernde des Gehenlernens im Gehen wahrzunehmen. Der Vorgang des Schreibens erinnert an das Erlernen des Schreibens, bevor

---

5   Davide Giuriato: »Robert Walsers Kinder«, in: Wolfram Groddeck u.a. (Hg.): *Robert Walsers ›Ferne Nähe‹*, a.a.O., S. 125–132, hier S. 132. Vgl. auch Stephan Kammer: »›Lib/e/ri‹. Walsers poetologisch souveräne Kinder«, in: ebd., S. 133–140.

dieses sich zur festgelegten Methode, zum Wissen verfestigt. Thomas Schestag diskutiert diese Schwierigkeit der Erinnerung an das kindliche Gehenlernen in verschiedenen Texten Walter Benjamins: »Dem Kind, das schon geht, aber noch nicht geht, das Gehen lernt, in jeden Schritt aber die Indifferenz dem Gehen und Vorgehn gegenüber einträgt, dem das Gehen noch nicht in Fleisch und Blut übergegangen ist, das die Zäsuren im Schritt und die Erinnerungslücken im Denken an den Schritt noch nicht zu überspielen sucht, das nicht am Gängelband geht, sondern das dem Spiel im Schritt sich überlässt, hat Walter Benjamin an mehreren Stellen seiner Schriften irritierende Sätze gewidmet.«[6] Sowohl Benjamins als auch Walsers Vorgehensweise versuchen, den prekären, unfassbaren Übergang von einem Nicht-Können zu einem Können im Können selbst zu bewahren. Der Vorgang des Erlernens, der an sich nicht wiederholbar ist – »So kann ich träumen, wie ich einmal das Gehen lernte. Doch das hilft mir nichts. Nun kann ich gehen; gehen lernen nicht mehr.«[7] –, soll in seiner *Einstmaligkeit* im Erlernten aufscheinen und dieses in seiner Geläufigkeit brüchig werden lassen. Die Möglichkeit eines Könnens wird durch die Erinnerung an den Vorgang, in dem dieses Können erworben wurde, zu einem »Juwel des Noch-absolut-nichts-Könnens« (19,211). In dieser Wendung Walsers ist weder das Können noch das Nichts-Können absolut gesetzt. Das *noch*, auf der Schwelle zwischen Gehen und Nicht-Gehen, markiert den Übergang, in welchem der *Anfänger* noch über kein absolutes Wissen verfügt. Dem Kind, das gehen lernt, scheint es, als mache es den ersten Schritt immer wieder von Neuem, sein Wissen vom Gehen ist noch nicht zu einem verfügbaren Vermögen sistiert, das bewusst erinnert bzw. eingesetzt werden könnte. Es bricht unaufhörlich auf.

Erscheint für Walter Benjamin das Gehenlernen nur durch ein Verirren, dem Versuch das folgerichtige Gehen zu verlernen, erinnerbar, so ist diese Erinnerung für den Erzähler in Walsers Erzählung »Der erste Schritt« besonders durch die Beobachtung *erste Schritte einleitender Kinder*, die selbst jedoch kein Wissen von dieser Erfahrung haben, möglich: »Ein erster Schritt ist an sich immer etwas beinahe

---

6   Schestag: »Schrittstellen«, in: *Der Prokurist*, a.a.O., S. 47.
7   Walter Benjamin: »Berliner Kindheit um neunzehnhundert«, in: Walter Benjamin: *Gesammelte Schriften*, Bd. 4,1, Frankfurt 1991, S. 235–304, hier S. 267.

Märchenhaftes, obwohl er dies für andere eher ist als für den, der ihn ausführt, für den er eine Anstrengung ist. Das Kind, das gehen lernt, weiß vom Vergnügen nichts, das es dadurch den Eltern verursacht.« (19,212) Unmittelbar, d.h. im Vorgang selbst, lässt sich das Gehenlernen nicht erfahren. Nur in der Beobachtung anderer Kinder oder in der Erinnerung an die eigene Kindheit kann es nachträglich bewusst gemacht werden. Die ersten Schritte des Kindes – zögernd und ungeschickt von der Geradlinigkeit und Ausgerichtetheit des erwachsenen Gehens abweichend – erlauben den Eltern, sich ihrer eigenen ersten, märchenhaften Schritte zu erinnern. Walter Benjamins Deutung des kindlichen Gehenlernens betont daher den irrenden, einer gegebenen Richtung gegenüber unentschiedenen Charakter der ersten Schritte: »Die Indifferenz. Das Kind geht nach hinten so selbstverständlich wie nach vorn. Die Schritte nach vorn setzen sich erst auf Grund eines Ausleseprozesses durch.«[8]

Wenn das Gehen des Kindes sich gegenüber einer Ausrichtung indifferent verhält, so wird fraglich, ob die ersten Schritte des Künstlers, der dem das Gehen anfangenden Kind ähnelt, den Ausgangspunkt für eine fortschreitende Künstlerlaufbahn darstellen können. Es kommt im Vergleich von Künstler und Kind zu einer Verwirrung der geläufigen Vorstellung des Künstlers als jemandem, der sich, seine Anfänge zurücklassend, auf ein Ziel oder einen Höhepunkt hin entwickelt. Eine solche Zielgerichtetheit wird durch die Momente, die an das irrende, linkische Gehenlernen erinnern, in denen der

---

8   Walter Benjamin: »Zu Grenzgebieten«, in: *Gesammelte Schriften*, Bd. 6, Frankfurt 1985, S. 191f. Zum Wort Ausleseprozess vgl. Schestag: »Schrittstellen«, in: *Der Prokurist*, a.a.O., S. 50: »Das Wort führt aber eine Verwirrung mehr ein. Es lenkt den Blick aufs *Lesen*, und auf die Frage nach *vorn* und *hinten*, *vor* und *nach* im lesenden Blick. Nicht weniger als auf das Wort *Ausleseprozess*. Denn wie setzen sie sich, das Wort *-prozess* durch *-vorgang* übersetzt, im Vorgang der Auslese die Schritte nach *vorn* erst noch durch? Die Rede vom Auslese-*prozess* macht das Resultat der Auslese, nämlich die *nachträgliche* Apriorität des Schritts nach *vorn*, dem die Möglichkeit, zu prozessieren, das heißt vorzugehen, erst entspringt, zur Bedingung der Auslese. Gibt es überhaupt eine Voraussetzung dafür, daß es zum Vorrang des Schrittes nach vorn kommt? Kommt der Schritt nach vorn, der postponierte Vorrang des Schritts nach vorne überhaupt zu Stand? Oder muß das Wort *Ausleseprozess* so gelesen, auf- und ausgelesen werden, von links nach rechts, daß das Wort *-prozess* tatsächlich der *Auslese-* erst nachfolgt, *vor* aus der Lese resultiert, mit einem andern Wort, *vor* an dieser Stelle *nach* bedeutet? Was heißt an dieser Stelle, von dieser Stelle her, *Lesen*?«

Schriftsteller wieder zum Anfänger wird, geteilt. Gehen wird wieder zum Gehenlernen und Schreiben zum Schreibenlernen. Anfang und Ende des Schriftstellerlebens gehen ineinander über: der Künstler wird zum *Anfangenden*,[9] sein Werk stellt ein *Ausklingen* dar, dem sein Ende von Beginn an eingeschrieben ist. Demgegenüber steht für Walser die Figur des »Führers«, der die »Menschheit befördern« (19,210f.) und einem höheren Ziel zuführen möchte. Ihm ist das Gehen ein beständiger Fortgang und Aufstieg. Das *Anfängliche* hinter sich lassend, vergisst er die Erfahrung des Gehenlernens, verfügt er den Vorgang des Gehens zu einem Können und Wissen und gibt ihm einen Endpunkt vor. Dadurch, dass er nicht beim ersten Schritt stehen bleibt, sondern über ihn hinausgeht, befreit er sich aus dem *Anfänglichen*. Gegenwart und Zukunft entwickeln sich für ihn folgerichtig aus der Vergangenheit. Für den Anfänger dagegen ist die *Einstmaligkeit* nicht vergangen, indem er »von Zeit zu Zeit« auf das Gehenlernen zurückschaut, bleibt dieses wirksam, verklingt die Fähigkeit des Gehen-Könnens zu einem *Noch-absolut-nichts-Können*. Im das *Anfängliche* erinnernden Gehen wird das Ende im Anfang*en*d*en* sichtbar, da jeder Schritt die *Möglichkeiten des Ermüdens in sich einschließt*: »Das Kind, das gehen lernt, weiß vom Vergnügen nichts, das es dadurch den Eltern verursacht; es weiß nur, dass es sich bemüht, und es fühlt, dass die Bemühung Möglichkeiten des Ermüdens in sich einschließt.« (19,212) Das Gehenlernen ist dem Kind nicht bewusst, sondern es hat ein Gefühl des Bemühens, in welchem es das Ermüden des Gehens spürt. Es eröffnet sich bereits im *Anfänglichen* sein erschöpftes, langsam vergehendes Ende. Der Anfang ist immer schon vom Ende berührt, zum Angeh*en*d*en* und Anfang*en*d*en* aufgebrochen. In der Erschöpfung, in der auch »Der Spaziergang« ausläuft, entzieht sich der genaue Endpunkt des Gehens; sie tritt, Anfang und Ende verschleifend, in den verzögerten Vorgang des Gehens wie des Schreibens ein.

Ist der Anfang der Erzählung, wie der Anfang des Spaziergangs, geteilt, lässt sich kein eindeutiger Anfangspunkt feststellen, so bleibt auch beider Ende verschwommen. Der Spaziergang kommt zu keinem Abschluss, führt zu keinem Ziel, bleibt endlos. Hans-Jost Frey führt diese Endlosigkeit des anfangenden Endes unter der Überschrift

---

9 Zum Wort *Anfangende* vgl. Schestag: *para – Titus Lucretius Carus. Johann Peter Hebel. Francis Ponge*, a.a.O., S. 96f.

»Aufhören Anfangen« folgendermaßen aus: »Was anfangen habend nicht anfangen kann, kann nicht aufhören. Das Ende wäre die Möglichkeit anzufangen, die im Fortfahren endlos verpasst wird. Wie der Anfang ebenso bevorsteht wie zurückliegt, so liegt das Ende ebenso zurück, wie es bevorsteht. Weil das Ende sich nicht sagen lässt, gibt es kein Ende des Sagens. Dort wo der Text aufhört, ist er unfertig, denn sein Ende ist zwar eingetreten, aber noch ungesagt, und wenn er es sagt, ist er noch nicht zu Ende, denn er sagt gerade eben noch, dass er es sei. Das Schreiben, das immer schon angefangen haben muss, um sagen zu können, dass es angefangen hat, muss immer noch weitergehen, um sagen zu können, dass es aufhört. Es endet immer zu früh oder zu spät, also gar nicht, denn es verpasst sein eigenes Ende.«[10] Zwei Seiten bevor der gedruckte Text der Erzählung »Der Spaziergang« abbricht, scheint der Erzähler am Ende seines Spaziergangs angelangt zu sein: »Es war nun Abend geworden, und da gelangte ich auf einem hübschen, stillen Weg oder Seitenweg, der unter Bäumen hinlief, zum See hinaus, und hier endete der Spaziergang.« (5,74) Das *hier* des Endes beendet nicht das Gehen. Es ist unverortbar, entzieht sich der Festlegung, kommt nicht auf den Punkt. Das *hier* des Spaziergängers ist *noch immer vor und hinter* ihm. Das Ende im *hier* bleibt auf dem Weg. Der Gehende kommt an keine Stelle, welche das Spazieren beenden und abschließen könnte. Es lässt sich kein Ort feststellen, an dem der Spaziergang enden, d.h. zu Stand kommen würde. Er bleibt unterwegs, kommt zu keinem Ende. In dem Moment, in welchem das Ende des Spaziergangs erreicht scheint, ist der Gehende *noch immer* unterwegs. Das Ende endet nicht, sondern geht weiter. Der Erzähler, indem er feststellt, dass das Gehen des Spaziergängers und der Gang der Erzählung endet, geht und erzählt weiter. Indem das Ende gesagt wird, ist es noch nicht am Ende, ist es mitgeteilt, noch nicht zu Ende gekommen. Ein Abschluss des Gehens kann nur von einer Position außerhalb des Gehens getroffen werden. Ein solches, den Spaziergang zum abgeschlossenen Ganzen machendes Vorgehen würde das Gehen feststellen, würde es zum bloßen Gegenstand reduzieren, dem sein flüchtiger Fortgang genommen würde. »Der Spaziergang« verweigert die Möglichkeit eines solchen Abschlusses, der Setzung eines Ziels, auf das sowohl der Spaziergänger als auch der Gang der Erzählung zulaufen würde. Das

---

10 Hans-Jost Frey: *Unterbrechungen*, Zürich 1989, S. 25.

Ende verläuft sich, denn selbst der Weg als Ende ist noch einmal geteilt. Endet der Spaziergang auf einem *Weg* oder einem *Seitenweg*? Verirrt sich das Ende zwischen Weg und Seitenweg, Geradlinigkeit und Abirrung?

Doch das Gehen geht weiter, denn nur wenige Zeilen später heißt es: »Mir fielen, indem ich langsam weiterging, zweierlei Menschengestalten ein.« (5,74) Der Spaziergänger geht weiter, obwohl der Spaziergang an seinem Ende angelangt ist. Er geht zu Ende, ohne anzukommen. Die Schritte verlangsamen sich, eine »gewisse umfassende Ermüdung« (5,74f.) und Erschöpfung tritt ein. Das Ende ist kein Abschluss, keine Ankunft an einem gesetzten Ziel, sondern ein langsames Ermüden. Der Erschöpfte hat sich während des Gehens verausgabt, sein Vorgehen zögert, verliert sich in einem langsamen, müden Ende. Dieses passivische Verenden, das zu keinem Abschluss kommt, das zwischen Zustand und Vorgehen, zwischen Stillstand und Fortgang schwankt, führt zu keinem Ziel. Das Ermüden ist kein Vermögen des Gehenden, es tritt an ihn heran. Erschöpfung ist eine Erfahrung, welche die übliche Unterscheidung von Aktivität und Passivität unterläuft. Der Erschöpfte ist weder rein aktiv noch bloß passiv. Tag und Nacht, Wachen und Schlaf sind nicht mehr strikt voneinander geschieden. Ermüden ist keine Fähigkeit, die zwischen den Enden der Unterscheidung von Aktivität und Passivität vermittelt, sondern diese in ihrer gegenseitigen Durchdringung und Brechung erfahrbar macht. Der Gehende hat keinen Zugriff auf das Ende des Spaziergangs, er kann es nicht zu einem Vorsatz machen, der im Moment des Stillstands in eine Handlung umgesetzt würde. Der Spaziergänger ermüdet nicht vorsätzlich, die Erfahrung des Endes ist für ihn kein bloßer Nachsatz zum Spaziergang, kein folgerichtiger, sinngebender Abschluss. In der Erschöpfung geht der Gehende im Ende auf. Er erreicht am Abend den *stillen Weg oder Seitenweg*, auf dem sein Gehen endet: »es war nun Abend geworden.« (5,74) Der Abend ist die Zeit der Müdigkeit, in welcher die Aktivität des Tages und des Wachens in die Passivität der Nacht und des Schlafs übergeht.

In einem Kommentar zu Samuel Becketts Fernsehspielen differenziert Gilles Deleuze zwischen einem Zustand der Müdigkeit und einem der Erschöpfung. Ist Müdigkeit durch die Unmöglichkeit, einen bestimmten Vorsatz zu realisieren, gekennzeichnet, so ist durch die Erschöpfung die Möglichkeit, überhaupt etwas zu realisieren, betroffen: »Erschöpft sein heißt sehr viel mehr als ermüdet sein. ›Es ist nicht bloß Müdigkeit, ich bin nicht bloß müde, trotz des Aufstiegs.‹ Der Ermüdete verfügt über keinerlei subjektive Möglichkeit mehr, er kann also gar keine objektive Möglichkeit mehr verwirklichen. Die Möglichkeit bleibt jedoch bestehen, denn man verwirklicht nie alle Möglichkeiten, man schafft sogar in dem Maße, wie man sie verwirklicht, neue. Der Ermüdete hat nur ihre Verwirklichung erschöpft, während der Erschöpfte alles, was möglich ist, erschöpft«[11] Der Gehende, der das Ende des Spaziergangs auf einem *Weg oder Seitenweg* erreicht, ist von einer ähnlich vollständigen Erschöpfung betroffen. Dies bedeutet nicht, dass er in eine völlige Tatenlosigkeit verfällt, vielmehr sind seine Aktivitäten verlangsamt – *indem ich langsam weiterging* –, ausgehöhlt durch ihre Grundlosigkeit, in der die fragwürdig unterbrochene Beziehung von Wille und Handlung aufscheint: »›Warum sammle ich hier Blumen‹, fragte ich mich und schaute nachdenklich zu Boden.« (5,75) Die »gewisse umfassende Ermüdung« (5,74f.), welche den Spaziergänger erfasst, deutet auf den geläufige Zustände von Müdigkeit überschreitenden Charakter der erschöpfenden Erfahrung des Endes. Die *Ermüdung* ist *umfassend*, sie bezieht sich nicht nur auf die Unmöglichkeit, einen bestimmten Vorsatz in die Tat umzusetzen, sondern lässt den Erzähler die Erfahrung von erschöpften und erschöpfenden Handlungen machen. Diese laufen nicht auf ein unmittelbar vorgegebenes Ziel zu, vielmehr wird die Beziehung von Potentialität und Aktualität zu einer mittelbaren entstellt.

Dem erschöpften, am Abend ans Ende gelangten Spaziergänger fehlt das Vermögen, seine Handlungen zu begründen. Am Abend gelangt der Tag – als Voraussetzung einer unmittelbaren Beziehung von Fähigkeit und Umsetzung – an sein Ende. Gilles Deleuzes Beispiel für eine von Müdigkeit und Erschöpfung noch nicht betroffene Relation ist der Ausspruch: *Es ist Tag.* »Wenn ich spreche, wenn ich zum Beispiel sage ›es ist Tag‹, erwidert der Gesprächspartner ›das ist möglich...‹, weil er darauf wartet zu erfahren, wozu ich den Tag nutzen will: ich werde ausgehen, weil es Tag ist... Die Sprache sagt aus, was möglich ist, jedoch indem sie es vorbereitet auf eine Verwirklichung.«[12] Am Abend erschöpft sich die Möglichkeit, deutlich zwi-

---

11 Gilles Deleuze: »Erschöpft«, in: Samuel Beckett: *Quadrat, Geister-Trio, ... nur noch Gewölk..., Nacht und Träume. Stücke für das Fernsehen*, übers. v. Erika und Elmar Tophoven, Frankfurt 1996, S. 49–101, hier S. 51.
12 Ebd., S. 52.

schen Tag und Nacht zu unterscheiden. Die Erfahrung dieser Zeit – gleichzeitig Ende und Übergang – führt den Erzähler in die Irre, entzieht jeglicher Handlung ihren Vorsatz, jeglichem Schritt seine Richtung. Die Unterscheidung von Tag und Nacht und die damit verbundenen Erfahrungen der Aktivität und Passivität verwirren sich. Somit kann es nicht zur unmittelbaren Realisierung eines Vorhabens kommen, welches ein anderes ausschließt: »Es geht nicht mehr darum auszugehen oder daheimzubleiben, und man macht sich auch nicht mehr die Tageshelle oder das Nachtdunkel zunutze. Man verwirklicht nicht mehr, obwohl man etwas durchführt.«[13] Am Abend, an dem der Erzähler die Erfahrung der Erschöpfung macht, kommt es zu keiner Bevorzugung eines Vorsatzes, da sich eine vollzogene Handlung niemals vollständig auf eine sie begründende Intention zurückführen lässt. Der Spaziergang zeichnet sich gerade dadurch aus, keinem vorgegebenen Ziel zu folgen.

Diese Indifferenz gegenüber der Fähigkeit, etwas zu wollen, seinen Handlungen einen Sinn und eine Richtung zu geben, führt das Gehen des Spaziergängers, der am Ende anlangt, in die Irre, in der Richtung und Richtungslosigkeit in ein gebrochenes Verhältnis der gegenseitigen Durchdringung treten. Der Gehende ersetzt nicht einfach ein Ziel durch ein anderes; dieses Vorgehen führt, so Deleuze, zur Ermüdung, aber nicht zur Erschöpfung: »Ganz anders ist es mit der Erschöpfung: man kombiniert alle Varianten einer Situation, vorausgesetzt, daß man auf Vorlieben, Zielsetzungen oder Sinngebungen jedweder Art verzichtet.«[14] Auch kommt es nicht zu einer bloßen Umkehrung der Vorzeichen, indem etwa Aktivität und Passivität oder Zielgerichtetheit und Ziellosigkeit ihre Stellen in einem ansonsten unveränderten Koordinatensystem austauschen würden. Dem ans Ende kommenden Spaziergänger verwischt sich vielmehr die deutliche Trennung dieser sich üblicherweise ausschließenden Gegensätze in einer Erfahrung des erschöpften, ver(w)irrten Endes. Die reine Möglichkeit, in der Anfang und Ende, Wille und Handlung ineinander ausgehen »verfällt jedoch auch nicht ins Undifferenzierte oder in die berühmte Einheit der Widersprüche [...] Die Disjunktionen bleiben bestehen, die Termini werden sogar schärfer unterschieden, aber die disjunkten Begriffe behaupten sich in ihrem unzerlegbaren Abstand vonein-

---

13 Ebd., S. 53.
14 Ebd.

ander, da sie zu nichts anderem dienen als zum Permutieren.«[15]

Wie endet der Spaziergang? Wie endet der mit »Der Spaziergang« betitelte Text? Kann ein Text wie ein Spaziergänger ermüden und kann diese Erschöpfung enden? Paradoxerweise spricht der letzte Satz des geschriebenen Texts von einem Aufbruch: »Ich hatte mich erhoben, um nach Hause zu gehen; denn es war schon spät, und alles war dunkel.« (5,77) Es scheint, als ob der Erzähler seine Erschöpfung überwunden hätte, um *nach Hause* zurückzukehren, das Gehen in der Heimkehr abzuschließen, und es in die Ökonomie eines vollständigen *Rundgangs* einzuschreiben, welcher nicht einfach abbricht, sondern Anfang und Ende zusammenschließt und somit das Spazieren zu einem geschlossenen Ganzen festschreibt. Die Rückkehr *nach Hause* ist nicht aus der Bewegung des Gehens selbst heraus motiviert: *es war schon spät und dunkel*. Es sind äußere Gegebenheiten, die den Spaziergänger zum Aufbruch bewegen. Das Haus, der Ort des *Schreibzimmers*, von dem der Spaziergang ausging, ist kein Ziel, in welches dieser zurück- und eingeht. Ausgangs- und Endpunkt des Gehens fallen nicht zusammen. Der zurückgelegte Weg wird nicht einfach zurückgelassen, indem der Spaziergänger ins Haus einkehren würde, um über das Gehen zu schreiben. Die Ökonomie eines Schreibens, das aus der festgelegten Position des Hauses, auf das Gehen zurückblickend, eine Erzählung über das Schreiben herstellt, vergeht. Der Text lässt die Frage offen, ob der Spaziergänger wirklich zurückkehrt; er berichtet nur vom Vorhaben aufzustehen: *Ich hatte mich erhoben, um nach Hause zu gehen*. Es bleibt beim *Erheben*, um zu gehen; es bleibt beim Vorsatz, dessen Umsetzung jedoch aussteht. Der Spaziergang als *Rundgang rundet* sich nicht, insofern die Rückkehr an seinen Anfang permanent hinausgeschoben wird. Das bloße Vorhaben, *nach Hause zu gehen*, bleibt im Ansatz stecken. Wie kann jedoch »Der Spaziergang« zustande kommen, wenn die Rückkehr *nach Hause*, ins *Schreibzimmer*, aufgeschoben ist und vielleicht ganz ausbleibt? Bedarf das Gehen nicht der Fixierung seines Fortgangs als Schrift, um erinnert und zum Gegenstand einer Erzählung werden zu können? Bedarf es nicht der Rückkehr in die Schreibstube, um dort geschrieben zu werden? In der Verzögerung des Endes, im Aufschub der Rückkehr lassen sich die Flüchtigkeit des Gehens und das Festschreiben der Schrift nicht mehr deutlich trennen; sie gehen aber

---

15 Ebd.

auch nicht bruchlos ineinander über. Es eröffnet sich die Möglichkeit einer Beziehung von Schreiben und Gehen, in der beide ineinander aufgehen. Das Gehen *nach Hause* bleibt stecken, kommt nicht voran. Das Ende des geschriebenen Textes beschreibt den Moment des Aufbruchs, ohne dass der Erzähler sich in eine Richtung fortbewegt. Es ist dieser Moment des Aufbruchs im Abbruch und des Abbruchs im Aufbruch, der weder dem Stillstand noch der Bewegung des Gehens zugehört, sondern beide teilt. Es ist der Moment, der die unmittelbare Beziehung von Vorsatz und Umsetzung, von Weg und Ziel aussetzt. Im Aufbruch erleidet der Glaube Abbruch, Anfang und Ende des Gehens eindeutig zu bestimmen. »Der Spaziergang« bricht auf. Der Schein seiner Vollständigkeit und Geschlossenheit löst sich und macht den Gehenden zum »großen Aufbrechenden«,[16] der, Aufbrechen und Enden miteinander verklammernd, die Ganzheit des Gangs abbrechen lässt.

Der Moment des Aufbruchs ist ein Zeitraum der Indifferenz, eine Spanne des verschwommenen Übergangs von Vorhaben und Handlung, in welchem beide nicht unmittelbar aufeinander bezogen werden können, sie sich aber dennoch gleichzeitig bedingen und ausschließen, sie ineinander aufgehen. Die Bewegung, die der Erzähler im Aufbruch durchläuft, ist ein *Erheben*, kein Aufstehen, welches an das Stehen, den Zustand und die Festschreibung erinnern würde. Der Aufbruch kommt nicht zustande, hat weder einen eindeutigen Zeitpunkt noch einen festen Grund, auf dem er fußen, d.h. auf dem er stehen und von dem er sich absetzen könnte. Im Aufbruch bricht der Grund des Gehens auf.

Das Vorhaben, nach Hause zurückzukehren, folgt keiner inneren Notwendigkeit, die sich folgerichtig aus dem Vorgang des Gehens ableiten ließe. Wie schon zu Beginn des Spaziergangs, als den Erzähler die Lust, spazieren zu gehen, ankam, ist es erneut ein äußerer Anlass, der das Gehen aufbrechen lässt: *denn es war schon spät, und alles war dunkel.* Es ist der Tag – verstanden als der Zeitraum zwischen Morgen und Abend –, in dessen Rahmen sich der Spaziergang bewegt. Der Spaziergänger verlässt das Haus am Vormittag – *ich teile mit, daß ich eines schönen Vormittags, ich weiß nicht mehr genau*

---

[16] Zur Wendung vom *großen Aufbrechenden* vgl. Walter Benjamin: »Oedipus oder Der vernünftige Mythos«, in: *Gesammelte Schriften*, Bd. 2,1, a.a.O., S. 391–395, hier S. 395: »Oedipus ist der älteste der großen Aufbrechenden«.

um wieviel Uhr, da mich die Lust, einen Spaziergang zu machen, ankam – und beendet sein Gehen am Abend – *Es war nun Abend geworden, und da gelangte ich auf einen hübschen, stillen Weg oder Seitenweg, der unter Bäumen hinlief, zum See hinaus, und hier endete der Spaziergang.* Der Abbruch scheint sich zunächst diesem äußeren Rahmen zu fügen – *es war schon spät* –, doch die Zuschreibung des Späten ist eine, die sich nicht unmittelbar in die Unterscheidung von Morgen und Abend eintragen lässt. Orientiert sich der Tagesablauf an äußeren Gegebenheiten, so ist die Charakterisierung eines Ereignisses als früh oder spät von einer eindeutig feststellbaren Tageszeit unabhängig. Die Begründung für die Rückkehr – *denn es war schon spät* – unterläuft die Möglichkeit, den Zeitpunkt des Aufbruchs in einen chronologisch definierten, aus einzelnen Zeitpunkten bestehenden Tagesablauf einzuschreiben. Das Spätsein geht nicht im Gegensatz zur Frühe auf. Unbestimmt und verfeinert fällt es nicht zwingend mit dem Abend als einer Tageszeit zusammen. Dies wird nicht zuletzt dadurch deutlich, dass der Erzähler, nachdem er am Abend auf einem *Weg oder Seitenweg* am Ende des Spaziergangs angelangt ist, noch immer weitergeht, das Gehen und das Schreiben über das Gehen erst *später* abbricht. Die Präzisierung der Begründung für den Aufbruch – *und alles war dunkel* – lässt diese auf ähnliche Weise aufbrechen. Wenn das Spätsein sich nicht unmittelbar auf die gegebene Tageszeit des Abends beziehen lässt, so wird auch der Status der Konjunktion *und*, die *spät* und *dunkel* verbindet, fraglich. Muss das *und* so gelesen werden, dass es nur die scheinbar natürliche Verbindung von *spät*, *dunkel* und *Abend* ausdrückt, oder führt es in die Konjunktion eine Disjunktion ein? In der Wendung *alles war dunkel* verdunkelt sich die unmittelbare Beziehung von *spät* und *Abend*. Die den Aufbruch scheinbar begründende Dunkelheit verunmöglicht nicht nur die deutliche Wahrnehmung der Dinge im hellen Tageslicht, sondern auch die Bewegung und Richtung des Spaziergangs wird dunkel. Es verundeutlicht sich der Grund für den Aufbruch. Die Beziehung zwischen dem Aufbruch und dem ihn motivierenden Anlass wird zu einer mittelbaren, das *Erheben* lässt sich nicht auf einen deutlichen Vorsatz zurückführen. Das, was die Rückkehr scheinbar begründet, ist genau das, was diesen, als eine begründete Handlung, verunmöglicht. Die Begründung für den Aufbruch – *denn es war schon spät und alles war dunkel* – erhellt diesen nicht, sondern verdunkelt den Grund, auf dem sie fußt. Im Dunkel verschwimmt die

Möglichkeit einer Rückkehr, da sowohl das Haus als auch der Weg dorthin nicht deutlich wahrgenommen werden können. Die Orientierung an einem sichtbaren Ziel, welches den Rückgang des Gehenden ausrichten würde und eine Entscheidung über den richtigen Verlauf treffen ließe, geht verloren. Der Gehende muss sich verirren, da er in der Dunkelheit Richtung und Richtungslosigkeit nicht deutlich voneinander unterscheiden kann. Ein Blick auf den unmittelbaren Zusammenhang, in dem der erschöpfte Spaziergänger sich erhebt, erläutert dieses Fehlgehen im Aufbruch, diese Verrücktheit in der Rückkehr: »›Sammelte ich Blumen, um sie auf mein Unglück zu legen?‹ fragte ich mich, und der Strauß fiel mir aus der Hand. Ich hatte mich erhoben, um nach Hause zu gehen.« (5,77) Das Erheben fällt mit einem Fallen zusammen; eine aufsteigende Bewegung – das Aufstehen – koinzidiert mit einer fallenden: dem Fallenlassen der Blumen. Das Vermögen, sich zu erheben, tritt gleichzeitig mit dem Verlust der Fähigkeit, die Blumen festzuhalten, auf. Das Vorhaben der Rückkehr ist ein Los- und Fallenlassen, kein Vermögen, sondern ein Lösen, eine Erschöpfung, in der Sammlung und Zerstreuung nicht zu trennen sind. Diese Erfahrung der Erschöpfung im Aufbruch tritt in dem Moment ein, in welchem der Erzähler den Grund seiner Handlungen befragt. Er wird sich der Brüchigkeit des Grundes, auf dem sein Spazieren fußt, bewusst. Der Gehende wird zum Aufbrechenden, insofern er nicht nur versucht, nach Hause zurückzukehren, sondern in ihm auch der scheinbar feste Grund des Spaziergangs aufbricht, die direkte Beziehung von Vorsatz und Handlung zerfällt. Der Grund des Gehens ist aufgebrochen, ausgehöhlt von Momenten, in denen unter dem Fuß des Gehenden der Weg abbricht und er ziellos in die Irre geht.

Diese Frage nach dem Grund bzw. der Grundlosigkeit des Gehens und die damit verbundene aufgeschobene Rückkehr folgen in »Der Spaziergang« dem Versuch des Erzählers, einen anderen Aufbruch aufzuhalten: »Die Umstände hatten ihr befohlen zu reisen, und sie war fortgegangen. Vielleicht würde ich sie noch rechtzeitig haben überzeugen können, daß ich es gut mit ihr meine, daß ihre liebenswürdige Person mir wichtig und daß es mir aus vielen schönen Gründen daran gelegen sei, sie glücklich zu machen und damit mich selbst; aber ich gab mir weiter keine Mühe mehr, und sie ging fort.« (5,77) Der Versuch, das Mädchen am Fortgehen zu hindern, scheitert; erneut macht der Erzähler die Erfahrung einer Passivität – *ich gab mir weiter keine Mühe mehr* –, welche die gelungene Umsetzung eines Vorhabens scheitern lässt. Das Fortgehen kann so wenig wie das Fallenlassen der Blumen aufgehalten werden. Die Vorhaben und Handlungen des Erzählers halten nicht stand, gehen anhaltend fort, ohne anzuhalten.

Auch der Aufbruch des Mädchens ist ein grund- und haltloser; ihre Gründe bleiben dunkel: *die Umstände hatten ihr befohlen zu reisen, und sie war fortgegangen.* Sie folgt einem Befehl der Umstände, der Aufbruch ent*steht* aus keinem *inneren* Beweggrund, sondern kommt von außen. Sie hat keine andere Wahl, als den Um*ständen* zu gehorchen, d.h. ihr Fortgehen ist keine freie Entscheidung, keine bewusste Umsetzung eines gefassten Vorsatzes, sondern das blinde Befolgen eines Befehls. Wie versucht der Erzähler das Fortgehen des Mädchens aufzuhalten? *Vielleicht* hätte er sie mit der Darlegung der *Gründe* für seine »Liebe, Zuneigung, Hingabe [...] Zärtlichkeit« (5,77) überzeugen können? Nicht nur verbleibt das Vorhaben, das Fortgehen aufzuhalten, von vornherein im Konjunktiv, sondern auch das Bemühen des Erzählers, seine *Gründe* mitzuteilen, erschöpft sich: er *gibt sich weiter keine Mühe mehr.* Die Bemühungen ermüden; er lässt nach *und sie ging fort.* In diesem Nachlassen löst sich der Versuch auf, *Gründe*, auf denen Handlungen fußen könnten, feststellen zu können. In diesem Nachlassen bricht der Spaziergang auf.

Kann eine Erzählung ohne klar definierten Anfangs- und Endpunkt einen *Höhepunkt* oder ein *Zentrum* haben? Wie kann ein Gehen, das ziellos aufbricht und niemals ankommt, das nur aus seiner eigenen richtungslosen Bewegung be*steht*, um eine Mitte ver*halten* sein? Wenn jede Episode und jedes Erlebnis des Spaziergangs gleichberechtigt neben- und nacheinander in den Gesichtskreis des Gehenden tritt, kann keines den Anspruch erheben, das organisierende Zentrum zu markieren. Nur ein Gang, der zum Ganzen *gerundet* ist, der von einem bestimmten Ort und zu einer bestimmten Zeit aufbricht, um an einem bestimmten Ort und zu einer bestimmten Zeit anzukommen, kann in einer raumzeitlichen Ordnung festgestellt werden, in der Anfang, Mitte und Ende des Gehens deutlich voneinander geschieden sind. Dem verirrten, ziellosen Spaziergänger ist es nicht mehr möglich, seinen Ort in einer fixierten Topografie von Ausgangs- und Zielpunkt festzustellen. Dennoch spricht der Erzähler vom Erreichen eines *Höhepunkts*: »Hier beim Bahnübergang schien mir der Höhepunkt oder etwas wie das Zentrum zu sein, von wo aus es leise wieder sinken würde.« (5,55) Ein *Bahnübergang scheint etwas wie das Zentrum oder der Höhepunkt* des Spaziergangs darzustellen. *Zentrum oder Höhepunkt* haben keinen festen Ort, sondern sind ein Übergang, eine Bewegung zwischen den Orten. Erneut verwendet der Erzähler die »Unsicherheitsform«,[17] bewegt er sich im »Spielraum der Konjunktivität«,[18] um die Unmöglichkeit der Festschreibung des Spaziergangs auszudrücken. Er schwankt nicht nur in der Wortwahl – *Höhepunkt oder Zentrum* –, sondern beide Alternativen verbleiben in einer Zone des Scheins. Die Mitte des Spaziergangs pendelt zwischen *Höhepunkt* und *Zentrum*; sie kann nicht zum Wort gefasst werden, bleibt ungenau, in der Schwebe. Es ist genau das Wesen des Übergangs, nicht festgestellt werden zu können, sich einer präzisen Verortung zu entziehen. Der Übergang stellt ein unfassbares Zwischen dar, welches nicht in der Eindeutigkeit eines Wortes aufgeht. Das verrückte Zentrum des Spaziergangs ist der Übergang, der unverortbar zwischen den W*orten* oszilliert. Die Erfahrung des *Höhepunkts oder des Zentrums* ist eine Erfahrung des Gehens zwischen Orten. So wie sich das Gehen nicht in einzelne Orte einer zergliederbaren Bewegung fixieren lässt, so verbleibt auch das Schreiben über das Gehen, unentscheidbar zwischen Wort und Ort ausgehend, im Übergang. Der *Höhepunkt oder das Zentrum* des Spaziergangs ist bereits die Erfahrung seines Endes. Sich im Übergang befindend, stellt der Höhepunkt den Anfang vom Ende dar, insofern der Gehende bereits den Abend und damit das Ende des Spaziergangs antizipiert. Das verrückte, exzentrische Zentrum hat Anteil am Abend, es ist nicht die Mitte des Spaziergangs – am Mittag – die Morgen und Abend, Anfang und Ende symmetrisch zueinander verhalten würde. Vielmehr bricht der Abend – das Ende – im *Höhepunkt oder Zentrum* des Gehens an. Von dieser Erfahrung des *sanften* Ineinanderübergehens kann es kein geläufiges Wissen geben: der Gehende ahnt das Ende im »beginnenden Abendabhang« (5,55). Die Ahnung entstellt die Möglichkeit, zwischen Genauigkeit und Ungenauigkeit genau zu unterscheiden. Der Spaziergänger erfährt das beginnende Ende, ohne dies zu einem sicheren Wissen fixieren zu können. Er hat nur eine Ahnung von der undeutlichen Grenze zwischen Übergang und Ende, deren Wahrneh-

---

17 Lüssi: *Experiment ohne Wahrheit*, a.a.O., S. 13.
18 Vgl. Rodewald: *Robert Walsers Prosa*, a.a.O., S. 175ff.

mung ungenau bleibt und welche die strikte Trennung von Wissen und Nicht-Wissen unterläuft.

Der *Höhepunkt oder das Zentrum* des Spaziergangs fällt nicht deckungsgleich mit dem Übergang zusammen. Sie liegen *beim Bahnübergang*, befinden sich in seiner Nähe, ohne mit ihm identisch zu sein. Die Wendung *beim Bahnübergang* erlaubt auch eine weitere Lektüre, die auf andere Weise die Unfassbarkeit des Zentrums, das sich nicht genau verorten lässt, aufzeigt. In dieser Lesart steht das *beim Übergang* für *im Vorgang des Übergehens begriffen*, bezeichnet also einen Vorgang, einen Zeit*raum*, keinen Zeit*punkt*. Der Höhepunkt geht anhaltend über, das Ende ahnend, den *Abendabhang* herabgleitend, sodass er zum Teil des Sinkens wird: Der Übergang gleicht einem Untergang.

Es scheint, als ob der *Höhepunkt oder das Zentrum* beim Übergang, der *bereits* das Ende aufbrechen lässt, der Erfahrung des Spaziergangs eine neue Intensität verleiht. Indem das Gehen leise ausgeht, *scheint* es die *Umgebung schöner, größer, reicher* zu machen. Die Verschönerung, Vergrößerung und Bereicherung und der niedergehende, sinkende Höhepunkt bedingen einander: »Da der Übergang frei geworden war, gingen ich und alle anderen friedlich und ruhig weiter, und nun schien mir jederlei Umgebung mit einemmal noch tausendmal schöner als vorher geworden zu sein. Der Spaziergang schien immer schöner, reicher und größer werden zu wollen.« (5,55) Nachdem das Hindernis des geschlossenen Bahnübergangs vom Erzähler überwunden wurde, und der Spaziergang nach einer Unterbrechung weitergeht, *scheint* die *Umgebung* plötzlich *tausendmal* schöner. Die Wahrnehmung der Verschönerung verbleibt – wie bereits zu Beginn der Erzählung – im Modus des Scheins. Erneut stellt sich die Frage, ob dies den Ausdruck einer Unsicherheit über den Status der Wahrnehmung darstellt oder ob das *Scheinen* als Ausdruck des allgemeinen Scheincharakters des Schönen – die *Umgebung* wird zur Erscheinung – angesehen werden muss? Die Wendung *jederlei Umgebung* führt die genannte Unsicherheit weiter aus: es scheint, als ob nicht nur die konkrete Umgebung des Bahnübergangs verschönert sei, sondern auch jede andere mögliche Umgebung. Der Vorgang der Verschönerung ist nicht auf die geschilderte Situation beschränkt, sondern entsteht offenbar aus einer allgemeinen Veränderung und Intensivierung der Beobachtungsgabe des Gehenden, die sich gegenüber der konkreten Umgebung gleichgültig verhält. Die *Umgebung* verschönert sich nicht, sondern erscheint *tausendmal schöner*. Die Plötzlichkeit – *mit einemmal* –, mit der die Schönheit erscheint, unterwandert die Möglichkeit, sie in einem fassbaren Vergleich festzuhalten. Das *tausendmal schöner* stellt keine präzise Beziehung her, sondern ihr Gegenteil: eine in der Übertreibung nicht mehr greifbare Relation. Die Verschönerung ist so intensiv, dass sie nicht mehr in einem geläufigen Komparativ ausgedrückt werden kann. Die durch die Einmaligkeit des übergehenden Höhepunkts hervorgerufene Veränderung lässt sich nicht ver*gleich*en, die Beziehung zwischen *einemmal* und *tausendmal* ist keine durchgängige. In diesem Bruch einer unmittelbaren Relation wird die Vergleichbarkeit der Erfahrung des Höhepunkts des Spaziergangs fraglich. Sie tritt plötzlich ein, unterbricht die Möglichkeit, die Verschönerung mit einem sie vorhergehenden Zustand zu vergleichen. Es ist dieser Riss, der die Fass- und Vergleichbarkeit des übergehenden Höhepunkts verunmöglicht. Der ein *Vorher* mit einem *Nachher* verbindende Übergang im Höhepunkt zäsuriert gleichzeitig dessen Durchgängigkeit. Der Fortgang des Spaziergangs ist wie der Gang der Erzählung anhaltend aufgebrochen.

Das Überqueren des Bahnübergangs stellt eine Unterbrechung, ein *Stehenbleiben* des Gehens dar: »Ich komme jetzt endlich, nach so manchem tapfer bestandenen Abenteuer und nach so manchem mehr oder weniger siegreichen überwundenen schwierigen Hindernis, zu dem längst angemeldeten und vorausgesagten Eisenbahnübergang, wo ich eine Weile stehen bleiben und niedlich warten mußte.« (5,54) Die Erfahrung des Übergangs ist eine anhaltende. Stehenbleiben und Weitergehen – »da der Übergang frei geworden war, gingen ich und alle andern friedlich und ruhig weiter« (5,54) –, Unterbrechung und Kontinuität, die sich im Gehen ständig ablösen, sind nicht strikt zu trennen. Der Spaziergang als Übergang ist das fortlaufende Ineinander von Stehen und Gehen, von passivem Warten und aktivem Überwinden von *Hindernissen*. In einer anderen Passage wird dieses anhaltende Widerspiel von An- bzw. Aufenthalt und Fortgang mit dem Vorgang des Schreibens verglichen: »Ich kam nämlich jetzt aus der Waldabschwenkung wieder in den Hauptweg zurück, und da hörte ich – Doch halt! Und eine kleine Anstandspause gemacht. Schriftsteller, die ihren Beruf verstehen, nehmen denselben möglichst ruhig. Sie legen gern von Zeit zu Zeit die Feder ein wenig aus der Hand. Anhaltendes Schreiben ermüdet wie Erdarbeit.« (5,32f.) Der Erzähler hält an, unterbricht sowohl den Spaziergang als auch die Erzählung, da das Schreiben der Pausen und Unterbrechungen bedarf. Die Erzählung »Der Spaziergang« geht nicht kontinuierlich voran, sondern ist anhaltend aufgehalten. Es sind An*stand*spausen, die der Schrift*steller*, der seinen Beruf ver*steht*, macht; er praktiziert ein Schreiben, das durch den ständigen Wechsel von Anhalten und Fortgehen gekennzeichnet ist. In der Wendung des *anhaltenden Schreibens* kommt dieses Widerspiel von Aktivität und Passivität zur Sprache. Ist es ein Schreiben, das anhält, sich unterbricht – *doch halt!* –, oder ist es ein Schreiben, das anhaltend, kontinuierlich fortläuft? Hält anhaltendes Schreiben zum Anhalten an? Wie lässt sich der Beruf des Schrift*stellers* ver*stehen*? Um über das Gehen und Schreiben des Spaziergangs zu schreiben, bedarf es der *Anstandspause*, in der das Gehen zum Stillstand und damit zur Schrift kommt. Es ist genau der Aufenthalt, der das Schreiben zu einem anhaltenden macht, insofern er es anhält, dieses Anhalten aber gleichzeitig den Fortgang des Schreibens garantiert, da es den Schreibenden vor der Ermüdung bewahrt. Das anhaltende Schreiben hält an und geht zugleich weiter. Will der Beruf des Schriftstellers verstanden werden, muss das Gehen wie das Schreiben zu einem anhaltenden werden. In der *kleinen Anstandspause*, in der Nuance, treten Gehen und Schreiben, Fortschreiten und Anhalten, sich gegenseitig aufhaltend, zueinander.[19] Die Erfahrung der Nuance unterbricht nicht nur leise die eindeutige Beziehung von Gehen und Schreiben, sondern berührt auch den Versuch, das *Schreiben am Gehen*[20] in einem eindeutigen Begriff zu fassen. Das anhaltende Schreiben ist weder eines der reinen Unterbrechung noch eines der puren Kontinuität, es lässt beide Enden der Unterscheidung nicht zustande kommen. Die Nuance hat nicht nur zwischen Gehen und Schreiben oder zwischen Unterbrechung und Fortgang statt, sondern bricht beide Seiten der Opposition auf. Sie lässt diese jedoch nicht in einer nebelhaften Ununterscheidbarkeit verschmelzen, sondern verdeutlicht vielmehr das gegenseitige Ineinanderausgehen beider Vorgehensweisen, in welchem ihre Differenz gewahrt bleibt. In der feinen, nuancierten Unterscheidung kommt es zu keinem Ausschluss, sondern zu einem Einschluss des Unterschiedenen.

---

19 Vgl. Daniel de Roulet: »Wandern, Schreiben, Lieben«, in: Heinz Ludwig Arnold (Hg.): *Robert Walser*, München 2004[4], S. 44–51.
20 Paul Nizon: *Schreiben am Gehen. Frankfurter Vorlesungen zur Poetik*, Frankfurt 1985.

An anderer Stelle erläutert der Erzähler die feine und leichte Beziehung von Gehen und Schreiben, die sich *vielleicht* in der Nuance zeigt: »Aber man weiß ja zur Genüge, dass er ebenso gern spaziert als schreibt; letzteres allerdings vielleicht um eine Nuance weniger gern als ersteres.« (5,22) Scheinen beide Handlungen im ersten Teilsatz identisch gesetzt – *er ebensogern spaziert als schreibt* –, so wird im zweiten Teilsatz diese Setzung zurückgenommen und in die Gleichheit eine geringfügige Ungleichheit eingeführt: *um eine Nuance weniger gern*. Diese Differenz zwischen Gehen und Schreiben, eine Nuance, eröffnet die Möglichkeit – *vielleicht* – der Literatur. *Vielleicht* mag der Erzähler das Schreiben *um eine Nuance weniger gern* als das Spazieren. Die Frage, ob das Verhältnis von Gehen und Schreiben als eines der Identität oder der bloßen Nähe aufzufassen ist, bleibt offen. Die Nuance setzt beide zueinander ins Verhältnis, indem sie das *ebensogern*, die Gleichheit – *vielleicht* – in ein *weniger gern*, in eine Ungleichheit überführt. Literatur changiert zwischen diesen Tendenzen der Gleich- und der Ungleichheit von Schreiben und Gehen. Der Erzähler kommt zu keiner eindeutigen Entscheidung darüber, ob er Spazieren dem Schreiben vorzieht oder nicht. Das Verhältnis von Gleich- und Ungleichheit bleibt in der Schwebe, und selbst wenn diese Unentscheidbarkeit überwunden werden könnte, blieben Gehen und Schreiben – nur durch eine Nuance getrennt – in der Nähe.

In der zweiten Fassung der Erzählung »Der Spaziergang«, die drei Jahre nach der ersten Veröffentlichung von Walser in die Sammlung *Seeland* aufgenommen wurde, wird diese Nähe durch den Zusatz des Wortes *nur* weiter nuanciert: »Doch weiß man ja zur Genüge, dass er ebenso gern spaziert als schreibt, letzteres allerdings vielleicht nur eine Nuance weniger gern wie ersteres.« (3,96) Es ist nicht mehr einfach eine Nuance, sondern *nur* noch eine Nuance, die das Verhältnis des Erzählers zum Schreiben und Gehen unterscheidet. Dieser Unterschied rückt, in der zweiten Fassung, in das gleichsetzende *ebensogern* ein, indem dieses nun auseinander geschrieben wird: *ebenso gern*. Die postulierte Einheit, das *ebensogern* mögen, bricht entzwei. Zwischen dem *ebenso*, der Setzung der Identität, und dem *gern*, der Explikation der Beziehung des Erzählers zum Gehen bzw. Schreiben, öffnet sich eine Lücke, eine Spalte. Dieser Riss zwischen dem *ebenso* und dem *gern* stellt die Vergleichbarkeit beider überhaupt in Frage, denn nur wenn das *ebensogern* die Gleichheit von Gehen und

Schreiben ausdrückt, kann es zum Maßstab eines Vergleichs werden. Nur durch die Annahme des gleichen Verhältnisses des Erzählers zu Gehen und Schreiben kann der Komparativ – das *weniger gern* – gebildet werden. Die Möglichkeit einer feststehenden Definition des Schreibens in seiner Beziehung zum Gehen bzw. des Gehens in seiner Beziehung zum Schreiben setzt an dieser Stelle aus. Die *zur Genüge* bekannte Gleichheit von Spazieren und Schreiben, das Wissen um ihre Identität wird bereits im Moment ihrer Aussprache zurückgenommen. Der Erzähler fällt sich sofort ins Wort, indem er den Moment des Wissens um die Gleichheit im ersten Teilsatz in eine Ungleichheit im zweiten Teilsatz überführt. Diese Ungleichheit ist aber ebenfalls keine endgültige Definition, denn sie erhält ihre Gültigkeit nur unter der Prämisse des *vielleicht nur*.

Doch sind diese Reflexionen über die Beziehung von Gehen und Schreiben überhaupt von Bedeutung? Sind dies nicht altbekannte Einsichten, die man *zur Genüge* kennt? Die vom Erzähler behauptete Bekanntheit seiner Beziehung zum Spaziergang, von der *man weiß*, nimmt der Erkenntnis der Nähe von Schreiben und Gehen ihre Originalität. Die Aussage über das Spazierengehen und den Vergleich mit der schriftstellerischen Tätigkeit spricht nichts radikal Neues aus. Es scheint, als ob die Verknüpfung dieser beiden Tätigkeiten in der Person des Erzählers schon immer vorgelegen habe, und dass schon das bloße Aussprechen, der schiere Verweis auf diese Tatsache *zur Genüge* bekannt sei. Die Aussage vom Wissen um die Relation von Schreiben und Gehen beinhaltet jedoch nur dann keine neue Einsicht, wenn sie auf den ganzen folgenden Satz *dass er ebenso gern spaziert als schreibt, letzteres allerdings vielleicht nur eine Nuance weniger gern wie ersteres* bezogen wird. Kommentiert er jedoch nur den ersten Teilsatz *dass er ebenso gern spaziert als schreibt*, dann gewinnt die Erkenntnis von der Ungleichheit von Schreiben und Gehen, die sich in der Nuance eröffnet, eine Dimension, die über das *zur Genüge wissen* hinausreicht. Dieses neue Wissen von der Nuance kann jedoch kein Wissen im herkömmlichen Sinne sein. Es ist nichts, von dem sich direkt sprechen oder schreiben ließe. Die Nähe von Gehen und Schreiben lässt sich nicht fassen, messen oder vergleichen. Dieses maßlose Wissen von der Nuance, die beide trennt, aber gleichzeitig auch zueinander verhält, lässt sich nicht zu einem Wort fassen, es taucht in und zwischen den Worten auf, es führt in die Identität des *ebensogern* eine Differenz, einen Riss ein, die es zum *ebenso gern* auseinanderschreibt. Die Spaltung hat also nicht nur zwischen Gehen und Schreiben, sondern auch und gerade in jedem der beiden Enden dieses fassungslosen Verhältnisses statt. Diese Beziehung ohne Beziehung, die Gehen und Schreiben sowohl verbindet als auch trennt, zeigt sich – *vielleicht* – im neuartigen Wissen des Gehenden wie des Schreibenden, das *letzteres* und *ersteres* umfasst. Sie zeigt sich – *vielleicht nur* – in der Nuance.

Diese *kleinste Differenz* ist der Beginn einer Bewegung, in dem Literatur – als das Verhältnis von Gehen und Schreiben – möglich wird. Erstes und Letztes, Anfang und Ende, Aktivität und Passivität verschränken sich in der Nuance. Literatur ist weder nur das eine noch das andere, sie ist weder nur Gehen noch bloß Schreiben. Beide treten in ein gebrochenes, nuanciertes Verhältnis der Nähe: der Erzähler mag *letzteres allerdings nur eine Nuance weniger gern wie ersteres.* Wenn das Schreiben als bloße Feststellung der Bewegung und der Beweglichkeit des Gehens gedacht wird, geht diese Nähe verloren. Denn was bleibt, so ließe sich fragen, vom Gehen noch übrig, wenn es derart zum Wort sistiert und im Werk arretiert wird? Die Beziehung von beweglichem Gehen und feststellendem Schreiben wird in der Nuance, wird in der kaum wahrnehmbaren Differenz und Nähe selbst beweglich. Die reine Verwirklichung des einen ist die Verhinderung der reinen Verwirklichung des anderen. Das Gehen fällt dem Schreiben ins Wort, so wie das Schreiben das Gehen aufhält.

Würde der Erzähler *ersteres* – Schreiben – *weniger gern* mögen *wie letzteres* – Gehen –, dann wäre die notwendige Nähe von beiden aufgehoben, dann bliebe vom Spaziergang nichts; jeder Schritt wäre ein Schritt des Vergessens. Das Gehen ginge im Moment seines Geschehens unrettbar verloren, es würde zu einer folgen- und spurlosen Tätigkeit. Und sind nicht Walsers Spaziergänge in Herisau genau dieses: ein Gehen, das nicht mehr geschrieben wird, ein Gehen, das jegliche Beziehung zur Literatur als Werk verabschiedet hat?

Das entgegengesetzte Verhältnis von *ersterem* und *letzterem*, die eindeutige Bevorzugung des Schreibens gegenüber dem Gehen, würde das Schreiben zur rein handwerklichen Arbeit degradieren. Schreiben ohne die enge Beziehung zum Gehen wäre schiere Produktivität, es käme *zustande*, verlöre jedoch die Beweglichkeit des Spazierengehens als Mittel und Weg. Gegenstand und Methode, die durch das Gehen im Schreiben zueinander treten, würden beziehungslos auseinanderklaffen. Das *ebensogern* Schreiben wie Spazieren, das deckungsgleiche Zusammenfallen von Schreibendem und Gehendem in der Person des Erzählers, von dem es heißt, dass *man davon zur Genüge weiß*, lässt die nuancierte Nähe von Gehen und Schreiben in deren Identität verschwinden. Wenn Gehen mit dem Schreiben identisch wäre, gäbe es – wie im Falle der Bevorzugung des Gehens – keine Literatur, da Gegenstand und Methode in diesem Fall ununterscheidbar in eins gesetzt wären. Maurice Blanchot hat in seinem 1947 veröffentlichten Essay »Die Literatur und das Recht auf den Tod« auf diese das Wesen des Schriftstellers ausmachende Aporie hingewiesen: »wenn anders er nur Schriftsteller ist durch ein in unversöhnliche Momente zerrissenes Bewußtsein; sie lauten: Inspiration – die jegliche Arbeit leugnet; Arbeit – die das Nichts des Genius verneint«.[21]

Nur indem die Nähe von Gehen und Schreiben, von Inspiration und Arbeit in der Nuance gewahrt wird, nur indem beide aufeinander bezogen aber dennoch voneinander getrennt sind, nur indem diese Relation ohne Relation nicht zu einem definier- oder messbaren Wissen festgestellt wird, kann Literatur flüchtig auf dem Spaziergang fußen. Nur die Nähe, nicht aber die Identität von Gehen und Schreiben garantiert die Möglichkeit, beide als Gegenstand und Methode von Literatur aufzufassen. Es ist die Aufgabe des Schriftstellers, die Erfahrung des Gehens, die Inspiration – die Maurice Blanchot an einer Stelle als das *irrende Wort* bezeichnet – im Schreiben, in der Fixierung zum Wort festzuhalten. Die Ausstellung dieser Aporie, die zwischen wortlosem Gehen und dem Schreiben über das Gehen vorausgeht, präzisiert die im Satz zuvor vorgenommene bloße Konjunktion oder Reihung von Schreiben und Gehen: »Bis dahin wird er [der Verfasser, J.K.] indessen noch eine beträchtliche Strecke Weges zurückzulegen und noch manche Zeile zu schreiben haben.« (5,22) Das *und*, welches Weg und Schrift zueinander parallelisiert, lässt im Unklaren, wie die Beziehung von Gehen und Schreiben zu denken ist. Ist das *und* eine Konjunktion, d.h. sind beide Vorgänge identisch, ist also das eine nur eine Metapher für das andere? Wird hier demnach nur der *zur Genüge* bekannte Topos der Übereinstimmung von

---

21 Maurice Blanchot: »Die Literatur und das Recht auf den Tod«, in: ders.: *Von Kafka zu Kafka*, übers. v. Clemens-Carl Härle, Frankfurt 1993, S. 11–53, hier S. 27.

Weg und Methode, von Spaziergang und Inspiration zitiert?[22] Oder ist das *und* disjunktiv zu lesen, handelt es sich um eine Auflistung verschiedener Aktivitäten, die in keinem notwendigen Zusammenhang stehen?

Warum wird die Ineinssetzung von Gehen und Schreiben gerade in einer Unterbrechung, einem Umweg der Erzählung, thematisiert? Warum schaltet sich der Verfasser, die dritte Person, *er*, in die Erzählung des Ich-Erzählers ein? Die Reflexion über die Beziehung von Gehen und Schreiben findet nicht auf der Handlungsebene statt, sondern außerhalb dieser, auf der Grenze des Textes. Sie pendelt zwischen Fiktion (Handlungsebene) und simulierter Non-Fiktion (Unterbrechung des *Herrn Verfassers*). Ihr Status bleibt unklar. Ist sie als allgemeine, die Methode des Schreibens definierende Aussage zu verstehen? Oder ist sie fiktiv, ein Moment der Handlung neben anderen, sodass sie keinen Anspruch auf Allgemeingültigkeit erheben kann? Das Nachdenken über die Beziehung von Gehen und Schreiben ist weder reine Literatur, noch ein von dieser strikt getrennter Bereich der Reflexion, in dem die Methode des Schreibens festgestellt wird. Das Schreiben über das Schreiben, das Schreiben über das Gehen, bewegt sich zwischen einem werklosen Gehen, das keine Spuren hinterlässt, und einer festgestellten Methode des Schreibens.

Dieser Umweg Walsers, der die Aporien des Schreibens am Gehen diskutiert, ist ein Weg, der nicht direkt auf ein Ziel zugeht. Er ist eine Unterbrechung der zielgerichteten Narration, der Linearität der Erzählung, der Geradlinigkeit des Gehens, um über dieses Gehen zu schreiben. Das Schreiben über das Gehen weicht ab, die pure Prozessualität und Flüchtigkeit des Vorgangs wird zäsuriert, wird zum – wenn auch nur momentanen – Stillstand gebracht. Die Stelle, welche die Einheit von Gehen und Schreiben beschwört, die versucht, das Schreiben am Gehen zu explizieren, unterbricht diese Einheit. Das *und*, das Gehen und Schreiben verbindet, das versucht, beides in eins zu setzen, muss notwendigerweise in temporaler Konsekutivität – Schritt für Schritt – auseinandergeschrieben werden.

---

22 Vgl. Angelika Wellmann: *Der Spaziergang. Stationen eines poetischen Codes*, Würzburg 1991; Sabine Rothemann: *Spazierengehen – verschollengehen: zum Problem der Wahrnehmung und der Auslegung bei Robert Walser und Franz Kafka*, Marburg 2000; Claudia Albes: *Der Spaziergang als Erzählmodell: Studien zu Jean-Jacques Rousseau, Adalbert Stifter, Robert Walser und Thomas Bernhard*, Tübingen 1999.

Der Versuch, diese Schritte im Schreiben, den Gang der Erzählung durch eine bündige Trennung der Erzählebenen von Rahmen- bzw. Binnenhandlung zu stabilisieren, scheitert. Es kommt zu fließenden Übergängen, die – kaum wahrnehmbar – Gehen und Schreiben wieder ineinander verlaufen lassen: »Ich war denn jetzt auch auf Schlimmes, wenn nicht sogar vielleicht auf das Schlimmste und Böseste gefaßt und rüstete mich für diesen höchst gefährlichen Angriffskrieg mit Eigenschaften wie Mut, Trotz, Zorn, Entrüstung, Verachtung oder gar Todesverachtung aus, mit welchen ohne Zweifel sehr schätzenswerten Waffen ich der beißenden Ironie und dem Spott hinter erheuchelter Treuherzigkeit erfolgreich und siegreich entgegentreten zu können hoffte. Es kam anders; aber ich will bis auf weiteres noch darüber schweigen.« (5,40f.) Das Semikolon, das die beiden Teilsätze *es kam anders* und *aber ich will bis auf weiteres noch darüber schweigen* trennt, markiert den Übergang verschiedener Erzählebenen. Das *es kam anders*, durch die Verwendung des Präteritums scheinbar dem erzählten Spaziergang zugehörig, geht innerhalb eines Satzes, nur durch das Semikolon geschieden, in das Präsens des Erzählers über, der nachträglich – aus der Erinnerung – den Spaziergang nacherzählt. Insofern das Gehen nicht nur ein Motiv, sondern auch den Vorgang des Schreibens über das Gehen darstellt, wird in dieser Verwirrung der Erzählebenen das Bemühen, das Gehen mit dem Schreiben über das Gehen zusammenfallen zu lassen, fragwürdig. In der Passage *es kam anders; aber ich will bis auf weiteres noch darüber schweigen* zeigt sich – im Semikolon – der feine Unterschied zwischen Gehen und Schreiben.[23] Die Unmöglichkeit der eindeutigen Zuschreibung einer Zeitform zu einer Erzählhaltung unterläuft an dieser Stelle die Vorstellung einer unmittelbaren Beziehung von Gehen und Schreiben. Wie kann der Gehende den Fortgang des Spaziergangs vorausahnen und wissen, dass es *anders kam*? Dieses Wissen kann der Erzähler nur nachträglich, nachdem der Spaziergang abge-

---

23 Eine ähnliche Beobachtung macht Dierk Rodewald in seiner Deutung der Erzählung ›Greifensee‹: »Dem Wortlaut des Textes nach wird der Spaziergang im Jetzt des Schreibens, ›in diesem unvergeßlichen Augenblick‹, zwar allererst vollzogen, doch tut sich gerade in dieser Formulierung die temporale Kluft zwischen Gang und Beschreibung auf. Die Formulierung ist auf den Zeitpunkt der Niederschrift bezogen, jedoch in einem Satz, der zunächst nur den Spaziergang selbst zu meinen scheint, nicht aber auch dessen Beschreibung.« In: Rodewald: *Robert Walsers Prosa*, a.a.O., S. 9.

schlossen wurde, besitzen: »Zwischen dem Text als Ablauf und dem Text als Objekt (Beziehungssystem) besteht ein Konflikt. Zwischen dem Nacheinander und dem Miteinander ist ein Bruch, der nicht vermittelt werden kann und den Zusammenhang aufreißt.«[24] Die Vorstellung einer Rahmenerzählung, die nachträglich vom Vorgang des Gehens berichtet, und dieses zu einem abgeschlossenen Ganzen abrunden würde, bricht im Gehen auf. So wie der Spaziergang immer schon von seiner Verschriftlichung berührt ist,[25] so bricht das Gehen den es begrenzenden Rahmen. Gehen und Schreiben gehen, sich in der Nuance gegenseitig unterbrechend, ineinander auf. Der Versuch, das Gehen zu nehmen, es zur Schrift zu stellen, verschleift dessen Grenzen zu nuancierten, hereinbrechenden Rändern.

Das den Spaziergang kennzeichnende Widerspiel von Gehen und Anhalten, Fortgang und Stillstand wird vom Spaziergänger selbst thematisiert: »Geheimnisvoll und heimlich schleichen dem Spaziergänger allerlei schöne, feinsinnige Spaziergangsgedanken nach, derart, daß er mitten im fleißigen, achtsamen Gehen innehalten, stillstehen und horchen muß, daß er über und über von seltsamen Eindrücken und bezaubernder Geistergewalt benommen und betreten ist und er das Gefühl hat, als müsse er plötzlich in die Erde hinabsinken oder als öffne sich vor seinen geblendeten, verwirrten Denker- und Dichteraugen ein Abgrund.« (5,52f.) Im Anhalten, welches versucht, die Gedanken zu fassen, kommt es paradoxerweise nicht zu einem Feststellen der *Spaziergangsgedanken*, sondern zu einer weiteren Verwirrung. Das Stillstehen ist kein Moment, welcher der irrenden Bewegung des Gehens entgegengesetzt wäre. Die ergangenen Gedanken bleiben flüchtig. Im Versuch, sie zu fassen, entzieht sich dem Gehenden der Grund, auf dem er fußt. Daraus folgt, dass auch das Schreiben über das Gehen, das den Vorgang des Spaziergangs zur Schrift stellen muss, zu einem grundlosen aufbricht. *Benommen* und *betreten* gelingt es dem Spaziergänger nicht, die *Spaziergangsgedanken* zu ordnen, da das *Horchen* als eine feine, nuancierte Art der Wahrnehmung keine Methode darstellt, welche die irrende Bewegung der Gedanken feststellen und zu einem mitteilbaren Wissen machen würde.

---

24 Hans-Jost Frey: *Der unendliche Text*, Frankfurt 1990, S. 160.
25 Vgl. »Der Spaziergang«: »Das alles, so nahm ich mir im stillen und während des Stillstehens vor, schreibe ich bestimmt demnächst in ein Stück oder in eine Art Phantasie hinein, die ich ›Der Spaziergang‹ betiteln werde.« (5,25)

Diese gehen zunächst auch nicht im Gehenden vor, sondern folgen diesem nach: *geheimnisvoll und heimlich schleichen dem Spaziergänger allerlei schöne und feinsinnige Spaziergangsgedanken nach.* Der Gehende hat die Gedanken nicht, d.h. er kann nicht unmittelbar über sie verfügen, sondern sie folgen ihm *heimlich und geheimnisvoll* nach. Ein *achtsames, fleißiges* Gehen weiß von der Schwierigkeit, diese Gedanken zu fassen. Der Spaziergänger steht still und hält inne, ohne die Vorläufigkeit und Feinsinnigkeit seiner Eindrücke, die leise die bündige Trennung von innen und außen, von Subjekt und Objekt unterwandern, festzuschreiben. Er versucht nicht, sich die außerhalb von ihm bewegenden Gedanken zu eigen zu machen, ihnen ihr Geheimnis, ihre Beweglichkeit zu nehmen und sie zu Tatbeständen zu stabilisieren. Es bedarf des Stillstands, einer Unterbrechung des Gehens, um ein solches Horchen zu ermöglichen.

In Walsers Roman *Geschwister Tanner* charakterisiert sich der Protagonist Simon Tanner als Horchender: »Ich bin nichts als ein Horchender und Wartender«. (9,329) Der Horchende hört nichts, er verharrt und wartet auf die Wahrnehmung eines Geräuschs. Ohne den Ort oder die Richtung, aus der das Geräusch kommen mag, bestimmen zu können, wird die Erwartung des Hörens vom kindlichen Simon Tanner als beängstigend erfahren. Horchen ist ein Noch-nicht-Hören, das die Grenze zwischen einer deutlichen Wahrnehmung und einer deutlichen Nicht-Wahrnehmung zu einer Spanne der Feinsinnigkeit dehnt, in der die Stille unerhört zu tönen beginnt. Im Horchen hört das Kind sein Hören, den Modus seiner Wahrnehmung, es hört die von ihm verwendete Unterscheidung von Hören und Nicht-Hören. Es hört *nichts*, kein Geräusch, sondern den Vorgang, wie es hört. Durch dieses Vorgehen wird die Stille, von der sich jeder Ton abheben muss, um wahrgenommen zu werden, zum Tönen gebracht. Der stillstehende Spaziergänger ähnelt dem Kind als auch Simon Tanner, indem er die leise auftretenden, schleichenden Gedanken erhorcht.

In der Stille[26] nimmt der Gehende die Feinheit und Leichtigkeit der

---

26 Peter Utz diskutiert diese Nähe von Stillstehen und Stille, ohne jedoch auf die Differenz von Hören und Horchen näher einzugehen: »Stillstehen heißt die Grundformel von Walsers Ohralität in der Bieler Zeit. Um horchen zu können, muß der Spaziergänger stehenbleiben. Auf diese einfache Grunderfahrung baut sich die Dialektik von Walsers akustischer Weltzuwendung. Stillstehen heißt, im Wortsinn, schweigen, um sich zu öffnen für die Geräusche der Außenwelt. Stillstehen heißt aber auch, den Fluß des Textes unterbrechen, wodurch gerade

Spaziergangsgedanken wahr, ohne diese zu begreifen, d.h. sie ihrer verklingenden Vorläufigkeit und Flüchtigkeit zu berauben. Insofern kommt es im Innehalten nicht zu einer vollkommenen Verinnerlichung der Gedanken, die, zwischen innen und außen verklingend, zwar vom Gehenden erhorcht werden können, sich aber nicht zu einem fassbaren Inhalt zusammenschließen lassen. Der horchende Spaziergänger wird zum »Echoraum«,[27] in dessen Stille die Gedanken unerhört verklingen. Ihr leises Tönen unterläuft das Fassungsvermögen, sodass der Gehende *über und über von seltsamen Eindrücken und bezaubernder Geistergewalt,* wie *benommen* und *betreten* ist. Indem sich so Innen und Außen verwirren, wird die Welt für den Spazierenden zu einem *Abgrund*, in dem sich jegliche Ordnung und Orientierung verlieren: »Land und Leute, Töne und Farben, Gesichter und Gestalten, Wolken und Sonnenschein drehen sich wie Schemen rund um ihn herum, und er muß sich fragen: ›Wo bin ich?‹ Erde und Himmel fließen und stürzen mit einmal in ein blitzendes, schimmerndes, übereinandergeworfenes, undeutliches Nebelgebilde zusammen; das Chaos beginnt und die Ordnungen verschwinden.« (5,53) Ist die Bewegung des Gehenden üblicherweise durch den Bezug auf eine unbewegliche, starre Umgebung ausgerichtet, die Orientierung garantiert, so wird diese Umgebung in dieser Passage selbst beweglich. Das Gehen in der Landschaft, anhand derer sich ein Fortschritt feststellen ließe, geht in die Irre; es taumelt, da sich seine Bewegung nicht mehr an einer festen, vorgegebenen Umgebung ausrichten kann. Orientierungslos verliert der Spaziergänger die Fähigkeit, eine Entscheidung über die Richtung seines Gehens zu

---

seine Zeitlichkeit an die Oberfläche tritt – Stillstehen als Stillstellen, Horchen als Warten.« In: Peter Utz: »›Wenn ich reden will, so leihe ich mir sogleich zwecks Zuhörerschaft das Ohr‹: Walsers Ohralität«, in: Dieter Borchmeyer (Hg.): *Robert Walser und die moderne Poetik*, Frankfurt 1999, S. 241. Vgl. auch Peter Utz: *Tanz auf den Rändern. Robert Walsers ›Jetztzeitstil‹*, Frankfurt 1998, S. 243ff.
27 Vgl. Thomas Schestag: »Bibliographie«, in: *Modern Language Notes*, 113 (1998), S. 465–523, hier S. 497: »Der Stille auch in der Vorrede zu dem Buch, in dem *nichts steht*, eingedenk, gehn die *Stillen* und *Lauten* in der Auslegung zu stillen und lauten Menschen nicht auf, sondern die *Stillen* werfen, auch, das Echo der Unterbrechung – von Sprache überhaupt –, in der das Horchen anbricht, das die Stillen in *Lauten*, nämlich – leiser, horchender genommen – zu Resonanzböden und -gewölben, Echoräumen, Instrumenten präzisiert, die den Vorsatz, In- und Ausland der Resonanz, die das Sprachgewölbe perforiert, zu separieren, unterlaufen.«

treffen. Vorn und hinten, rechts und links, oben und unten als ordnende, die Bewegung des Spaziergängers in der Welt orientierende Kategorien *fließen* und *stürzen zusammen*. Nicht mehr der fortschreitende Spaziergänger in der Landschaft lässt die Gegenstände vor seinen *Dichter- und Denkeraugen* erscheinen, sondern diese gewinnen, zu bloßen Schemen reduziert, einen eigenen Richtungssinn: *sie drehen sich wie Schemen rund um ihn herum*. Durch diese Erfahrung des Gehenden beginnt sich die Welt in ihrer Phänomenalität – als wesenlose *Schemen* – zu bewegen. Spazieren ist kein Fortschritt, da in den Momenten des Stillstehens und Horchens die unmittelbare Beziehung von Spaziergang und *Spaziergangsgedanken* brüchig wird. Nicht nur folgen die Gedanken dem Gehenden nach, ohne dass dieser jene festhalten könnte, auch lässt sich die Folgerichtigkeit der wahrgenommenen Eindrücke nicht aus der voranschreitenden Bewegung des Gehenden ableiten. *Sie drehen sich um ihn herum*, verwirren seine Orientierung und lassen ihn taumelnd in den Abgrund stürzen. Die Welt wird zur reinen Oberfläche, Gegen*stände* werden zu Schemen, ohne dass sie ihr Wesen – falls sie überhaupt eines besitzen – enthüllen, da die Eindrücke ineinander übergehen, ihre Grenzen verschwimmen.

Diese Oberflächlichkeit[28] des Gehenden ist jedoch nicht als einfache Umkehrung der Beziehung von Tiefe und Oberfläche zu denken. In der horchenden Wahrnehmung der Oberfläche wird die Tiefe nicht eingeebnet. Gilles Deleuzes Lektüre von *Alice in Wonderland* beschreibt eine solche Erfahrung der vertieften Oberflächlichkeit am Beispiel des Stotterers und des Linkshänders auf ähnliche Weise: »Das ist also das erste Geheimnis des Stotterers und des Linkshänders: sich nicht versenken, sondern in der Weise entlanggleiten, daß die alte Tiefe nichts mehr ist und auf die Kehrseite der Oberfläche reduziert wird. Durch bloßes Gleiten erreicht man die andere Seite, da die andere Seite nur die umgekehrte Richtung ist. Und wenn es hinter dem Vorhang nichts zu sehen gibt, dann deshalb, weil das Sichtbare oder eher das ganze mögliche Wissen eben die Fläche des Vorhangs ist und es ausreicht, ihr weit genug und eng genug, ober-

---

28 Vgl. Walter Benjamin über Walsers Protagonisten in: »Robert Walser«, in: *Gesammelte Schriften*, Bd. 2,1, a.a.O., S. 330: »Es sind Figuren, die den Wahnsinn hinter sich haben und darum von einer so zerreißenden, so ganz unmenschlichen, unbeirrbaren Oberflächlichkeit bleiben.«

flächlich genug zu folgen, um seine Rückseite hervorzukehren, um aus der rechten die linke zu machen und umgekehrt.«[29] Für Linkshänder, Stotterer, verirrte Spaziergänger und lernende Kinder verbirgt die Oberfläche nicht einen in der Tiefe verborgenen Sinn, den es hinter oder unter den schemenhaft erscheinenden Phänomenen zu entdecken gäbe. Die Tiefe ereignet sich an der Oberfläche; sie wird zur Fläche: »An der Oberfläche herab stürzte ich in die fabelhafte Tiefe, die ich im Augenblick als das Gute erkannte.« (5,53) Oberfläche und Tiefe, nicht mehr strikt geschieden, lassen sich nicht mehr in ein vorgegebenes Schema von Horizontalität und Vertikalität einpassen: »Mit Liebesgebärden hob und senkte sich der Himmel.« (5,53) Erde und Himmel, die üblicherweise an ihren Grenzen den Horizont bilden, welcher eine Lagebestimmung des Gehenden ermöglicht, *fließen und stürzen mit einmal in ein blitzendes, schimmerndes, übereinandergeworfenes, undeutliches Nebelgebilde zusammen*. Der Sturz in die *fabelhafte Tiefe* gleicht dem Versinken im Abgrund, in dem sich die Dimensionen des Raums verwirren; seine Bewegung ist kein Fallen, das einem Steigen entgegengesetzt wäre, sondern ein Stürzen, das die geläufigen Vorstellungen von räumlicher Ordnung umstürzt und die Grenze zwischen Oberfläche und Tiefe zu einer blitzendschimmernden Oberflächlichkeit zerfallen lässt.

Das paradoxe Widerspiel von Stillstand und Bewegung, die in den bisher angeführten Passagen sich nicht nur einfach nacheinander ablösen, sondern ineinander übergehen, gerinnt in der Erzählung »Wanderung« zum Bild einer stillstehenden Bewegung: »[Ich, J.K.] ging munter weiter, und indem ich so marschierte, kam es mir vor, als bewege sich die ganze runde Welt leicht mit mir fort. Alles schien mit dem Wanderer zu wandern: Wiesen, Felder, Wälder, Äcker, Berge und schließlich noch die Landstraße selber.« (6,7) Der Wanderer geht, ohne sich fortzubewegen. Die Landschaft, in der sich der Spaziergang bewegt, hält derart mit dem Gehenden Schritt, dass das Gehen als ein stillstehendes empfunden wird. Ohne einen festen, unbeweglichen Hintergrund, von dem sich das Gehen absetzen ließe, und an dem der Wanderer seine Schritte orientieren könnte, lässt sich kein Fortschritt in der Bewegung des Spaziergängers erkennen. Indem die Umgebung beginnt, mit dem Gehenden mitzugehen,

---

29 Gilles Deleuze: *Logik des Sinns*, übers. v. Bernhard Dieckmann, Frankfurt 1993, S. 25.

bieten sich ihm keine Orientierungspunkte, die seinem Fortschreiten einen Richtungssinn verleihen würden. In der Tat kommt der Wanderer den Gegenständen nicht näher; die Distanz zwischen ihm und den Dingen bleibt bestehen. Vordergründig und oberflächlich hält der Gehende Abstand zur Welt, die sich der begreifenden Aneignung entzieht. *Schließlich wandert noch die Landstraße selber* und verwandelt den Grund, auf dem die Schritte des Spaziergängers zu fußen versuchen, zu einem beweglichen. Einer festen Grundlage beraubt, wird das Gehen »himmlisch frei« (6,7) und ziellos, da, wenn die Umgebung mit dem Spaziergänger zusammengeht, auch ein mögliches Ziel des Gehens von dieser Bewegung erfasst wird. Das Gespräch des Wanderers mit einem Tuchhändler im Prosastück »Der Wanderer« thematisiert diese Erfahrung der Ziellosigkeit des Spaziergangs: »Ich lasse dich gehen. Zu fragen, wohin du gehst, geht wohl nicht an. Hast du dir ein Ziel vorgenommen? Die Erwiderung: Die Ziele wandern auch.« (17,477) Die Frage nach dem Wohin des Gehens *geht nicht an*, ein Ziel kann zwar vorgenommen werden, dies ist jedoch selber beweglich. Mit jedem Schritt, den der Wanderer auf sein vorgenommenes Ziel zugeht, entzieht sich dieses. Er kommt trotz seines Fortschreitens nicht voran. Seine Bewegung scheint stillzustehen, gleicht einem »versteinerten Dahinfließen« (11,91). Ohne ein unbewegliches Ziel verhält sich jeder Schritt gegenüber seiner möglichen Ausrichtung indifferent. Die Möglichkeit zu bestimmen, ob der Gehende sich nach vorn oder hinten bzw. nach rechts oder links bewegt, ja, ob er sich überhaupt bewegt, ist aufgehoben. Ein solch unausrichtbarer Spaziergang geht in die Irre: der Gehende erlangt keine Sicherheit über die Richtung seines Gehens. Weder Bewegung und Bewegungslosigkeit noch Richtung und Richtungslosigkeit lassen sich in dieser Erfahrung eines »stillstehenden Galoppierens«[30] strikt voneinander trennen. Beide brechen auf, sodass der verirrte Spaziergänger zögernd und taumelnd sein Gehen als ein ziellos aufgehaltenes erfährt. Er kommt an kein Ende, da mit jedem zielstrebigen Schritt, welches den Gang abschließen würde, dieses sich dem Gehenden entzieht. Ohne anzukommen, verbleibt der Spaziergang unabgeschlossen, aufgebrochen, *himmlisch frei*.

---

30 Vgl. Kurscheidt: »›Stillstehendes Galoppieren‹ – der Spaziergang bei Robert Walser. Zur Paradoxie einer Bewegung und zum Motiv des ›stehenden Sturmlaufs‹ bei Franz Kafka«, in: *Euphorion*, 81, 2 (1987), S. 131-155.

Höflichkeit im Zeichen der Nuance

Notre regard, le regard moderne, sait voir la gamme infinie des nuances.[1]

Unter dem Titel »Das Geisterschiff«, Teil der *Fragmente einer Sprache der Liebe*,[2] entwickelt Roland Barthes einen Begriff des *Liebes-Schweifens*, welcher in einem Umherirren des Liebenden kulminiert, wie es von Richard Wagner im *Fliegenden Holländer* imaginiert wird. Das liebende Subjekt »ertappt sich manchmal bei einer Art Streuung des Liebesverlangens; dann begreift es, daß ihm bestimmt ist, bis zum Tode umherzuschweifen, von einer Liebe zur anderen«.[3] Diese Art von richtungs- und orientierungsloser Bewegung, die nirgendwo ankommt, ist für Barthes jedoch nicht nur negativ besetzt, da sie dem Schweifenden eine differenzierte Wahrnehmung seiner vergangenen Liebesbeziehungen ermöglicht. Es ist eine erhöhte Aufmerksamkeit, welche die Verschiedenheit der *gescheiterten* Lieben erkennt: »Im Rückblick auf ein ganzes Leben haben alle ›gescheiterten‹ Lieben Ähnlichkeit miteinander. X und Y haben auf mein Begehren nicht reagieren, meiner ›Wahrheit‹ nicht beipflichten können; sie haben sich nicht ein Jota aus ihrem System herausgerührt; für mich hat der eine immer nur den anderen wiederholt. Und doch sind X und Y unvergleichbar; gerade aus ihrer Verschiedenheit, dem Modell einer ins Unendliche verlängerten Verschiedenheit, schöpfe ich Energie zum Neubeginn. Weit davon entfernt, alle die auszumerzen, denen ich als Vertretern desselben funktionalen Typus begegne, erschüttert die ›ewige Unbeständigkeit‹ (*in inconstantia constans*), die mich belebt,

---

1 Guy de Maupassant, zitiert nach: Wolfgang Lange: »›Am farbigen Abglanz haben wir das Leben‹. Jacques LeRiders Farb- und Wörterpanorama«, in: *NZZ*, 20.3.2001.
2 Barthes: *Fragmente einer Sprache der Liebe*, a.a.O., S. 195.
3 Ebd., S. 193. Zum Motiv des Schweifens und Treibens vgl. auch Roland Barthes: *Die Lust am Text*, übers. v. Traugott König, Frankfurt 1980, S. 29: »Die Lust am Text ist nicht zwangsläufig triumphierender, heroischer, muskulöser Art. Kein Anlaß, sich zu straffen. Meine Lust kann sehr wohl die Form eines Treibens annehmen. Ein solches Treiben geschieht immer dann, *wenn ich nicht das Ganze respektiere* und wenn ich, wie ein Korken auf dem Wasser hinundhergetrieben je nach den Illusionen, Verführungen und Einschüchterungen der Sprache, selbst unbeweglich bleibe und mich um die *unnachgiebige* Wollust drehe, die mich an den Text (an die Welt) bindet.«

aufs heftigste ihre falsche Gemeinsamkeit.«[4] Dem Schweifenden gelingt es nicht, die *Verschiedenheit* der Lieben in einem *funktionalen Typus* zusammenzufassen, welcher nur eine *falsche Gemeinsamkeit* herstellen würde. Vielmehr *verlängert er die Unterschiede ins Unendliche*, d.h. er verlässt sich nicht mehr auf einheitliche Typen, definierte Systeme und scheinbar eindeutige Allgemeinheiten, denn: »das Schweifen vereinheitlicht nicht, es lässt Schattierungen aufleuchten: was wiederkehrt, ist die Nuance. So gehe ich von einer Nuance zur anderen, bis zum Ende des Wandteppichs (die Nuance ist der letzte Zustand der Farbe, der nicht mehr benannt werden kann; die Nuance ist das Nichtbehandelbare).«[5] Was jede Einzelheit von den anderen unterscheidet, ist eine Nuance, eine Schattierung, ein scheinbar ephemeres Phänomen, das – kaum lokalisierbar – nicht benannt oder behandelt werden kann. Es entsteht im Durchgang der Nuancen, *der Verlängerung der Unterschiede ins Unendliche* eine Art von Aufmerksamkeit, in der am Ende des Wandteppichs nicht mehr das *Wesen* von Farben oder Formen sicht- und behandelbar wäre, sondern nur noch Schattierungen aufleuchten. Ein letzter *Zustand*, in dem die Einzelheiten und Details unvergleichbar geworden sind, aber sie gerade durch diese ständige Unbeständigkeit, durch die Wiederkehr in der Nuance erfahrbar werden. Eine Erfahrung, die sich der Benennung und der Behandelbarkeit entzieht – ein letzter verblasster *Zustand* des Vorgehens.

Für Walser muss ein derart nuanciert Vorgehender in der Art eines Spaziergängers seine Aufmerksamkeit auf die *kleinsten Dinge* richten, soll das Schweifen nuanciertes Schreiben inspirieren und *zu weiterem Schaffen reizen und anspornen*: »Höchst liebevoll und aufmerksam muß der, der spaziert, jedes kleinste lebendige Ding, sei es ein Kind, ein Hund, eine Mücke, ein Schmetterling, ein Spatz, ein Wurm, eine Blume, ein Mann, ein Haus, ein Baum, eine Hecke, eine Schnecke, eine Maus, eine Wolke, ein Berg, ein Blatt oder auch nur ein armes weggeworfenes Fetzchen Schreibpapier, auf das vielleicht ein liebes gutes Schulkind seine ersten ungefügen Buchstaben geschrieben hat, studieren und betrachten.« (5,51) Diese Auflistung zahlreicher *kleiner und großer Gegenständlichkeiten* scheint ihrer Charakterisierung als klein und lebendig zu widersprechen. Ein Berg

---

4 Barthes: *Fragmente einer Sprache der Liebe*, a.a.O., S. 195.
5 Ebd.

z.B. ist weder klein noch lebendig. Besteht die Liste zunächst aus *Gegenständlichkeiten* lebendiger Natur (Kind, Hund, Mücke, Schmetterling, etc.), so kommt es im letzten Eintrag, die Mehrdeutigkeit des Wortes *Blatt* ausspielend, zu einer Verschiebung vom Natürlichen zum Künstlichen, vom Gebilde zum Gedicht. Die traditionelle Vorstellung vom Spaziergang, der dem Schriftsteller den Stoff für sein Schreiben liefert, und die der Erzähler noch wenige Zeilen zuvor im Gespräch mit dem Taxator vertritt – »Er [der Spaziergang, J.K.] ist mir ein Genuß und hat gleichzeitig die Eigenschaft, daß er mich zu weiterem Schaffen reizt und erspornt, indem er mir zahlreiche kleine und große Gegenständlichkeiten als Stoff darbietet.« (5,50) –, wird zweifelhaft. Die Unterscheidung zwischen Schreiben und dem Gegenstand des Schreibens verschwimmt. Nicht nur die Natur, sondern auch bereits Geschriebenes, Vorgeformtes wird vom Spaziergänger wahrgenommen. Schrift ist den *Gegenständlichkeiten* der Landschaft nicht einfach entgegengesetzt, sondern wird für den aufmerksamen Gehenden als *Buchstabe auf einem Fetzchen Schreibpapier* lesbar. Die geläufigen Gegensätze von lebendiger Natur und mortifizierender Schrift treten derart zueinander, dass in der feinen Wahrnehmung des Spaziergängers die Differenz von tot und lebendig, von künstlich und natürlich aussetzt. Spazieren ist die Vorgehensweise, die den Gehenden und die ihn umgebende Welt auf solche Art belebt, dass diese ihm als zu *studierende*, d.h. als zu lesende erscheint und die somit in der Lage ist, sein eigenes Schreiben in Gang zu setzen: »›Spazieren‹, gab ich zur Antwort, ›muß ich unbedingt, um mich zu beleben und um die Verbindung mit der lebendigen Welt aufrechtzuerhalten, ohne deren Empfinden ich keinen halben Buchstaben mehr schreiben und nicht das leiseste Gedicht in Vers oder Prosa mehr hervorbringen könnte. [ ] Ohne Spazieren und Berichtauffangen könnte ich auch keinen Bericht mehr abstatten und nicht den winzigsten Aufsatz mehr, geschweige denn eine ganze lange Novelle verfassen.« (5,50) Mit der *lebendigen Welt* verbunden, belebt sich das Schreiben des Schriftstellers, das sich an der Wahrnehmung von kleinen, scheinbar unbedeutenden Details entzündet. Eine Verbindung, die durch das Kleine, scheinbar Unbedeutende gegeben ist. Es sind die ersten, *ungefügen Buchstaben* des Kindes, welche die Aufmerksamkeit des Gehenden auf sich ziehen, es ist die Schrift eines Anfangenden, dessen Vorgehen noch nicht zur geläufigen Methode geronnen ist. Aufgrund der linkischen Unausgerichtetheit dieser *ersten Schritte* des Schreiben lernenden Schulkindes[6] fügt sich seine Schrift noch nicht zur fugenlosen Einheit eines gestalteten Schriftbildes. Es findet auf der Schwelle zwischen der Geläufigkeit eines ausgebildeten Könnens und der Ungefügtheit eines scheinbar formlosen Gekritzels als leises, ungeschicktes Gedicht statt.[7] Die Wendung von den *ungefügen Buchstaben* erinnert an die prekäre Nähe des Ungefügten und des Unfugs: Ungefüg. *Ungefüge Buchstaben* lassen Unfug und Unsinn zu, sie lassen sich nicht zu ausgebildeten Bestandteilen einsinniger Worteinheiten formen, welche als Träger eindeutiger Bedeutungen fungieren. Das heißt jedoch nicht, dass diese Buchstaben notwendig bloßes, sinnloses Gekritzel darstellen.[8] Sie entziehen sich vielmehr der genauen Zuschreibung von Sinn und Unsinn, Bedeutung und Bedeutungslosigkeit, da sie sich im Übergang – auf der Schwelle – von Form und Formlosigkeit befinden, deren Grenzen und Ränder, porös, hereinbrechen.[9] Ist das Schreiben erst einmal erlernt und zur verfügbaren Fähigkeit geworden, wird der Vorgang des Lernens vom fortschreitenden Schulkind zurückgelassen, verbleibt es auf einem *armen weggeworfenen Fetzchen Schreibpapier,* das aber gerade dadurch, dass es von der Schwelle des Schreibenlernens zeugt, für den Spaziergänger als Schriftsteller von Interesse ist. Der unfeststellbare Übergang von einem Nicht-Können zu einem Können[10] wird durch die Aufmerksamkeit für das *Kleine, Arme, Weggeworfene* erfahrbar. Im Wort *Fetzchen,* der Verkleinerung und Fragmentierung des bereits Kleinen, des Fetzens, kommt es zu einem Zerfetzen der Vorstellung von groß und klein, kommt es zu einer unkontrollierbaren Teilung des Kleinen als Gegensatz zum Großen. Durch diese Zersplitterung

---

6 Zum Thema der ersten Schritte vgl. oben das Kapitel »In die Irre gehen: der Spaziergänger«.
7 Vgl. Roland Barthes: *Cy Twombly,* übers. v. Walter Seitter, Berlin 1983.
8 Zu Walsers Schreiben als einer Literatur aus dem Geiste der Zeichnung vgl. Elke Siegel: *Aufträge aus dem Bleistiftgebiet,* Würzburg 2001; Tamara Evans: »Robert Walser: Writing Painting«, in: dies. (Hg.): *Robert Walser and the visual Arts,* New York 1996, S. 23–35; Walter van Rossum: »Schreiben Als Schrift: Überlegungen zu Robert Walsers Mikrogrammen 1924/25«, in: *Merkur. Deutsche Zeitschrift für europäisches Denken,* 40, 3, 445 (1986), S. 235–240.
9 Hohl: *Von den hereinbrechenden Rändern,* a.a.O.
10 Zu dieser Beziehung von Können und Nicht-Können, bzw. dem Können eines Nicht-Könnens vgl. Giorgio Agamben: *Bartleby oder die Kontingenz,* übers. v. Maria Zinfert und Andreas Hiepko, Berlin 1998 und Alexander García Düttmann: *Kunstende. Drei ästhetische Studien,* Frankfurt 2000.

des einen Endes der Unterscheidung wird diese an sich erschüttert und die Möglichkeit zersetzt, eine durchgängige Beziehung zwischen beiden herzustellen. Regellose Verdopplung und Intensivierung der Verkleinerung: Zerfetzung des Fetzens.

Die Erfahrung des das Ende antizipierenden Übergangs, das Verirren des Gehenden erlaubt ihm, die Welt anders zu sehen: »Da der Übergang frei geworden war, gingen ich und alle anderen friedlich und ruhig weiter, und nun schien mir jederlei Umgebung mit einemmal noch tausendmal schöner als vorher geworden zu sein. Der Spaziergang schien immer schöner, reicher und größer werden zu wollen.« (5,55) Der *Höhepunkt oder das Zentrum* des Spaziergangs wird gerade dadurch *schöner, reicher* und *größer*, dass der Gehende seinen Blick auf das *Kleinste* und *Bescheidenste* richtet: »Ich hatte die ganze reiche Erde dicht vor mir und schaute doch nur auf das Kleinste und Bescheidenste.« (5,56) Der Reichtum des Spaziergangs besteht darin, die Aufmerksamkeit des Gehenden nicht nur auf das Kleine, sondern auf das ganz Kleine, das *Kleinste* zu richten. Durch die Annäherung an die Dinge – *ich hatte die ganze reiche Erde dicht vor mir* – entfalten diese ihre Schönheit und ihren Reichtum, die sich dem Spaziergänger in der Steigerungsform des Kleinen und Bescheidenen, im Kleinsten und Bescheidensten zeigen. Nicht das scheinbar Große und Bedeutende, sondern das Unscheinbare, das sich dem geläufigen Sehen Entziehende, das Winzige,[11] wird zum Gegenstand einer Beobachtung, die traditionelle Größenverhältnisse verwirrt: »Was ich sah, war ebenso klein und arm wie groß und bedeutend, ebenso bescheiden wie reizend, ebenso nah wie gut und ebenso lieblich wie warm.« (5,57) Kleinheit ist kein Gegensatz zur Größe. In der aufmerksamen Wahrnehmung des Spaziergängers erscheinen die Dinge ebenso klein wie groß. Es kommt nicht zu einer einfachen Verkehrung des Verhältnisses von groß und klein; vielmehr scheinen die Dinge beides zugleich zu sein. Doch wie kann ein Gegenstand gleichzeitig groß und klein sein? Eine mögliche Antwort liefert die Reihung verschiedener Adjektive wie *klein, arm, groß, bedeutend, bescheiden, reizend, nah, gut, lieblich, warm*, die den Glauben an die Vergleichbarkeit der aufgezählten Eigenschaften erzittern lässt. Bezeichnet der erste Vergleich – *ebenso klein wie groß* – noch einen nachvoll-

---

11 Vgl. Marianne Schuller: »Robert Walsers Poetik des Winzigen. Ein Versuch«, in: Groddeck u.a. (Hg.): *Robert Walsers ›Ferne Nähe‹*, a.a.O., S. 75–82.

ziehbaren Gegensatz, so lässt sich schon die Opposition von arm und bedeutend kaum noch in eine solche Unterscheidung eintragen. Armut und Bedeutung widersprechen sich nicht so wie Größe und Kleinheit – der erwartete Vergleich von Armut und Reichtum bleibt aus. Die folgenden Zuschreibungen wie *bescheiden, reizend*, etc. entziehen sich völlig einer solchen Gegenüberstellung. Fast unmerklich wandelt sich im Verlauf des Satzes die Verwendung des Wortes *wie* und des damit angezeigten Vergleichs in einer solchen Art und Weise, dass die Möglichkeit der Zuschreibung der Eigenschaften eines Dings nicht mehr durch die Bezugnahme auf sein scheinbares Gegenteil garantiert werden kann. Geschieht die Charakterisierung eines Gegenstandes als klein üblicherweise durch den Vergleich mit großen Gegenständen, so verliert diese Bezugnahme ihre vergleichende Kraft. Ohne seine Wahrnehmungen sofort in ein vorgegebenes Schema von groß und klein einzuschreiben, verwandeln sich die Dinge unter dem Blick des Gehenden zum Kleinsten und Bescheidensten, welches gleichzeitig groß und klein erscheinen kann. Der Superlativ stellt nicht die Steigerung des Komparativs dar, sondern dessen Aussetzung, die Aussetzung des Vergleichens. In der Aufzählung – einem häufig vorkommenden Stilmittel Walsers – kann keine endgültige Ordnung oder hierarchische Struktur hergestellt werden.[12]

Adorno erkennt in der Einleitung zu den »Kleinen Proust-Kommentaren« in einem solchen Verfahren das Charakteristikum der proustschen Schreibweise: »Die produktive Kraft zur Einheit ist identisch mit dem passiven Vermögen, schrankenlos, ohne Rückhalt ans Detail sich zu verlieren.«[13] Wie lässt sich ein solch passives Vermögen denken? Das schärfere Sehen, die Aufmerksamkeit, die auf Nuancen und Details geht, ist nichts, was vom Schriftsteller intendiert werden könnte. Die Versenkung ins Bruchstück verlangt das Aufgeben subjektiver Intentionen und ein Aufgehen in der scheinbaren Kleinigkeit.

Das *vorsichtige Betonen*, von dem Walser in der Erzählung »Was eine Frau sagte« spricht, stellt eine solche Form der Nuancierung dar, die sich den kleinsten *Gegenständlichkeiten* gegenüber achtungsvoll verhält: »Ich finde, daß vorsichtig, achtungsvolles Betonen

---
12 Vgl. unten das Kapitel »Der monotone Lehrgang der Dilettanten«.
13 Theodor W. Adorno: »Kleine Proust-Kommentare«, in: ders.: *Noten zur Literatur*, Frankfurt 1981, S. 203–215, hier: S. 203.

weit mehr inneres Leben, also weit mehr Nachhallsfähigkeit innewohne, als stark Gesprochenem, das, weil es sich zu sehr bemüht, zu wirken, von der Wirkungslosigkeit gleichsam aufgegessen wird.« (19,110f.) In der nuancierten Aussprache der Wörter zeigt sich der dem Klang des Wortkörpers gegenüber aufmerksame Sprecher, der versucht, die Schattierungen des Wortes wiederzugeben. Im Hören auf die *Nachhallsfähigkeit* der Wörter wird Sprache lebendig. Nachhallen als das Resultat des nuancierten Betonens lässt sich an dieser Stelle auf zweifache Art verstehen. Zum einen hallt das Wort im Hörer – aber auch im Sprecher, der immer auch zu sich selbst spricht – nach, hinterlässt es Resonanzen, erhöht sich die Wirkung des Gesagten. Zum anderen verhallt das Wort im Nachhall, verschwimmen dessen scharfe Grenzen im Echoraum seines Nach- und Verklingens. Vielleicht, so scheint der Erzähler hier andeuten zu wollen, lassen sich diese beiden Tendenzen, die im Wort *Nachhallsfähigkeit* zusammenfallen, nicht strikt trennen. Vielleicht besteht das *innere Leben* gerade in dieser Doppeldeutigkeit, vielleicht besteht es in diesem, die Wirkung des Gesprochenen durch dessen Verfeinerung verstärkenden und gleichzeitig verundeutlichenden Nachhall. Im aufmerksamen Betonen, das die Nuancen und Schattierungen des Wortes achtet und erfahrbar macht, in der Nuancierung des Wortes, wird dieses des Nachhalls fähig. Diese Fähigkeit ist nicht einfach gegeben, da ihre Möglichkeit nur in den Differenzen sichtbar – oder genauer – hörbar wird. Hallt das Wort nach, so erhält sich seine Wirkung im Verhallen, resoniert es im Verklingen, lebt es in seinem Absterben fort. Ein derart nuanciertes Sprechen, das sich ganz auf die Feinheit und den Klang des Wortkörpers konzentriert, also ganz an der Oberfläche der Wörter verbleibt, d.h. das sich nicht bemüht, eine *tiefe* Bedeutung zu ergründen, und daher dessen verhallende Grenzen wahrnimmt, stellt das *innere Leben* des Gesagten adäquater dar als die *starke*, auf Wirkung bedachte Aussprache, die über die Gegebenheit scheinbar klar definierter Worte nicht hinauszugehen vermag. Die Lebendigkeit der Sprache – ihr *inneres Leben* – zeigt sich in der feinen, leichten Nuance, im *vorsichtigen Betonen*, das auf Nachdrücklichkeit und Wirkungsmächtigkeit verzichtet. Sprecher, die mit starken Worten eine Wirkung erreichen wollen und daher bemüht sind, Wörter klar und deutlich auszusprechen, sodass sie eindeutig verstanden werden können, vernachlässigen die Nuance; sie vernachlässigen die jedem Wort innewohnende *Nachhallsfähigkeit*, die dessen Eindeutigkeit und Abgeschlossenheit fragwürdig erscheinen lässt. Im Nachhall des gesprochenen Wortes verschwimmen dessen Grenzen. Es geht die Möglichkeit einer eindeutigen Sinnzuweisung verloren, da die Bedeutung eines Klangs nicht mehr durch einen vorgegebenen, definierten Wortkörper, der mit diesem korrespondiert, garantiert wird. Im Verhallen des Wortes zerfällt dessen Bedeutung, deren Streuung in der Nuance erfahrbar wird. In der Nuance erhält sich das, was sich nicht erhalten kann, da es nur im Verklingen des Nachhalls gegeben ist. Die Vorstellung, durch *starkes* Betonen zu wirken, ist laut Walser ein Irrglaube, da sich gerade in diesem Bemühen, Wirkung in Wirkungslosigkeit verkehrt und, *weil es sich zu sehr bemüht, zu wirken, von der Wirkungslosigkeit gleichsam aufgegessen wird*. Die *Nachhallsfähigkeit*, die jedem Wort innewohnt und dessen Bedeutung streut, lässt sich nicht durch scheinbar eindeutiges Aussprechen kontrollieren, da jedes Aussprechen die Einheit des scheinbar deutlich geformten Wortkörpers entstellt. Auch das eindeutige Wort zerfällt in seiner Nachhallsfähigkeit: Es wird von seiner *Wirkungslosigkeit gleichsam aufgegessen*. Die Wirkungslosigkeit ist in der Lage, Wirkung und Eindeutigkeit in sich aufzunehmen, sie als bloße Momente eines grundlegenderen Nachhalls auszustellen. Diese hallende, hohle Grundlage ist jedoch eine entgründende, die der Unterscheidung von Wirkung und Wirkungslosigkeit den Boden entzieht. Noch im Versuch, diese bodenlose Fragilität zur Nachdrücklichkeit des wirkenden Wortes festzustellen, tritt letztlich nur dessen Wirkungslosigkeit zutage. Vielleicht wirkt das Gesprochene gerade in seiner Nachhallsfähigkeit, vielleicht wirkt Sprache gerade in der Nuance, in der aufmerksamen, achtungsvollen Aussprache, die die Wörter – nuancierend – zu Hall- und Echoräumen aushöhlt.

Ludwig Hohl diskutiert die Möglichkeit einer Kunst der Nuance unter dem Titel *Nachnotizen. Von den hereinbrechenden Rändern*. Für Hohl besteht das Wesen der Kunst nicht in einem Körper, sondern in einer Abstufung, einem Grad: »Kunst ist ein Grad, kein Körper [...] – Jener große Schriftsteller: welch gewaltige Macht noch im Abnehmen, im ›Sterben‹, an geringfügiger Stelle, in einem Aperçu, in einer beiläufigen Bemerkung hat! – Noch? Bei schärferem Sehen müssen wir erkennen: Es ist ja ganz genau dieselbe Macht wieder, die nur je war! Und dagegen in so und so vielen anderen Fällen, wo die ›große Form‹ gewahrt bleibt, wo von keinem Abnehmen, nicht von Geringfügigem und Beiläufigem geredet werden kann: siehe, da ist jene Macht nicht mehr.«[14] Die Nuance spricht von den *hereinbrechenden Rändern*, indem sie die graduellen Schattierungen der Wörter – ihren Nachhall – in der vorsichtigen, achtungsvollen Aussprache hörbar macht und indem sie das Wort als einen Grad und nicht als einen Körper auffasst. Insofern ist die Kunst der Nuance eine kleine Form, aber nicht nur weil sie kleine Genres bevorzugt – Prosastückeli, Nachnotizen, Aperçus –, sondern weil sie eine Form der kleinen, feinen Differenzen darstellt: *Kunst ist ein Grad, kein Körper*. Die *Nachhallsfähigkeit* lässt die Grenzen des Wortes in sein Inneres hereinbrechen, sie nuanciert dessen Körper, indem sie sein Abnehmen, die Brüchigkeit seiner Gestalt im Verklingen erklingen lässt.

Vorsichtiges Betonen ist eine Form der Höflichkeit. Höflichkeit ist eine Hochachtung gegenüber den Gegebenheiten des gesellschaftlichen Miteinanders, die feine Differenzen wahrzunehmen in der Lage ist und ihr Verhalten dementsprechend anpasst bzw. verändert.[15] In den letzten Sätzen von Fritz Kochers Aufsatz »Höflichkeit« kommt es zu einer Diskussion der Frage nach dem Ort und der Funktion der Höflichkeit:[16] »Wer Herz hat, ist höflich. Das Herz erfindet die feinsten Formen der Höflichkeit. Man merkt es, wenn Menschen den Sitz ihrer Höflichkeit nicht im Herzen haben.« (1,22) Für Fritz Kocher ist die *Höflichkeit der feinsten Form* eine des Herzens, eine, welche es ermöglicht, kleine Unterschiede zu erkennen. Nur wer mit *Herz und Seele* höflich ist, und wessen Verhaltensweisen nicht bloß angelernt sind, d.h. äußerlich bleiben, hat die Fähigkeit, die *feinsten Formen der Höflichkeit zu erfinden*. Diese Formen gehen über ein schlichtes Regelwerk hinaus, insofern als sie vom Herzen erfunden sind. Die Kennzeichnung der Höflichkeit als Erfindung erscheint zunächst

---

14 Hohl: *Von den hereinbrechenden Rändern*, a.a.O., S. 159.
15 Zu einer Begriffsgeschichte des Worts *Höflichkeit* vgl. Werner Zillig: »›Höflichkeit‹ und ›Takt‹ seit Knigges ›Über den Umgang mit Menschen‹. Eine begriffsgeschichtliche Untersuchung«, in: Heinz-Helmut Lüger (Hg.): *Höflichkeitsstile*, Frankfurt 2001, S. 47–72. Vgl. auch Harald Weinrich: *Ehrensache Höflichkeit. Augsburger Universitätsreden*, Bd. 29, Augsburg 1996.
16 Zu einer Diskussion dieses Aufsatzes vgl. Thomas Wägenbaur: »Robert Walsers Geste des Schreibens und die Komik des ›interface‹«, in: *Modern Language Notes*, 115, 3 (April 2000), S. 482–501. Vgl. auch Urs Widmer: »Der höflichste Dichter der Welt; die gewaltige Angst des Robert Walser«, in: *Frankfurter Rundschau*, 75 (14.4.1991); Marion Gees: »Robert Walsers galante Damen: Fragmente einer Sprache der höfischen Geste«, in: Arnold (Hg.): *Robert Walser*, a.a.O., S. 142–154.

überraschend, gilt höfliches Benehmen doch üblicherweise als das Wissen und die Anwendung eines gegebenen, starren Katalogs von Vorschriften und Regeln. In der *Höflichkeit des Herzens* dagegen treten äußere Form und innerer Beweggrund zueinander, sodass beide fast ununterscheidbar werden. Das allgemeine Gesetz des Verstandes und die Individualität der Seele werden zum unverwechselbaren Ausdruck des Herzens. Nur diese singuläre, nicht verallgemeinerbare Fähigkeit der Höflichkeit, die *feinste Formen* erfindet, erkennt Fritz Kocher als leicht und ungezwungen an. Feine, leichte Formen können nicht erlernt werden, bringt der Mensch nicht gewisse Voraussetzungen mit, hat er nicht den Wunsch, höflich zu sein: »Höflich sein kann man lernen, aber schwer, wenn man nicht das Talent dazu mitbringt, das ist: den herzlichen Wunsch, es zu werden.« (1,22) Höflichkeit konstituiert sich paradoxerweise als ein *erlerntes Talent*. Das Talent des Höflichen besteht in seinem Verlangen, höflich zu sein. Es ist ein Wunsch, der von Herzen kommt, der im Gefühl und nicht im Verstand wurzelt: Ohne Herzlichkeit keine Höflichkeit. Wer sich ohne Talent nur blind die Vorschriften eines vorgegebenen Regelwerkes aneignet, ohne den herzlichen Wunsch zu haben, erlernt das Höflichsein nur schwer, d.h. es wird ihm nicht gelingen, die *feinsten Formen der Höflichkeit zu erfinden*, leicht und ungezwungen taktvoll zu sein. Feinheit und Leichtigkeit der Umgangsweisen entspringen für Fritz Kocher nicht dem Zwang, denn *höflich sein muß niemand.* Sie sind Ausdruck eines Verlangens, das sich nicht unnuanciert auf einen vorgegebenen Imperativ oder ein starres, unveränderbares System von Regeln richtet und diese schlicht nur wiederholen und bestätigen würde. Höflichkeit ist ein Vorgang, kein Zustand. Insofern der Höfliche die feinsten Formen leicht und ungezwungen erfindet, erkennt er die Notwendigkeit einer durch die Regeln der Höflichkeit geordneten Gesellschaft durchaus an – »ohne Höflichkeit gäbe es keine Gesellschaft und ohne Gesellschaft kein Leben« (1,20) –, ohne diese jedoch zu einem unumstößlichen, allgemeingültigen Imperativ zu sistieren. In einer Meditation über die Paradoxien der Konzepte von Freundschaft und Höflichkeit macht Jacques Derrida auf die Probleme aufmerksam, die in der Relation zwischen Regel und Höflichkeit auftauchen: »La contradiction interne du concept de politesse, comme du tout concept normatif dont il serait l'exemple, c'est qu'il implique la règle et l'invention sans règle. Sa règle, c'est qu'on connaisse la règle mais ne s'y tienne jamais. Il est impoli d'être seulement poli, d'être poli par politesse. Nous avons donc ici une règle […] qui commande d'agir de telle sorte qu'on n'agisse pas seulement par conformité à la règle normative mais pas même, en vertu du ladite règle, par respect pour elle.«[17] Höflichkeit stellt für Walser nicht nur einen das gesellschaftliche Miteinander der Menschen regelnden Kanon von Vorschriften dar, sondern ist ein Mittel, das *Wesen des Menschen* zu erkennen: »[A]m Grad und an der Art seiner Höflichkeit erkennt man das Wesen eines Menschen wie von einem Spiegel zurückgeworfen.« (1,20) Diese Art der Menschenkenntnis, die scheinbar nicht über die schiere, spiegelnde Oberflächlichkeit der beobachtbaren Verhaltensweisen hinausgeht, erlaubt das *Wesen des Menschen* wahrzunehmen. Das Wesen ist nichts anderes als gerade diese reine Oberfläche, die *wie von einem Spiegel zurückgeworfen* wird. Nicht in der Wesensschau, die in der Tiefe der Seele des anderen dessen wahres Ich zu erkennen glaubt, wird diese sichtbar. Höflichkeit funktioniert wie ein Spiegel – pure, widerspiegelnde Oberfläche – oder wie eine Projektionsfläche, auf der das Wesen des Menschen sich abbildet. Es ist das Wesen des Höflichen, von einer solchen Oberflächlichkeit zu sein, dass sich nicht entscheiden lässt, ob seine Handlungsweisen einem inneren Beweggrund entstammen oder sie das bloße Befolgen einer gesellschaftlichen Norm darstellen. Die Unmöglichkeit, eine solche Entscheidung zu treffen, sollte jedoch nicht als eine Verinnerlichung äußerlicher Regeln verstanden werden – beide fallen nicht zusammen –, vielmehr gibt es keine *äußere* Position oder Instanz mehr, die abschließend zwischen innerem Wesen und äußerer Norm unterscheiden könnte. *Grad* und *Art* der Höflichkeit – kleine Differenzen – werden als Widerspiegelungen sichtbar. Die Dopplung der Höflichkeit zwischen gesellschaftlicher Norm und ihrer Erkenntnisfunktion manifestiert sich in dieser Unentschiedenheit zwischen innerem und äußerem Beweggrund.

In Walsers später Prosaskizze »Wissen und Leben« diskutiert der Erzähler die feine Differenz, die sich zwischen Leben und dessen Reflexion in einem Schaufenster auftut: »Es betrifft dies ein Buchhandlungsfenster, worin sich die umliegende Welt, das Leben, das sich auf der Straße bewegte, treulich und malerisch abspiegelte. So ziemlich zehn Minuten lang genoß ich auf diese Art den Anblick abgebildeten und gespiegelten Lebens: benachbarte Häuserfronten,

---

17 Jacques Derrida: *Passions*, Paris 1993, S. 24.

Fuhrwerke, Autos, Motorräder, Kinder, Mädchen und Damen mit großem, ernsthaftem Betragen. [ ] Ist vielleicht alles sich Widerspiegelnde um irgendwelche Nuancen deutlicher, als es in der sogenannten Wirklichkeit?« (19,78f.) Die Widerspiegelung des Lebens bildet dieses zwar *treulich* und *malerisch* aber nicht identisch ab und verdeutlicht derart deren Wahrnehmung. Diese Verdeutlichung bleibt in sich jedoch undeutlich, ist kaum – nur als Nuance – erkennbar. Der feine Unterschied zwischen Abbild und Wirklichkeit lässt erstere deutlicher erscheinen, erlaubt Nuancierungen, wie sie auch der Höfliche im Umgang mit seinen Mitmenschen vornimmt. Das nuanciert verdeutlichende Abbild der Wirklichkeit im Schaufenster macht diese unwirklich, macht sie zu einer *sogenannten* Wirklichkeit. Es stellt sich die Frage, ob die *sogenannte* Wirklichkeit oder deren gespiegelte, nuancierte Darstellung wirklicher ist. Im Prosastück »Regen« geht erneut ein Spaziergänger der Beziehung von Wirklichkeit und Abbild nach: »Vor vielen Jahren flanierte, spazierte ich, als es reizend rieselte und regnete, durch die hiesige Bahnhofstraße, die sich verdoppelt hatte, indem sich Fassaden, Bäume, Herren und Damen, diese selbstverständlich in erster Linie, Buben und Mädchen und Kätzchen und ich weiß nicht was alles im glatten Asphaltboden und im zarten Nachmittagslichte magisch abspiegelten, derart, daß es eine Oberwelt und eine Unterwelt gab, wobei das Abgründige mir fast schöner erschien wie das Wirkliche.« (16,370) Die Wirklichkeit verdoppelt und spaltet sich. Durch die Form der Ab- und Widerspiegelung der Welt auf dem glatten Asphaltboden der Straße senkt sich der Blick des Gehenden und er erkennt das Abgründige seines Vorgehens. Der Spaziergänger geht, zwischen Ober- und Unterwelt, über einem Abgrund. Der Grund, auf dem sein Vorgehen fußt, ist der abgründige Spiegel der Welt, durch dessen Magie die Dinge *fast schöner* erscheinen. Diese Magie besteht darin, in die Abspiegelung eine Nuance einzutragen, derart, dass die gespiegelten Dinge der Unterwelt nicht einfach schöner, sondern *fast schöner* erscheinen. Zwischen *schön* und *schöner* erscheint die Nuance im zarten *fast*. Der Vergleich von Oberwelt und Unterwelt gerät durch die Verfeinerung des Komparativs aus der Fassung. Indem sich auf der Oberfläche der Höflichkeit das Leben *treulich* und *malerisch* abspiegelt, ist diese für den aufmerksam Wahrnehmenden – und nichts anderes ist der Höfliche – um eine Nuance *fast schöner* und deutlicher, zugleich aber auch abgründiger. In der minimalen Differenz, die sich zwischen *so-*

genannter Wirklichkeit und deren Abbild auftut, besteht das Interessante und Lebendige der Höflichkeit, denn *nichts wäre langweiliger, als wenn man nicht höflich zueinander wäre.*

Höflichkeit ist kein Zustand, keine festgelegte Fähigkeit, sondern ein Vorgang, ein Gehen: »Im Reich der Höflichkeit prickelt alles von feinen zierlichen Gängen, Straßen, Engpässen und Wendungen. Auch schauerliche Abgründe gibt es da, schauerlicher, als sie in den Hochgebirgen sind. Wie leicht, wenn man ungeschickt oder trotzig ist, kann man hineinfallen; und andererseits, wie sicher geht man auf den schmalen Wegen umher, wenn man gehörig aufmerksam ist. Freilich: Augen und Ohren und Sinne muß man auftun, sonst fällt man sicher.« (1,21) Das *Reich der Höflichkeit prickelt von Gängen, Straßen, Engpässen und Wendungen*, und indem der Höfliche auf diesem Wegenetz fortschreitet, lässt er die Regeln der Höflichkeit und deren Umsetzung irritierend zueinander treten. Jede Anwendung der Höflichkeitsregeln wird zur Ver*wendung*, in welcher Anwendung und Verdrehung so ineinanderspielen, dass im taktvollen Gehen das Beständige, Feste und Gesetzte der vorgeschriebenen Höflichkeit als ein Satz festgeschriebener Vorschriften gewendet, ent- und zersetzt wird. Es *prickelt*, das *Reich der Höflichkeit* erzittert von unausrichtbaren Wendungen, welche richtungslos irr die Möglichkeit, nach vorgegebenen Regeln richtig handeln zu können, erschüttern lassen. Zwischen Stehen und Gehen, Erstarrung und Flüchtigkeit bricht die Frage nach der *wahren Höflichkeit* auf, die sich der Feststellung zur stehenden Wendung verweigert. *Wahre Höflichkeit* lässt Unterbrechungen und Abweichungen zu, verwirrt und entsetzt den Takt, sodass in an Gleichförmigkeit und Regelmäßigkeit ausgerichteten Methoden das Unausgerichtete und Linkische erfahrbar bleibt. Indem die Lücken im Gehen und der aufbrechende Grund im höflichen Vorgehen ungeregelt einbrechen, wird die Höflichkeit zu einer nuancierten, ist sie weder schiere Regelbefolgung noch reine Selbstbestimmung.

Das Vorgehen auf den Wegen der Höflichkeit bedarf der Aufmerksamkeit, also genau jener Eigenschaft, die auch den Spaziergänger auszeichnet. Höflich ist zunächst derjenige, der nicht von den Wegen, Regeln und Vorschriften abweicht. Er wandelt schlafwandlerisch sicher am Rand der Abgründe, die sich im *Reich der Höflichkeit* auftun und so dicht am rechten Weg liegen, dass ein Abkommen immer im Bereich des Möglichen liegt. Ungeschicktes oder unaufmerksames

Vorgehen würde den Sturz unvermeidlich machen, da die Feinheit des schmalen, engen Weges nicht wahrgenommen wird und das Befolgen der Vorschriften nicht die *Zierlichkeit* der *Straßen, Engpässe und Wendungen* widerspiegelt. Die Regeln im *Reich der Höflichkeit* sind keine einfachen Vorschriften, denen man blindlings nachfolgen könnte, sondern sie bedürfen dem aufmerksamen, geschickten, die *Engpässe* und *Wendungen* nachvollziehenden Abschreiten des Höflichen, der sich der prekären Nähe von Weg und Abgrund bewusst ist.[18] Wer beständig und unbeirrt nur geradeaus geht, stürzt in den Abgrund, verhält sich unnuanciert und unhöflich, da er die feine, *prickelnde* Differenz zwischen Höflichkeit und Unhöflichkeit nicht erkennt. Für Fritz Kocher besteht Höflichkeit im Wissen um den *Reiz* der Vorschriften – »Da ist keine Vorschrift, die nicht ihren Reiz hätte.« (1,21) –, der gerade in seiner Nähe zum Abgrund der Unhöflichkeit besteht. Das *Reich der Höflichkeit* ist nicht streng vom *Reich der Unhöflichkeit* geschieden, vielmehr *prickelt* die Höflichkeit von *feinen, zierlichen Gängen, Straßen, Engpässen und Wendungen*, aber auch von *schauerlichen Abgründen*, deren feine Differenz nur vom aufmerksamen Gehenden wahrgenommen wird. Der Abgrund der Unhöflichkeit ist für Fritz Kocher »allgegenwärtig«.[19] Im Aufsatz »Der Beruf« imaginiert Fritz Kocher den Beruf des Seiltänzers, dessen Fortschreiten der Feinheit und Schmalheit des Seiles, auf dem er sich fortbewegt, Rechnung trägt: »Ein berühmter Seiltänzer, Feuerwerk hinten auf dem Rücken, Sterne über mir, einen Abgrund neben, und

---

18 Diese Nähe entdeckt Silvia Bovenschen für Theodor W. Adorno in einem kurzen, »Hundstage« überschriebenen Text: »Die Höflichkeit und die Liebenswürdigkeit, die das Verhalten Adornos auszeichneten, vor allem aber seine schriftstellerische Vorliebe für scheinbar Randständiges haben viele dazu verführt, zeichenkundige Empfindlichkeit mit kulturbeflissener Manierlichkeit zu verwechseln. Sie wollen in ihm einen prätentiösen Statthalter fürs Aparte sehen – wohlaufgehoben im ›Grand Hotel Abgrund‹. Diese Marginalisierung zum bloß feinsinnigen Künstlerphilosophen war und ist ein nicht nur von marxistischer Seite unternommener Versuch, das, wofür der Name Adorno steht, auf den Hund zu bringen. Der Abgrund war für Adorno, der die Gefahr noch im Vertrautesten aufspürte, allgegenwärtig. Seine Berichte aus dem Alltag sind weniger Spiegelungen des Großen im Kleinen, sie erzählen vielmehr – und zuweilen ganz unfein – von dem nächsten Schritt des Denkens, der in den Abgrund, unter die Räder führen kann.« Silvia Bovenschen: »Hundstage«, in: Theodor W. Adorno Archiv (Hg.): *Frankfurter Adorno Blätter*, 4 (1992), S. 140.
19 Ebd.

so eine feine schmale Bahn zum Schreiten.« (1,30) Dem Seiltänzer wie dem Höflichen bleibt nur eine feine schmale Bahn zum Gehen. Die Vorgehensweise beider besteht in einem aufmerksamen Achtgeben auf den dicht neben dem Abgrund verlaufenden, rechten Weg.

Walsers Höflichkeit bzw. seine scheinbare Unterordnung unter die herrschenden Vorstellungen vom menschlichen Umgang ist weder blind noch unreflektiert. Sie ist vielmehr nuanciert und taktvoll; eine Eigenschaft, die von Theodor W. Adorno in einer »Zur Dialektik des Takts« betitelten Reflexion genauer entwickelt wird. Takt wie Höflichkeit betreiben den eigentlich unmöglichen Versuch, sich auf dem schmalen Grat zwischen schrankenloser Selbstbestimmung und blinder Konformität zu bewegen. Wie kann man, so lässt sich mit Walser, Adorno und Derrida fragen, eine Haltung bzw. ein Vorgehen entwickeln, das sich weder auf die absolute Freiheit des Individuums noch auf die unreflektierte Imitation starr vorgegebener Verhaltensweisen festlegt? Der über Takt verfügende Höfliche »ordnet sich nicht einfach der zeremonialen Konvention unter«[20] – auch wenn das auf den ersten, unaufmerksamen Blick so aussehen mag –, sondern versucht sein Handeln der jeweilig individuellen Situation anzupassen, ohne in einen *Nominalismus des Takts* zu verfallen, der glaubt, jeglichen Bezug zur Allgemeinheit überlieferter Formen aufgeben zu können: »Takt ist eine Differenzbestimmung. Er besteht in wissenden Abweichungen. Indem er jedoch als emanzipierter dem Individuum als absolutem gegenübertritt, ohne ein Allgemeines, wovon er differieren könnte, verfehlt er das Individuum und tut endlich Unrecht ihm an.«[21] Die *wissende Abweichung* eröffnet die Möglichkeit der Vermittlung zwischen Individuum und Konvention, zwischen Singulärem und Allgemeinem. Sie erlaubt es dem Taktvollen, sich im Zwischen – auf dem schmalen Weg am Rande des Abgrunds – zu halten, einem Weg, der nicht geradlinig verläuft, sondern dessen *Engpässe* und *Wendungen*, d.h. Abweichungen vom gleichförmig nach vorn ausgerichteten Vorgehen aufmerksam nachvollzogen werden müssen. Das Wissen um die Abweichung, die feine Differenz, die mini-

---

20 Adorno: *Minima Moralia*, a.a.O., S. 37. Zur Dialektik des Takts vgl. das Kapitel »Keeping Up Appearances: The Dialectic of Tact in Adornos«, in: David Michael Kleinberg-Levin: *Gestures of Ethical Life. Reading Hölderlin's Question of Measure After Heidegger*, Stanford 2005, S. 94–141.
21 Adorno: *Minima Moralia*, a.a.O., S. 38.

male Aberration von der Norm hält den Takt an seinem paradoxen Ort. Es ermöglicht die Unmöglichkeit, im Zeitalter einer »gebrochenen und doch noch gegenwärtigen Konvention«[22] höflich zu sein, d.h. zwischen zeremonieller Form und individuellem Freiheitsanspruch zu vermitteln.[23] Jakob von Gunten verkörpert diese von Adorno beschriebene unmögliche Position des Takts. Einem Adelsgeschlecht entstammend, findet sich Jakob, sowohl seiner ökonomischen als auch seiner sozialen Privilegien beraubt, in der Lage wieder, Höflichkeit und Takt – traditionell Eigenschaften des Adels[24] – in einem Institut erlernen zu müssen, um diese dann als Möglichkeit zu nutzen, den nicht mehr gesicherten Lebensunterhalt verdienen zu können. Dieter Borchmeyer liest entsprechend den Eintritt ins Institut als einen »umgestülpten Aristokratismus«,[25] der in der Affirmation der Unterordnung unter bürgerliche Moralvorstellungen besteht.

Für Adorno hat der Takt einen exakt zu bestimmenden geschichtlichen Ort: »Hat doch Takt seine genaue historische Stunde. Es ist die, in welcher das bürgerliche Individuum des absolutistischen Zwangs ledig ward. Frei und einsam steht es für sich selber ein, während die vom Absolutismus entwickelten Formen hierarchischer Achtung und Rücksicht, ihres ökonomischen Grundes und ihrer bedrohlichen Gewalt entäußert, gerade noch gegenwärtig genug sind, um das Zusammenleben innerhalb bevorzugter Gruppen erträglich zu machen.«[26] Die von Walser in *Jakob von Gunten* beschriebenen Methoden und die in *Fritz Kochers Aufsätze* entwickelte Theorie der Höflichkeit opponieren gegen die in der modernen Industriegesellschaft wirksame Tendenz, die Differenz zwischen Adel und Bürgertum einzuebnen. Nur indem der Adel seine Privilegien und hierarchischen Formen des Umgangs auch in der bürgerlich-proletarischen Moderne bewahrt – und sei es als Diener[27] – oder das Bürgertum diese übernimmt, bleibt die Voraussetzung des Takts, der »gleichsam paradoxe Einstand

---

22 Ebd.
23 Dieses Wissen wirft auch ein Licht auf Walsers eigentümliche Affinität zum Adel.
24 Vgl. Norbert Elias: *Die höfische Gesellschaft*, Neuwied, Berlin 1969.
25 Borchmeyer: *Dienst und Herrschaft*, a.a.O., S.13.
26 Adorno: *Minima Moralia*, a.a.O., S. 36f.
27 Zur Figur des Dieners im Werk Walsers vgl. Borchmeyer: *Dienst und Herrschaft*, a.a.O.

von Absolutismus und Liberalität«,[28] gewahrt. »Die in sich gebrochene und doch noch gegenwärtige Konvention«,[29] für Adorno unrettbar verloren, wird im Erziehungsinstitut Benjamenta und in Fritz Kochers Schulstunden noch einmal beschworen, ohne jedoch verwirklicht werden zu können. Man denke an das Ende des Romans: Das Institut schließt und Jakob und Herr Benjamenta entscheiden sich, in die Wüste zu gehen; ein Ort der absoluten Gleich- und Ununterschiedenheit. Takt als eine Form der »Differenzbestimmung«[30] wird hier überflüssig, da in der Einsamkeit und Gleichförmigkeit der Wüste jeglicher Maßstab verloren geht, an dem sich ein taktvolles Verhalten orientieren könnte. Nur durch den Bezug auf eine gültige Konvention, von der der Taktvolle leicht abweicht, lässt sich Höflichkeit als Möglichkeit denken, das Zusammenleben der Menschen human zu organisieren. Die in einer hierarchisch gegliederten Gesellschaft vorgegebenen allgemeinen Regeln und Konventionen sind als Ausgangs- und Bezugspunkt notwendig, um Takt als das Wissen von der nuancierten, feinen Abweichung zu ermöglichen.

In der Sammlung kurzer Prosaskizzen *Der Commis. Eine Art Illustration*, die auf *Fritz Kochers Aufsätze* folgen, stößt der Erzähler auf das Problem, wie sich die Höflichkeit des Commis, d.h. seine *Tadellosigkeit* wiedergeben lässt: »Jedermann wird zugeben, daß es für mich viel schwerer ist, sein tadelloses Wesen zu nüancieren, als wenn er sich nicht einwandfrei darstellte.« (1,55) Das *Nüancieren*, unter dem Titel »Ein neuer Gesellschafter« eingeführt, wird zu einem Darstellungsprinzip des Schriftstellers erhoben, welches ihm erlaubt, die Feinheit des tadellosen Verhaltens wiederzugeben. Es bedarf einer differenzierten, nuancierten Vorgehensweise, um die Schattierungen und Feinheiten der Wirklichkeit angemessen darzustellen. Doch kann man die Nuance zu einer Methode oder einem Prinzip machen? Oder ist sie genau das, was sich einer solchen Fixierung entzieht, deren schillernde Schattierungen nicht im Wort aufgehen? Verhält man sich noch nuanciert, wenn man glaubt, die Nuance an sich erkannt zu haben? Was ist die Beziehung zwischen der nuancierten Wirklichkeit und ihrer nuancierten Darstellung?

Die Nuance wird im Text Walsers nicht einfach nur benannt, son-

---

28 Adorno: *Minima Moralia*, a.a.O., S. 37.
29 Ebd.
30 Ebd., S. 38.

dern wird vielmehr in seinem Verlauf als Verfahren sichtbar. Dieser Vorgang rückt den geschriebenen Text in die Nähe der Zeichnung und der Malerei, wie es schon im Titel angedeutet wird: *Der Commis. Eine Art Illustration*.[31] *Nüancieren* ist ein illustrierendes Vorgehen, das zwischen Zeichnen und Schreiben schwankt, es ist der fließende Übergang zwischen beiden. Man beachte, wie im folgenden Abschnitt der Erzähler in der Beschreibung seiner Tätigkeit von der *Zeichnung* über die *Nüancierung* zum *schreiblustigen Autor* übergeht: »Geschieht das absichtlich [das tadellose Benehmen, J.K.], um mir eine bequeme Zeichnung seiner Person zu erschweren? Merkt der Bursche, wohinaus es mit ihm soll? Ah, Commis sind schlau! Jedermann wird zugeben, daß es für mich viel schwerer ist, sein tadelloses Wesen zu nüancieren, als wenn er sich nicht einwandfrei darstellte. Fehler und Schwachheiten an einem Menschen bieten einem schreiblustigen Autor die beste Gelegenheit, rasch zu Witz zu kommen, also rasch berühmt zu werden, also rasch Vermögen zu machen.« (1,55) Der Erzähler ist nicht einfach ein *schreiblustiger Autor*, da das Verhalten des Commis – der zu beschreibende Gegenstand – sich einwandfrei darstellt und seine Zeichnung, sein Umriss, seine leise Abweichung nur in der feinen Nuance sichtbar wird. Diese kann nicht durch eine herkömmliche Methode des Schreibens, die schnell *berühmt* und *reich* macht, dargestellt werden. Vielmehr nähert sich der Erzähler dem Zeichner oder Illustrator, der die Schattierungen und verschwimmenden Grenzen der Dinge in all ihrer Differenziertheit wiedergibt. Erschwert ist die Darstellung durch die kaum wahrzunehmenden Abweichungen, welche die Individualität des Commis von der allgemein gültigen Norm der Höflichkeit unterscheidet, die aber den Grund für seine Tadellosigkeit ausmachen.

Die Nuance unterbricht die *Schreiblust* des Schriftstellers. Seine Leichtigkeit basiert auf dieser Unterbrechung, basiert auf dieser Schwere und Schwierigkeit, die den fortlaufenden Schreibprozess zäsuriert. Das fast zu tadellose Benehmen des Commis – *Er benimmt sich fast zu tadellos* –, in dem die leise Abweichung, die die Höflichkeit auszeichnet, aufscheint, wird zum Gegenstand der Darstellung. Zwischen *tadellos* und *fast zu tadellos* liegt der Unterschied der Nuance,

---

31 Zur Thematik der Illustration des Commis vgl. Andreas Georg Müller: *Mit Fritz Kocher in der Schule der Moderne. Studien zu Robert Walsers Frühwerk*, Tübingen, Basel 2007, S. 83ff.

die der Schriftsteller versucht einzufangen. Das Schreiben der Nuance ist kein Leichtes, sondern kann schwerfallen. In der Prosaskizze »Der Wald«, die den Band *Fritz Kochers Aufsätze* abschließt, kommt diese Schwere erneut zur Sprache: »Über etwas Schönes exakt und bestimmt schreiben, ist schwer. Gedanken fliegen um das Schöne wie trunkene Schmetterlinge, ohne zum Ziel und festen Punkt zu kommen.« (1,106) Die Bahn, auf der sich die Beschreibung des Schönen bewegt, ist keine durchgängige, da dem Schriftsteller jeglicher Anhaltspunkt entzogen ist, an welchem sich sein Schreiben orientieren könnte. Ohne eindeutiges Ziel und Ort umschwirren die Gedanken des Künstlers ihren Gegenstand, können aber aufgrund ihrer Flüchtigkeit nicht in eine deutliche, einsinnige Form gebracht werden. Zwar bleiben die Gedanken auf das Schöne bezogen, doch ist ihre Bewegung plötzlichen Richtungswechseln unterworfen, gehen sie in die Irre.

Die Nuance, die als feine Schattierung an den Rändern der Phänomene statthat, hebt die scharfe Abgeschieden- und Begrenztheit der Dinge auf: »Alle hör- und sichtbaren Töne und Farben gingen ineinander über. Freundlicher, nachbarlicher als sonst schienen alle alten und jungen Menschen auszusehen. Alle guten Dinge schienen einander nah verwandt; alles war angenehm erregt, beseelt, belebt. Alles Verschiedene, Zerstreute hing zu einem wohlwollenden, glücklichen Ganzen zusammen.« (3,66) Im leisen Ineinanderübergehen gerät die Welt als Ganzes zu einem Zusammenhang. Die Dinge – nicht mehr vereinzelt und isoliert – treten zueinander und nähern sich einander an. Die nuancierte Wahrnehmung macht die Welt nicht zu einer ununterschiedenen Einheit, in der alle Differenzen ausgelöscht wären, sondern erlaubt es, die *nahe Verwandtschaft* des Wahrgenommenen zu erkennen. Alles hängt zusammen und bleibt doch getrennt. Das Verwandte ist gleichzeitig das Eigene und das Andere, zugleich Versammlung und Zerstreuung. Alter und Jugend, Identität und Differenz werden im nuancierten Blick des Erzählers als Belebtes und Beseeltes simultan erfahrbar.[32]

---

32 Marianne Schuller macht in einer Lektüre des Stücks »Asche, Nadel, Bleistift und Zundhölzchen« auf die Bedeutung der Beseelung als Form der Personifikation und Anthropomorphisierung bei Walser aufmerksam. Vgl. Schuller: »Robert Walsers Poetik des Winzigen«, in: Groddeck u.a. (Hg.): *Robert Walsers ›Ferne Nähe‹*, a.a.O., S. 76ff.

Indem das Ganze als Zusammenhang vorgestellt wird, kann dieses sowohl als einheitlich als auch in sich unterschieden aufgefasst werden. *Alles Verschiedene und Zerstreute* tritt zusammen, geht ineinander über, ohne jedoch in einer homogenen Einheit aufzugehen. Die Grenzen verschwimmen derart, dass nicht nur ihr Trennendes, sondern auch ihr Verbindendes wahrgenommen wird. Die Wahrnehmung des Erzählers, die dies ermöglicht, ist ausschließlich auf die Oberfläche der Dinge, auf die Töne und Farben gerichtet. Im Modus des Scheins und der Erscheinung wird die Welt in ihrer schieren Phänomenalität erkennbar. Es wird möglich, Oberflächen gleichzeitig in ihrer doppelten Verfasstheit als Abgrenzendes und Eröffnendes anzusehen. Sie stellen keine festen Abschlüsse dar, sie zeigen im nuancierten Blick und im aufmerksamen Horchen ihre Diffusität. Die vibrierende Lebendigkeit – *alles war angenehm erregt, beseelt, belebt* – lässt die Welt als Ganzes erzittern. Erregung, Beseeltheit und Lebendigkeit manifestieren sich an der Oberfläche, der äußeren Grenze und lassen diese vibrieren. Das Wesen ist nicht tief im Inneren der Dinge verborgen, sondern manifestiert sich als ein Oberflächenphänomen.

Im »Brief eines Maler an einen Dichter«, in dem Walser die Nähe von Schreiben und Malen diskutiert, macht der briefschreibende Maler auf die Bedeutung der Sichtbarkeit der Natur im Medium der Luft aufmerksam: »Ferner bitte ich dich, bedenken zu wollen, daß sich alles immer ändert, die Tageszeiten, Morgen, Mittag und Abend, daß die Luft an und für sich schon etwas sehr Eigentümliches, Seltsames, Schwimmendes ist, das alle Erscheinungen umschwimmt, allem Gegenständlichen vielerlei befremdende Gesichter gibt, die Formen verwandelt, verzaubert.« (3,15) Die Luft ist in dieser Passage kein neutrales Medium, in dem sich die Dinge, von diesem unberührt, zeigen; vielmehr affiziert die Umgebung die Gegenstände, welche sie derart erscheinen lassen, dass ihre deutliche Wahrnehmung verunmöglicht wird. Das *Eigentümliche, Seltsame, Schwimmende* nuanciert alles Gegenständliche. Die Dinge sind im Fluss; im ständigen Wandel begriffen, verbleiben sie undeutlich. Ihre Formen haben keinen Bestand, sie verwandeln sich, *verzaubert* durch die Luft, welche die Umrisse der Gestalten zu feinen Mischungen und Schattierungen verschwimmen lässt, und die Gegenstände zu *Gegenständlichkeiten* verfremdet. Nuanciert, langsam verblassend, *von den hereinbrechenden Rändern* verschwimmend zeigt sich die Natur in ihrer verzaubernden Wandelbarkeit. Der Maler nimmt die Welt als ein Gemisch und ein Gemenge wahr, welche sich der Fixierung im Bild entzieht: »Stelle dir nun Pinsel und Palette, die ganze Langsamkeit des Handwerkzeuges, des handwerklichen Betriebes lebhaft vor, womit der ungeduldig drängende Maler die tausend merkwürdigen, vagen, hin und her verstreuten Schönheiten, die dem Auge vielfach nur fluchtartig begegnen, einfangen, in ein Festes, Bleibendes bannen, zu blitzenden, aus der Bildseele mächtig aufleuchtenden, lebendigen Bildern umschaffen soll: dann wirst du den Kampf verstehen, dann begreifst du ein Zittern!« (3,15) Die Nuance ist ein Phänomen der Flüchtigkeit. Der Versuch, die sich ständig wandelnde Natur in der Malerei als etwas Festes und Bleibendes darzustellen, wird zu einem Kampf. Schwere und Leichtigkeit der Darstellung sind, *Glück* und *Schmerz* verbindend, weder strikt geschieden noch einfach identisch: »Die Natur, Bruder, ist auf so geheimnisvolle unerschöpfliche Weise groß, daß man, wo man sie genießt, auch bereits schon unter ihr leidet; aber es fällt mir ein, mich glauben zu machen, daß es ja auf der Welt vielleicht überhaupt kein Glück ohne Beimischungen von Schmerz gibt, womit ich dir und mir selber recht eigentlich ganz einfach nur sagen will, daß ich stark kämpfe.« (3,14) Jedem *Glück* ist ein *Schmerz*, jeder Leichtigkeit eine Schwere beigemischt. Das Wort *Beimischung* verdeutlicht das Ineinander dieser sich eigentlich ausschließenden Tendenzen. Weder gehen beide völlig ineinander auf, noch stehen sie sich getrennt gegenüber – sie sind *beigemischt*. Das Verstehen und Begreifen des Kampfes ist von der Unbestimmtheit des Zitterns berührt, denn es ist gerade das Zittern der Natur, welches die Vorgehensweise des Malers erschwert und sie zu einem Kampf macht, in dem die beiden Gegner nicht mehr deutlich voneinander zu unterscheiden sind. Das Feste und Bleibende, in das der Künstler die Natur verwandelt, muss lebendig bleiben, es muss erzittern, will es die schwebenden Beimischungen der *Gegenständlichkeiten* einfangen. Das Abbild der Wirklichkeit im Kunstwerk entspringt nicht nur aus einem Kampf des Malers mit seinem Gegenstand, sondern wird selber zum Kampf, in dem alles Feste und Begrenzte sich lockert und die Darstellung zu zittern beginnt. Die Aufgabe des zitternden Malers – wie die seines Bruders, des Dichters[33] – besteht im

---

33 Die Beziehung von Robert Walser zu seinem Bruder Karl, einem erfolgreichen Maler und Illustrator, muss sicherlich als einer der Kontexte für Walsers

kämpfenden Umschreiben der vagen und verstreuten Schönheit der Natur in *lebendige* und *leuchtende* Bilder.

In der sprachwissenschaftlichen Forschung ist die Herkunft des französischen Wortes *Nuance* nicht unumstritten: »Nuance ›Farbenabstufung‹ 17. Jhdt., ist vielleicht in Anlehnung an *nue* ›Wolke‹, möglicherweise aber auch unabhängig (vgl. *nappe, natte, nëfle*) umgebildetes afrz. *muance* ›Wechsel‹ ›Variation‹, vgl. Namur *muwance* ›Variation von Farben, Tönen‹; dieses ist Abl. von afrz. *muer* ›ändern‹, ›wechseln‹ aus lat. Mutare, s. *mue*; von *nuance* rückgebildet ist seit dem 17. Jhdt. belegtes *nuer* ›abstufen‹, ›abschattieren‹. Abl. von *nue* ›Wolke‹, [...] ist begrifflich schwierig.«[34] Eleanor Webster Bulatkin hat vorgeschlagen, dieses Wortfeld um eine weitere Schattierung zu erweitern: »A suggestion as to the semantic milieu in which the usage of the verb nuer originated is offered in the fact that a large number of its attestations occur in context having to do with ornamental textile fabrics and in the fact that numerous definitions mention that the word is used in connection with the tapestry weaving.«[35] Nicht nur die Schattierung steht am wolkigen Ursprung des Wortes Nuance, sondern auch das Weben. Das Verb *nuer* bezeichnet im 17. Jahrhundert einen Vorgang der Gobelinweberei,[36] in der verschiedenfarbige Fäden derart miteinander verknüpft werden, dass der Übergang von einer Farbe zur anderen für das Auge angenehm, d.h. nicht zu scharf erscheint. Der feine, unmerkliche Übergang ist das Produkt einer Technik. Die Nuance wird gemacht. Webster Bulatkin zitiert mehrere Texte des späten 17. und des frühen 18. Jahrhunderts, so unter anderen Nathanael Duez (1659): »Faire des nuances ou nua-

---

Auseinandersetzung mit der Malerei gelten. Speziell zum Text »Leben eines Malers« vgl. Anna Fattori: »Karl und Robert Walser: Bild(er) und Text in *Leben eines Malers*«, in: dies. und Gigerl (Hg.): *Bildersprache, Klangfiguren. Spielformen der Intermedialität bei Robert Walser*, a.a.O., S. 89–106.

34 Vgl. Ernst Gamillscheg: *Etymologisches Wörterbuch der französischen Sprache*, in: Eleanor Webster Bulatkin: »The French Word *Nuance*«, in: *Publications of the Modern Language Association of America*, 70,1 (1955), S. 244-273, hier S. 244. Vgl. auch Mario Wandruszka: »La Nuance«, in: *Zeitschrift für romanische Philologie*, 70 (1954), S. 233-248.
35 Ebd., S. 247.
36 Zur Bedeutung der Teppichweberei vgl. Kerstin Gräfin von Schwerin: »›Eine nicht uninteressante kunstgewerbliche Spielerei‹. Spinnengewebe und Teppichweberei im Werk von Robert Walser und Paul Klee«, in: Groddeck u.a. (Hg.): *Robert Walsers ›Ferne Nähe‹*, a.a.O., S. 265-276.

ges, far le ombre delle pitture e tapezzarie, ombregiare«; Furetière (1691): »Disposer des couleurs selon leur nuances, les diminuër ou augmenter doucement et insensiblement«; Académie (1694): »Assortir des couleurs dans des ouvrages de laine ou de soye, de maniere qu'il se fasse une diminution insensible d'une couleur à l'autre«; Richelet (1711): »Mêler dans une tapisserie les laines de different couleur, [...] et qui fait une maniere d'ombre«;[37] und sie kommt zu dem Schluss: »From these definitions it may be inferred that toward the beginning of the eighteenth century the word nuer was understood to convey a meaning ›to arrange the colored wools used in tapestry and embroidery so that, in the images portrayed, the transition between the values of the shadows is imperceptible, and the juxtaposition of the hues is agreeable‹.«[38] Das abstrakte Substantiv *Nuance* bezeichnet demnach einen eigentlich nicht oder kaum wahrzunehmenden Übergang, eine unscharfe Grenze zwischen zwei Farben, die jedoch das Resultat eines Handwerks, der Technik des Webens darstellt. Durch das Geschick des Webers wird eine strenge und deutliche Scheidung zwischen den Farben aufgelöst und verschwimmt zu einem langsamen, graduellen Übergang. Weben ist eine Kunst des Grades, nicht des Körpers, so ließe sich mit Ludwig Hohl Webster Bulatkins sprachwissenschaftliche Rekonstruktion zusammenfassen. Diese feine Kunst des Übergangs, die etwas fast nicht Wahrzunehmendes herstellt, diese Kunst der Nuance ist zu Beginn des 18. Jahrhunderts eine Technik, ein Handwerk, ein Kunstgriff. Das scheinbar bruchlose, unscharfe Ineinanderübergehen der Farben – der nuancierte Übergang verwehrt die Möglichkeit zu entscheiden, wo eine Farbe endet und wo die nächste beginnt – ist der Effekt einer Webetechnik, deren Herstellungsverfahren jedoch zunächst nicht sichtbar ist. Die Nuance verbirgt ihre eigene Gemachtheit. Es bedarf eines Blicks auf die Rückseite des Teppichs, welcher die einzelnen Verknüpfungen wahrnimmt, um zu einer Analytik der Nuance zu gelangen. Ein solches analytisches Vorgehen müsste die Frage nach der Materialität der Nuance stellen. Gibt es so etwas wie eine Grammatik oder Rhetorik der Nuance?

---

37 Zu den genauen Angaben vgl. Webster Bulatkin: »The French Word *Nuance*«, in: *Publications of the Modern Language Association of America*, a.a.O., S. 248.
38 Ebd.

Nicht nur die Übergänge, die Randgebiete und Begrenzungen der Farben sind von der Nuance berührt und ihrer scheinbaren Eindeutigkeit beraubt, sondern gerade auch ihr Körper oder Wesen wird relativ und kontingent: »[E]very graduation in the hue or value of a color may be theoretically conceived as a nuance of another graduation, it would follow that the concept which this word expresses is essentially one of relativism and contingency.«[39]

Kunst ist ein Grad, kein Körper (Hohl), oder, um Paul Verlaine zu zitieren: »Car nous voulons la Nuance encor', pas la couleur, rien que la nuance!«[40] Diese Vorstellung einer nuancierten *Art poétique* setzt den Glauben an die Gegebenheit deutlich geschiedener Einheiten in der Kunst – nicht nur in der Gobelinweberei, sondern auch gerade in der Literatur – aus. Schreiben ist wie das Weben eine Kunst der leisen, nuancierten Übergänge, die von den Rändern ins Innere der Worte und Farben einbrechen und sie der Kontingenz aussetzen. Das Schreiben eines Texts gleicht dem Weben eines Textils. An dieser Stelle sei auf die lateinische Herkunft des Wortes Text hingewiesen, das ursprünglich soviel wie Gewebe bedeutet.[41]

Es war der Abbé d'Aubignac, der im Jahr 1657 – in seiner Abhandlung *La Pratique du Théâtre* – als einer der ersten das Wort *Nuance* aus der Sprache des Handwerks in einen poetologischen Kontext übersetzt: »Et comme les entendus aux *nuances* n'approchent point des couleurs extrémes, parce qu'elles seroient trop rudes; il ne faut pas non plus dans les passions du Theatre tomber d'une extremité à l'autre, ny faire cesser tout à coup une grande agitation, sans y apporter quelque discours raisonnabler, pour mieux réjoindre la tranquillité des Scénes suivantes«.[42] Als ein Stilmittel, allzu scharfe Übergänge zu vermeiden, setzt der die Nuancierung erlernende Schriftsteller diese Technik ein, um ein harmonisches Gan-

---

39 Ebd., S. 262.
40 Paul Verlaine: »Art Poétique«, in: ders.: *Œuvres Poétiques*, Paris 1995.
41 Zur Identifikation von Text und Gewebe vgl. Barthes: *Die Lust am Text*, a.a.O., S. 94: »Text heißt Gewebe; aber während man dieses Gewebe bisher immer als ein Produkt, einen fertigen Schleier aufgefaßt hat, hinter dem sich, mehr oder weniger verborgen, der Sinn (die Wahrheit) aufhält, betonen wir jetzt bei dem Gewebe die generative Vorstellung, daß der Text durch ein ständiges Flechten entsteht und sich selbst bearbeitet«.
42 Abbé d'Aubignac: *La Pratique du Théâtre*, zitiert nach: Webster Bulatkin: »The French Word *Nuance*«, in: *Publications of the Modern Language Association of America*, a.a.O., S. 265.

zes aus dem Wechsel von leidenschaftlichen und ruhigen Szenen herzustellen. Diese Passagen der fließenden Übergänge sind durch ihren rationalen Charakter gekennzeichnet. Was der Abbé d'Aubignac empfiehlt, so ließe sich formulieren, ist der Wechsel verschiedener Diskursformen; ein Mittel, welches sich auch durchgängig in der Prosa Robert Walsers wiederfinden lässt.

Die sprachlichen Nuancierungen in Walsers Texten gehen jedoch über diese rein inhaltliche Ebene hinaus. Jeder Satz, ja fast jedes einzelne Wort, ist abgestuft, schattiert. Als Beispiel mag Walsers uneinheitlicher Gebrauch des Wortes *Nuance* gelten, welches er an einer Stelle mit *ü* und an anderer mit *u* schreibt: *Nüance und Nuance*. Die Fremdheit des französischen Wortes Nuance im deutschsprachigen Text wird durch die Unentschiedenheit zwischen *u* und *ü* intensiviert. Die scheinbar ungeschickte Eindeutschung, d.h. die Anpassung des Schriftbildes an die geläufige deutsche Orthografie, verdeutlicht bei genauerem Hinsehen die »Verschlagenheit«[43] des Fremdworts ins Deutsche.[44] Walser nuanciert die Nuance[45] durch eine leichte und feine Schattierung des Wortbilds, welche nur grafisch, nicht jedoch klanglich wahrzunehmen ist. Eleanor Webster Bulatkin macht darauf aufmerksam, dass die erste Verwendung des Worts *Nuance* in linguistischem Kontext – in Antoine Gombaud, Chevalier de Mérés *Les Discours* aus dem Jahr 1676 – sich mit dem Thema der Fremdsprachen befasst: »Also to be found in *Les Discours* of Méré is the earliest usage known to me of the word *nuance* with reference to language. Here, in a passage which treats the problem of speaking a foreign tongue, the Chevalier uses the word to denote that gradation of linguistic expression which constitutes the most exact and appropriate means of conveying a given idea: ›L'extrême difficulté ne paroit qu'à penser sur chaque sujet ce qu'il y a de meilleur à dire, et à trouver dans le language je ne sai quelles *nuances*, qui dépendent de

---

43 Zum Begriff des Verschlagenseins vgl. Theodor W. Adorno: »Rede über Lyrik und Gesellschaft«, in: ders.: *Noten zur Literatur*, a.a.O., S. 48–68, hier S. 67.
44 Zum Problem der Fremdwörter in Walsers Sprache vgl. die Beiträge in Peter Utz (Hg.): *Wärmende Fremde. Robert Walser und seine Übersetzer im Gespräch*, Bern, Frankfurt 1994.
45 Zum Konzept der Überbietung der Nuance durch die Nuance, vgl. Adorno: *Minima Moralia*, a.a.O., S. 295.

se connoitre en ce qui sied le mieux en fait d'expressions««.[46] Auch im sozialen Kontext ist der Begriff der Nuance im 18. Jahrhundert von Bedeutung, insofern er als eine Unterscheidungsfähigkeit bzw. als eine Form der Höflichkeit angesehen wird: »Suivant les différences du rang, du mérite personnel, de la réputation, il donnait à sa politesse, à sa politesse, à ses égardes, les *nuances* que ces différences exigent.«[47] Es ist dabei nicht nur die Verwendung eines Fremdworts aus dem französischen Sprachraum, welche die Geläufigkeit und Einheit des Deutschen unterbricht, sondern dieses *Wort aus der Fremde* wird selbst noch einmal fast unmerklich verändert, die Nuance – zwischen *ü* und *u* verhaltend – nuanciert.

Die Verbindung von Gesellschaftlichem und Ästhetischem im Begriff der Nuance nimmt ca. 250 Jahre später Theodor W. Adorno in der Fragmentsammlung *Minima Moralia* wieder auf, in der er die Vision einer nuancierten Sprache der Höflichkeit skizziert. Wie könnte die von Adorno geforderte Nuancierung der Nuance im *Reich der Höflichkeit* aussehen, die nicht in einem einfachen Überbieten besteht? Wie verhält man sich höflich, d.h. nuanciert? Wie kann man die Nuance retten, ohne in einen »Nominalismus des Takts«[48] oder die schiere Wiederholung einer zeremoniellen Konvention zu verfallen? Gibt es ein Verhalten, das sich durch feine Differenzbestimmungen auf den überlieferten Regelkanon bezieht und gleichzeitig der Singularität jeder einzelnen Situation Rechnung trägt? Es geht dabei nicht um eine Verkehrung der Vorstellung von Höflichkeit, wie sie Silvia Bovenschen in einer mit »Lob der Nuance« betitelten Apologie nuancierter Verhaltensweisen kritisiert: »Das Lob der Nuance aber spricht gerade nicht der Beliebigkeit und der Verkehrung das Wort. Die Treue zur Nuance bietet ihrerseits Gewähr, daß es Treue, die diesen Namen verdient, überhaupt geben kann. Treue kann nicht kodifiziert, nicht verordnet werden. Sie ist ein Versprechen, dessen Einlösung sich in jeder Situation, in jeder Konstellation in immer neuen Nuancen neu beweisen muß.«[49] Die Nuance: ein Versprechen.

---

46 Zitiert nach: Webster Bulatkin: »The French Word *Nuance*«, a.a.O., S. 266.
47 Ebd., S. 267. Vgl. dazu das Kapitel »Das Gespür für die Nuance als Ferment barocker Lebenskunst«, in: Wolfgang Lange: *Die Nuance. Kunstgriff und Denkfigur*, München 2005. S. 83–106.
48 Adorno: *Minima Moralia*, a.a.O., S. 38.
49 Silvia Bovenschen: »Lob der Nuance. Zur Rettung des Exzentrischen«, in: *Kursbuch*, 118 (1994), S. 49–64, hier S. 60. Wolfgang Lange: *Die Nuance. Kunst-*

Sie ist nicht eine bloße Bejahung oder Verneinung des Bestehenden, weder Treue noch Verrat am Gegebenen, sondern der Verweis auf eine offene Zukunft.

Die Treue zur Nuance kann sich in der Gegenwart nicht in der unmittelbaren, aktuellen Handlung bewähren, da sie in einem Versprechen besteht, dessen Erfüllung immer nur nachträglich erkennbar ist: »Allenfalls im Rückblick – das ist nach dem Tod eines Menschen – läßt sich ahnen, daß er sich, einem anderen, einer Sache treu geblieben war, und zwar in einer Weise einer flexiblen Beständigkeit.«[50] Der Höfliche, der nicht blind den überkommenen Regeln folgt, sondern sich diesen gegenüber nuanciert, *flexibel beständig* verhält, muss immer damit rechnen, dass sein Benehmen missverstanden wird. Niemand kann endgültig beurteilen, wie nuanciert höfliches Verhalten zu deuten ist. Die strenge Trennung von Höflichkeit und Unhöflichkeit verschwimmt in einer solchen Vorstellung von der Nuance als einer feinen Differenzbestimmung bzw. leichten Abweichung. Ein derart taktvolles Verhalten schließt die Möglichkeit ein, für grob und taktlos gehalten zu werden; der Höfliche läuft Gefahr, für unhöflich zu gelten. Nuancierte Höflichkeit muss sich der Feststellung und Verfestigung zu einem zu befolgenden Programm verweigern, da ein bewusster, wissender Umgang mit der Konvention jede Handlungsaufforderung sofort relativieren würde und sie nur als Hintergrund für ein davon leicht abweichendes Vorgehen ansehen könnte: »Die Möglichkeit, sich selbst nuanciert treu zu bleiben, besteht gerade auch im permanenten Argwohn gegen die eigenen Anfälligkeiten.«[51] Ob eine Handlung einer Situation angemessen ist oder nicht, lässt sich nicht mit absoluter Sicherheit feststellen.[52] Die Treue zur Nuance bleibt ein Versprechen, ist im Kommen begriffen, ohne sich jemals vollständig erfüllen zu können. Die Einlösung des Versprechens bleibt suspendiert, da sich im Moment der Feststellung der prinzipiellen Treue zur Nuance, im Moment der Erfüllung des Versprechens, die verrückende Beweglichkeit des Takts – die nuancierte Höflichkeit – sich zu einer Regeln folgenden und bestätigen-

---

griff und Denkfigur. München 2004.
50 Bovenschen: »Lob der Nuance«, in: *Kursbuch*, 118, a.a.O., S. 60.
51 Ebd.
52 Ebd., S. 55: »Das Gespür für Nuance erlaubt situativ Unterscheidungen, die nicht *prinzipiell*, allenfalls *konstellativ* getroffen werden können.«

den Tatsache, von der nicht mehr abgewichen werden kann, verfestigen würde. Höflichkeit verspricht ihre Erfüllung, verweist auf eine Zukunft, die sich in ihrer Offenheit nicht zu einem unnuancierten Regelkanon festschreiben lässt.

Im Abweichen bzw. dem Nie-ans-Ziel-Kommen des Versprechens, in der prinzipiell notwendigen, endlosen Verzögerung seiner Einlösung eröffnet sich die Potentialität der Höflichkeit. Die Vermittlung von Individuum und Gesellschaft ist aufgeschoben, steht in keiner durchgängig zielgerichteten Beziehung, sondern bleibt ein Entwurf, der exzentrisch, ohne vorgegebene Bahn sich auf dem Weg zu seiner Realisierung verirrt. Auf den Wegen der Höflichkeit nähern sich die Figuren des Spaziergängers und des Höflichen im Bewusstsein von der kleinen, leichten Differenz, die ihr Vorgehen ausmacht. Verirren bedeutet in beiden Fällen nicht einfach die Ersetzung von Zielgerichtetheit durch Ziellosigkeit, vielmehr steht es für die Unmöglichkeit, deutlich zwischen Höflichkeit und Unhöflichkeit zu unterscheiden. Nur in der Suspendierung einer solchen Zuschreibung im Verirren tritt die *wahre Höflichkeit* in Kraft, erhält sich der projektive Charakter der Nuance. *Flexible Beständigkeit* bewegt sich zwischen der »Unterordnung unter die zeremoniale Konvention« und einem von allem »schlecht Auswendigen«[53] emanzipierten, rein individuellen Takt, der, laut Adorno, notwendig zur Lüge degeneriert.[54] Nuancierter Takt markiert die nuancierte Abweichung von der Norm. Er markiert den Ort einer »eigentlich unmöglichen Versöhnung zwischen dem unbestätigten Anspruch der Konvention und dem ungebärdigen des Individuums«.[55] Dieser Ort der Versöhnung bleibt jedoch ein Nicht-Ort – eine Utopie –, kann er doch nur in einer Zukunft erfüllt werden, die ständig kommt, ohne zu sich selbst zu kommen, einer Zukunft ohne Gegenwart. In dem Moment, in welchem die unendliche Oszillation zwischen Allgemeinem und Individuellem zum Stillstand käme, die Nuance sich gewissermaßen *an sich* manifestieren würde, verlöre sie ihre schillernde Beweglichkeit, würde sie zur Eindeutigkeit erstarren. Adornos Wendung von der *wissenden Abweichung* kann daher nicht die bewusste, gewollte Aberration von

---

53 Adorno, *Minima Moralia*, a.a.O., S. 37.
54 Ebd., S. 38: »Schließlich wird der emanzipierte, rein individuelle Takt zur bloßen Lüge.«
55 Ebd., S. 37.

einem Regelkanon meinen, sondern ein Bewusstsein und ein Wissen von der Unmöglichkeit einer bruchlosen Vermittlung zwischen individuellem Anspruch und allgemeingültiger Regel. Wie kann man sich höflich verhalten, wie lässt sich das Wissen um die leichte Differenz bestimmen, d.h. zur Darstellung bringen? Kann man höflich und nuanciert handeln, ohne den zukünftigen, niemals zu sich selbst kommenden Charakter des Takts zu verraten? Lässt sich die Treue zur Nuance darstellen?

Ein entscheidendes Merkmal einer taktvoll nuancierten Vorgehensweise liegt in ihrer Konzeption von Temporalität, die von chronologischen Zeitvorstellungen abweicht. Die *flexible Beständigkeit* des Höflichen stellt die zeitliche Entwicklung als Fortschritt, der linear auf ein Ziel zuhält, in Frage. Wäre die Beziehung zwischen Individuum und Regel eine gerichtete, bestände die Offenheit und Flexibilität der nuancierten Höflichkeit nur in einer noch nicht erfüllten Möglichkeit, die sich jedoch notwendig im Rahmen eines dialektisch-progressiven Prozesses realisiert, dann würde diese nur ein untergeordnetes Moment darstellen, das es zu überwinden und hinter sich zu lassen gilt. Die Qualität der Nuance ergäbe sich nur durch den Bezug auf ihr Aufgehen in einer übergeordneten Versöhnung, in der letztlich jegliche Nuanciertheit ausgelöscht wäre. Demgegenüber bietet das Festhalten am scheinbar Rückständigen und Anachronistischen, also dem, was sich sich einem geradlinigen Fortschrittsdenken entgegenstellt, für Adorno die Chance, eine solche Haltung, welche die Nuancen auslöschen würde, zu unterlaufen: »In einer Ordnung, die das Moderne als rückständig liquidiert, kann solchem Rückständigem, ist es einmal vom Urteil ereilt, die Wahrheit zufallen, über die der historische Prozeß hinwegrollt. Weil keine Wahrheit ausgedrückt werden kann, als die das Subjekt zu füllen vermag, wird der Anachronismus zur Zuflucht des Modernen.«[56] Vielleicht charakterisieren genau diese Zeilen Adornos Walsers Schreiben: die Zuflucht der Moderne im Anachronismus.[57] Der Schriftsteller ist nicht in der Lage, die Wahrheit der Nuance restlos in die Schrift zu stellen, es liegt etwas in ihr, das über die Darstellungsmöglichkeiten des *Fest*schreibenden hinausragt. Höflichkeit als der Verhaltenskodex einer historisch scheinbar überholten Epoche erlaubt den Ausdruck dieses Überschusses der

---

56 Ebd., S. 296.
57 Vgl. das Kapitel »Verspätete Möglichkeiten. Tradition und Potentialität«.

Nuance, den Adorno mit ihrem Wahrheitsgehalt gleichsetzt, und der sich durch kein aktuelles Handeln einholen oder darstellen lässt. An jeder Handlung des Taktvollen haftet dieses *surplus* der Möglichkeit, haftet das Versprechen, der Nuance treu zu sein. Niemals festgestellt, kann dieses *Mehr* der Nuance, das im Verweis auf eine offene Zukunft besteht, auch nicht durch einen auf Vermittlung angelegten Entwicklungsprozess stabilisiert werden. Sollte die Nuance auf diese Weise zur Ruhe gebracht, sollte ihre Potentialität manifest werden, verliert sie ihren potentiell-konstellativen Charakter; ihre Beweglichkeit wäre in einen linearen, Abweichungen ausschließenden oder integrierenden Fortschritt eingepasst. Der *Möglichkeitssinn* der Nuance erhält sich, um mit Robert Musil zu sprechen, im Bruch mit einem zielgerichteten, historischen Prozess, erhält sich im Rückständigen, erhält sich im Anachronismus. Eine solche Haltung ist sowohl Chance als auch Risiko, da es für die nuancierte Höflichkeit kein Kriterium gibt, anhand dessen eindeutig zwischen Höflichkeit und Unhöflichkeit, Modernität und Epigonalität unterschieden werden könnte. Es kommt zur *Gratwanderung* ohne Netz und ohne Konsens in *bedrohlicher Nähe zum Abgrund*. *Immer dicht vor dem Sturze sich bewegend*, achtet der Taktvolle auf den porösen Grund der Höflichkeit. Der Boden, auf dem er sich bewegt, bricht unter seinen Schritten auf, wird zum Hohl- und Schallraum, der das Vorgehen unsicher und linkisch werden lässt.

Neben Adornos *Minima Moralia* stellt eine mit »Höflichkeit« überschriebene Reflexion Walter Benjamins aus dem Jahr 1932 auf ähnliche Weise den projektiv-potentiellen Charakter der nuancierten Höflichkeit aus: »Ein wacher Sinn dagegen für das Extreme, Komische, Private oder Überraschende der Lage ist die Hohe Schule der Höflichkeit. [ ] Geduld ist ohnehin das Kernstück der Höflichkeit und von allen Tugenden vielleicht die einzige, welche sie unverwandelt übernimmt.«[58] Höflichkeit zeichnet sich durch ihren *wachen Sinn*, ihre Aufmerksamkeit aus, welche es erlaubt, das Unvorhergesehene und Plötzliche der Situation wahrzunehmen. *Extremes, Komisches, Privates oder Überraschendes* erkennt nur derjenige, der *Geduld* hat, derjenige, der warten kann, derjenige, der den Verlauf einer Unterhaltung nicht von vornherein in den engen Rahmen eines überkom-

---

58 Walter Benjamin: »Ibizenkische Folge«, in: *Gesammelte Schriften*, Bd. 4,1, a.a.O., S. 402–409, hier S. 402.

menen Regelkanons einfügt. Es bedarf der Fähigkeit, die *Lage* nicht in einem *abstrakten Bild* festzuhalten, da dies nur zu einem unhöflichen bzw. gewalttätigen Verhalten führen würde: »Wer sich von dem abstrakten Bild der Lage, in welcher er mit seinem Partner sich befindet, beherrschen läßt, wird immer nur gewalttätige Versuche, den Sieg in diesem Kampf an sich zu reißen, unternehmen können. Er hat alle Chancen, der Unhöfliche zu bleiben.«[59] Wenn die konkrete Gegebenheit der Situation nicht von abstrakten und allgemein gültigen Regeln und Bildern dominiert wird, wenn der Höfliche auf Nuancen und Details achtet, die sich dem Druck des Allgemeinen und Abstrakten entziehen, kann die *wahre Höflichkeit in Kraft treten*, besteht die Möglichkeit, sich der Unhöflichkeit zu entziehen und die Einzigartigkeit der Begegnung zu erfahren. Die Lage, in der sich der Höfliche befindet, als eine offene zu begreifen, die er nicht sofort durch eine Konvention verfestigt, macht den *Möglichkeitssinn* aus, der in dieser *wahren Höflichkeit* liegt. In ihr eröffnet sich eine Chance, eröffnet sich die Möglichkeit einer anderen, neuen Art von Verhalten, das überraschend eintritt, ohne vom Höflichen intendiert oder kontrolliert werden zu können. Sie eröffnet die Zukunft als Versprechen. Das *Kernstück der Höflichkeit* besteht in der *Geduld*, im Warten, einer Art von Passivität, welche die Bewegung bzw. Beweglichkeit der Situation als eine nicht notwendig zielgerichtete auffasst. Geduldig lässt der Höfliche die Entwicklung ihren Gang gehen und die Dinge auf sich zukommen, geduldig nimmt er das Abweichende der Lage – das *Extreme, Komische, Private* und *Überraschende* – wahr. Seine Haltung ähnelt der, die Adorno in Prousts Schreibweise erkennt: »einem passiven Vermögen, schrankenlos ohne Rückhalt ans Detail sich zu verlieren«.[60] Für Benjamin ist die *wahre Höflichkeit* gerade an eine solche Schrankenlosigkeit gebunden: »Ist das Verhandlungszimmer von den Schranken der Konvention wie eine Stechbahn rings umschlossen, so tritt die wahre Höflichkeit in Kraft, indem sie diese Schranken niederreißt, das heißt den Kampf ins Schrankenlose erweitert, doch zugleich all jene Kräfte und Instanzen, die er ausschloß, als Helfer, Mittler und Versöhner einläßt.«[61] Die Höflichkeit

---

59 Ebd.
60 Adorno: *Minima Moralia*, a.a.O., S. 203.
61 Benjamin: »Ibizenkische Folge«, in: *Gesammelte Schriften*, Bd. 4,1, a.a.O., S. 402.

verspricht ihre Erfüllung, verweist in eine Zukunft, die sich in ihrer Offenheit nicht zu einer unnuancierten Regel festschreiben lässt. Im Abweichen bzw. im Nie-ans-Ziel-Kommen des Versprechens, in der notwendigen, prinzipiell endlosen Verzögerung seiner Einlösung eröffnet sich die Potentialität der nuancierten Höflichkeit.

Die Schrankenlosigkeit des *Reichs der Höflichkeit* ist nicht als ein Zustand zu verstehen, in welchem sich die Handlungen von jeglicher Konvention gelöst hätten, in welchem statt Regelbefolgung nur Willkür und Beliebigkeit herrschen würden. Begrenzende Schranken werden ausgeschlossen bzw. aufgehoben, kehren aber gleichzeitig – anders – zurück. Sie befinden sich nicht mehr am abgrenzenden Rand, sondern sind als Vermittler ins Innere des *Reichs der Höflichkeit* gerückt. Durch die *Erweiterung ins Schrankenlose* brechen die Ränder ins Zentrum ein. Im Vorgang des Freimachens von tradierten Konventionen werden all diese Kräfte und Instanzen als *Helfer, Mittler und Versöhner* in die *wahre Höflichkeit* eingebunden. Durch das Hereinlassen der Schranken, der Ränder und Grenzen treten diese als *Mittler* – als Medium – hervor. An dieser Stelle ist es notwendig anzumerken, dass Benjamin – im Gegensatz zu Adorno – Höflichkeit nicht als eine historisch veraltete Tugend begreift: »Es ist bekannt, wie die beglaubigten Forderungen der Ethik: Aufrichtigkeit, Demut, Nächstenliebe, Mitleid und viele andere im Interessenkampf des Alltags ins Hintertreffen geraten. Desto erstaunlicher, daß man so selten über die Vermittlung nachgedacht hat, die die Menschen seit Jahrtausenden in diesem Konflikt gesucht und gefunden haben.«[62] Für Adorno gewinnt der Takt seine Qualität aus seinem Anachronismus, während bei Benjamin Höflichkeit als eine transhistorische Kategorie gedacht wird. Es wird deutlich, wie in beiden Konzeptionen ein Denken der Höflichkeit gängige Zeitkategorien hintergeht. Im Wechselspiel von *Suchen* und *Finden*, von gleichzeitigem Ausschluss und Einschluss geht die traditionelle Vorstellung von einem Nacheinander zeitlich distinkter Zeitpunkte, d.h. einer linearen Ausgerichtetheit der Zeit verloren. Vorher und nachher, innen und außen, Beschränkung und Schrankenlosigkeit, Höflichkeit und Unhöflichkeit lassen sich nicht mehr trennscharf unterscheiden. Im *Prickeln*, das durch dieses Neben-, Hinter- und Ineinander ausgelöst wird, geschieht die eigentlich unmögliche Versöhnung (Adorno) oder Vermittlung (Ben-

---

62 Ebd.

jamin) von Individualität und Allgemeinheit. Das Medium der Höflichkeit: ein Prickeln, Zittern, in welchem die *beglaubigten Forderungen der Ethik* gesucht und gefunden werden können.

Der *Mittelweg* der Höflichkeit ist kein gerader, zielgerichteter Fortschritt; er stellt vielmehr ein Gewirr von *feinen, zierlichen Gängen, Straßen, Engpässen und Wendungen* dar. Wer sich auf ihm bewegt, hält nicht auf ein vorgegebenes Ziel zu, noch lässt er sich von Regeln leiten. Sein Vorgehen wandelt *schlafwandlerisch* am Abgrund der Unhöflichkeit entlang. Die Chance der Höflichkeit schließt das Risiko der Unhöflichkeit ein. Ihr Verhältnis ähnelt dem, welches die Fortbewegung des Schlafwandlers zum bewussten Fortschreiten des Wachen unterhält. Der Schlafwandler, dessen Gehen scheinbar blind und unbewusst von der Gefahr des Sturzes bedroht ist, zeichnet sich durch eine Sicherheit aus, die sich im wachen Zustand nicht erreichen lässt. In der sprichwörtlichen Wendung von der *schlafwandlerischen Sicherheit* kommt die prekäre Vermittlung, die in der *wahren Höflichkeit* stattfindet, zur Sprache. Wird die Höflichkeit als ein von der Konvention sich freigemachter und freimachender Vorgang angesehen, der diese jedoch nicht völlig negiert, indem der Höfliche geduldig, d.h. passiv das Überraschende und Abweichende der Lage zulässt und wahrnimmt, nähert er sich der passiven Erfahrung des Schlafwandlers, dessen Gehen sich mit größter Sicherheit am Abgrund entlang bewegt, ohne diese Bewegung bewusst kontrollieren und sich orientieren zu können.

Wie lässt sich die Unbewusstheit und Blindheit des Schlafwandlers mit der geforderten Aufmerksamkeit für das Kleinste und Nebensächlichste zusammendenken? Ist die Sicherheit des Schlafwandlers das Resultat einer völligen Unaufmerksamkeit für seine Umgebung oder ist Schlaf vielleicht eine Art von gesteigerter Aufmerksamkeit?

Eine mögliche Antwort bietet erneut Adornos Charakterisierung der proustschen Schreibweise: »Die produktive Kraft zur Einheit ist identisch mit dem passiven Vermögen, schrankenlos, ohne Rückhalt ans Detail sich zu verlieren.«[63] Im *rückhaltlosen Aufgehen* im Detail, in welchem auf paradoxe Weise Aktivität und Passivität, Vermögen und Verlust zueinander treten, besteht laut Adorno das Proust auszeichnende Merkmal, in dessen Schreiben durch die Versenkung ins

---

63 Adorno: »Kleine Proust-Kommentare«, in: ders.: *Noten zur Literatur*, a.a.O., S. 203.

kleinste Bruchstück, welche mit der Aufgabe subjektiver Intentionen zusammenfällt, die unmögliche Versöhnung von Teil und Ganzem gelingt. In Robert Walsers »Der Spaziergang« wird ein solch passives Aufgehen in den *Gegenständlichkeiten* vom Erzähler als notwendiger Bestandteil des Spazierengehens angesprochen: »Die höchsten und niedrigsten, ernstesten wie lustigsten Dinge sind ihm gleicherweise lieb und schön und wert. Keinerlei empfindsamliche Eigenliebe darf er mit sich tragen, vielmehr muß er seinen sorgsamen Blick uneigennützig, unegoistisch überallhin schweifen, herumstreifen lassen, ganz nur im Anschauen und Merken aufzugehen fähig sein, dagegen sich selber, seine eigenen Klagen, Bedürfnisse, Mängel, Entbehrungen gleich wackeren, dienstbereiten, aufopferungsfreudigen, erprobten Feldsoldaten hintanzustellen, gering zu achten oder völlig zu vergessen wissen.« (5,126f.) Die Bewegung des Blicks – sein *Schweifen* und *Herumstreifen* – ähnelt der des Spaziergängers, welcher sich ebenfalls ziellos durch die Landschaft bewegt. Richtungslos, ohne dass er durch äußere Orientierungspunkte geleitet würde, entwickelt sich der *Fortschritt* des irr um sich blickenden Gehenden, der zu vergessen weiß. So wie sich sein Vorgehen als nicht zielgerichtet erweist, sein Gehen die Unterscheidung von Richtung und Richtungslosigkeit verwirrt, so befreien sich seine Blicke von überkommenen Vor- und Einstellungen. *Uneigennützig*, *unegoistisch* und intentionslos konzentriert sich der Spaziergänger ganz auf den Vorgang des Sehens: eine gesteigerte Form der Aufmerksamkeit. Im Versuch, subjektive Verformungen der Wahrnehmung auszuschließen, kommt es nicht etwa zu einem romantischen Aufgehen in der Natur oder einem Verschmelzen von Subjekt und Objekt, sondern zu einer gesteigerten Konzentration. Der schlafwandlerisch vorgehende Spaziergänger geht nicht in den Dingen auf, sondern *ganz nur im Anschauen und Merken*; er ist empfindsam, aber nicht *empfindsamlich*. Ein freier Blick, der die Wahrnehmungsfähigkeit des Spaziergängers nicht durch verfestigte Vorsätze verzerrt bzw. reglementiert, ist die Grundlage dieser Empfindlichkeit. Kategorien wie *hoch* oder *niedrig*, *ernst* oder *lustig* verlieren in einer solchen Vorgehensweise ihre die Wahrnehmung des Gehenden organisierende Funktion. Unterscheidungen sind nicht völlig aufgehoben, ihre Differenz nicht eingeebnet, doch wird ihre traditionelle Wertigkeit zweifelhaft. Die Zuschreibung, ob eine *kleinste Alltäglichkeit lieb, schön und wert* ist oder nicht, lässt sich nicht mehr aus einer allgemeinen, überlieferten Regel oder einer dem Subjekt inhärenten Voreinstellung ableiten. Walsers Wahrnehmung der Welt basiert auf dem Absehen von subjektiven Intentionen, basiert auf einem *passiven Vermögen*, Individualität, eigene *Klagen, Bedürfnisse, Mängel, Entbehrungen hintanzustellen, gering zu achten oder völlig zu vergessen*, basiert auf einem schlafwandlerischen, intentionslosen Vorgehen. Mindestens die beiden letztgenannten Charakterisierungen – das *Geringachten* und das *Vergessen* – stellen Formen des von Adorno beschriebenen *passiven Vermögens* dar, in welchem Aktivität und Passivität, Aufmerksamkeit und Zerstreuung zueinander treten. Schrankenlos schweift der Blick umher, lässt sich gehen und erzielt doch den höchsten Grad an Aufmerksamkeit, der »hart die exakte Wissenschaft« (5,52) streift. Das Vorgehen des Spaziergängers ähnelt dem des Wissenschaftlers, insofern beide versuchen, durch die Ausschaltung von Subjektivität eine gesteigerte, genauere Wahrnehmung der Dinge zu erreichen, und Erkenntnisse nicht von vornherein durch Vorurteile beeinflussen zu lassen. Was jedoch beide trennt, ist das Wissen von der Nuance. Glaubt der Wissenschaftler an die allgemeine Gültigkeit seiner Methode und seiner Beobachtungen, so verhält sich der aufmerksame Spaziergänger – wie der nuanciert Höfliche – solchen Überzeugungen gegenüber skeptisch. Das Vorgehen des Spaziergängers ist nuanciert, seine Vorgehensweise nicht zur Methode erstarrt. Das Abweichende im Gewöhnlichen, das Außergewöhnliche im Alltäglichen ist es, auf das sich seine Aufmerksamkeit richtet. Feine Unterscheidungen wahrnehmend ist er für das empfänglich, was sich der wissenschaftlichen Kategorie entzieht. Nicht die Dinge an sich – ihre Körper – sind von Interesse, sondern ihr Grad, die Orte und Nicht-Orte, an denen sie erzitternd erscheinen und ineinander übergehen. Dem entspricht das nuancierte Vorgehen des Spaziergängers, der sich dort bewegt, wo *umherirrendes Vagabundieren* und *exakte Wissenschaft* sich berühren. Analog zu Benjamins und Adornos Vorstellungen von Höflichkeit ist sie »das wahrhaft Mittlere, die Resultante zwischen den widerstreitenden Komponenten«[64] von Individualität und Konvention, Subjektivität und Objektivität. Als ein solches Medium hat sie jedoch keine feste Identität – *die Höflichkeit ist ein Nichts und sie ist alles, je nachdem, von welcher Seite man sie betrachtet* –, sondern sie muss immer wieder neu und anders als öffnende Möglichkeit

---

64 Benjamin: »Ibizenkische Folge«, a.a.o., S. 402.

und ermöglichende Offenheit erfahren werden. Sie ist die Chance, die Dinge in ihrer feinen Differenziertheit und Nuancierung wahrzunehmen, ohne diese in geläufige Ordnungen einzuschreiben, und sie derart ihrer Feinheit und Leichtigkeit zu berauben. Sie eröffnet einen Raum, in dem Worte und Dinge – es sei daran erinnert, dass der Spaziergänger nicht nur Natur, sondern gerade auch Geschriebenes wahrnimmt – an ihren verschwimmenden Grenzen erfahrbar werden, wo Natur zu Kultur wird und Gegenstände in Schrift übergehen.

Diese *hereinbrechenden Ränder* werden auf der klanglichen Ebene im *vorsichtigen Betonen* der Wörter, die sie nachhallen lassen, für den aufmerksam Horchenden hörbar. Das gesprochene Wort wird *lebendig*, indem es sich dem verhallenden Echo aussetzt. Im nachbleibenden, nachtönenden Hall des Gesprochenen verklingt die eindeutige Beziehung zwischen Laut und Bedeutung. Dem Echo, der Wiederholung des Worts »ist stets auch die Differenz, die Entfernung eingetragen, die Bedingung der Möglichkeit ist von Verschiebungen, Entstellungen, die im Abstand, der zur Wiederholung genutzt wird, stets schon eingreifen / eingegriffen haben können«.[65] Die rhetorische Figur des Echos – die Paronomasie –, die bei gleichbleibendem oder nur wenig verändertem Wortkörper die Bedeutung wechselt, täuscht den Leser oder Hörer über die *wahre* Bedeutung des Wortes.[66] Man denke nur an die im Spaziergang auftauchende Liste *kleiner und großer Gegenständlichkeiten*, in der das *Blatt* sowohl als Teil eines Baumes als auch als Blatt Papier gelesen werden kann: »Höchst liebevoll und aufmerksam muß der, der spaziert, jedes kleinste lebendige Ding, sei es ein Kind, ein Hund, eine Mücke, ein Schmetterling, ein Spatz, ein Wurm, eine Blume, ein Mann, ein Haus, ein Baum, eine Hecke, eine Schnecke, eine Maus, eine Wolke, ein Berg, ein Blatt oder auch nur ein armes weggeworfenes Fetzchen Schreibpapier, auf das vielleicht ein liebes gutes Schulkind seine ersten ungefügen Buchstaben geschrieben hat, studieren und betrachten.«

---

65 Bettine Menke: »Wie man in den Wald hineinruft,... Echos der Übersetzung«, in: Christiaan L. Hart Nibbrig (Hg.): *Übersetzen. Walter Benjamin*, Frankfurt 2001, S. 367–393, hier S. 371.
66 Zu einer rhetorischen Analyse des Echophänomens vgl. John Hollander: *The Figure of Echo. A Mode of Allusion in Milton and After*, Berkeley, Los Angeles, London 1981; Jonathan Culler: »The Call of the Phoneme«, in: ders.: *On Puns. The Foundation of Letters*, Oxford 1988, S. 1–16.

(5,51) Die Tatsache, dass im selben Klang bzw. Wortkörper zwei Bedeutungen zu lesen bzw. hören sind, beruht auf der synonymischen Ersetzung eines Homonyms, welches es Walser erlaubt, das oben beschriebene nuancierte Ineinanderübergehen von Natur und Kultur rhetorisch in Szene zu setzen.

Derselbe Wortkörper, der immer auch anders betont, gehört und gelesen werden kann, erlaubt verschiedene Anklänge und eröffnet die Möglichkeit, das Blatt sowohl als Teil der Liste natürlicher Gegenstände wie *Kind, Hund, Mücke* etc. zu verstehen oder es als Schreibmaterial aufzufassen. Das Wort *Blatt* als Scharnier, das beide Reihen gleichzeitig verbindet und trennt, spielt ironisch mit den durch diese Dopplung entstehenden Bedeutungseffekten. Der Versuch, dieses Oszillieren zwischen den verschiedenen Bedeutungen des gleichen Lautes festzustellen, und das Verständnis des Klangs auf einen deutlich fassbaren, eindeutigen Sinn einzuschränken, wird vom Erzähler der Geschichte »Was eine Frau sagte« als »zu sehr bemüht« kritisiert: »Ich finde, daß vorsichtig, achtungsvolles Betontem weit mehr inneres Leben, also weit mehr Nachhallsfähigkeit innewohne, als stark Gesprochenem, das, weil es sich zu sehr bemüht, zu wirken, von der Wirkungslosigkeit gleichsam aufgegessen wird.« (19,110f.) Im *Nachhall* verlebendigt sich der tote Wortkörper, wird er zum Schwingen, zum Tönen gebracht. Für Walser ist das *innere Leben* der Wörter durch ihren klanglichen Charakter, ihre *Nachhallsfähigkeit* gekennzeichnet, die im *vorsichtigen Betonen* erfahrbar wird. Durch den Verzicht auf *stark Gesprochenes*, d.h. durch die Aufmerksamkeit für die Nuancen des Wortes, seines Klangs und seiner Bedeutungen, die im Echo hörbar werden, lebt dieses in seiner Schwingung fort. Das *lebendige Gedicht,* als welches der Spaziergänger die Natur wahrnimmt, stellt keine starre Gegebenheit dar, die im Nachhinein durch das wiederholende Echo zum Nachhallen gebracht würde. *Vorsichtiges Betonen* macht vielmehr die *Nachhallsfähigkeit*, die jedem Wort und jedem Gedicht innewohnt, hörbar, stellt diese jedoch nicht nachträglich her. Es stellt eine Art von nuancierter Aussprache dar, welches die feinen Differenzen, die zwischen Laut und Bedeutung auftreten, ausstellt, ihnen einen Schallraum gibt, in welchem sie hör- und lesbar werden. Die Möglichkeit von Verschiebungen, Entstellungen, leichten Abweichungen ist im Wortmaterial angelegt und wird vom Sprechenden – *vorsichtig betonend* – aufgerufen, ohne dass sein Betonen völlig kontrollierbar wäre. Er hört auf die Wörter und ihre

Nuancen, eröffnet Echoräume, in denen das schwingende Tönen im Nachhall vom Sprechenden nicht festgehalten oder vereindeutigt werden kann. Dieses Schillern, welches die Lebendigkeit und Beweglichkeit der Wörter ausmacht, wirkt sich auch auf deren Bedeutung aus: Die Entscheidung, ob das *Blatt* Teil der Natur oder Kultur ist, lässt sich im Raum der Nuance nicht abschließend treffen. Die Auflistung der auf dem Spaziergang wahrgenommenen *Gegenständlichkeiten* geht im Nachhall des Wortes *Blatt* in die Irre. Die Erzählung »Der Spaziergang« schreitet nicht Schritt für Schritt auf ein Ziel zu, sondern bricht aus und weicht von einer linearen Entwicklung ab. Der Boden, auf dem der Gehende, wie der Erzähler fortschreitet, ist brüchig und klingt hohl. Jeder Schritt und jedes Wort wird zum Resonanzraum, der die Möglichkeit der leichten Abweichung in sich birgt, und so den Riss zwischen Laut und Bedeutung ausstellt. Sprache, verstanden als das ausgerichtete Nacheinander deutlich voneinander geschiedener Wortkörper und Klänge, wird durch das Nach- und Fortleben des Wortes in seinem tönenden Verklingen ausgesetzt. Wörter gehen ineinander über, sie werden vom Klang des vorhergehenden und des nachfolgenden affiziert. Im Anklang kehrt das scheinbar Abgeschiedene wieder und lässt den Versuch, eine folgerichtige und zielgerichtete Folge von Worten zu etablieren, scheitern. Das Echo verwirrt die lineare Ausgerichtetheit der Wortsprache und erlaubt minimale Aberrationen von ihrem geläufigen Gebrauch.

Aufmerksam für den Klang seiner Schritte – die Vorgehensweise des Gehenden besteht nicht nur im Sehen, sondern gerade auch im Hören[67] – horcht der Spaziergänger wie der Erzähler auf die seinem Fortschreiten eingelassenen Anklänge, die vielleicht nur als Nuance wahrnehmbar sind.

Diese Aufmerksamkeit, die sowohl das Lesen als auch das Schreiben des Spaziergangs kennzeichnet, ist die Einsicht in eine andere Art von Temporalität, in welche der Gehende eintritt. Nachhallende Wörter sind wie Schritte Wiederholungsphänomene. Die *redselige Nymphe* Echo, von der Ovid in den *Metamorphosen* spricht, »verdop-

---

67 Vgl. Peter Utz: *Tanz auf den Rändern. Robert Walsers ›Jetztzeitstil‹*, a.a.O., S. 262: »Dieses innehaltende Horchen gestattet sich Walser in der Bieler Zeit immer wieder. Es gehört, als ihr dialektisches Komplement, zu den Spaziergängen dieser Zeit: Ohne Stillstehen kein Gehen, ohne Horchen kein Weitersprechen. Der große Prosatext *Der Spaziergang* zum Beispiel ist in exemplarischer Weise durch dieses Stillstehen, Horchen, Innehalten rhythmisiert.«

pelt am Ende des Redens die Stimmen und lässt die gehörten Worte zurückkehren«.[68] Wiedergabe im Widerhall, wieder im wider. Das, was *zurückkehrt, die gehörten Worte*, kommt zwar als gleicher Laut wieder, doch durch diesen Nach- und Wi[e]derhall kann der Klang in seinem Verklingen anders verstanden werden, eröffnet sich das Schwanken zwischen Vor- und Nachgängigkeit, zwischen Identität und Differenz. Im *immerwiederkehrenden Sichgleichbleiben* – einer Wendung Walsers aus dem Text »Die leichte Hochachtung«, die versucht, irritierende, d.h. übliche Vorstellungen von Größe und Kleinheit unterlaufende *Alltagssächelchen* zu charakterisieren – wird dieses prekäre Ineinander deutlich: »Ich bin überzeugt, daß man Augen haben muß, die ans Aufmerksamsein gewöhnt sind, um solche nahen und zugleich fernen, solche einfachen und zugleich merkwürdigen Alltagssächelchen zu sehen, die in ihrem immerwiederkehrenden Sichgleichbleiben etwas Köstliches enthalten.« (19,113) Die Wörter kehren wie die *Alltagssächelchen* für den Aufmerksamen wieder, bleiben sich gleich, sodass sich im *Sichgleichbleiben* des Lautes bzw. des Wortkörpers im Nachhall die Möglichkeit der Bedeutungsverschiebung und der leichten Abweichung eröffnet. Sie sind zugleich nah und fern, einfach und merkwürdig. Das *immerwiederkehrende Sichgleichbleiben* des Wortlauts im Echo ist keines, das nicht durch die Wiederholung des Klangs berührt würde. Das Eigene kehrt als Fremdes, kehrt, jede Art von Eigentlichkeit aussetzend, anders zurück. Im Abstand zwischen Hall und Nachhall – und sei er noch so leicht und fein – gehen Wort und Echo – sich überlagernd – ineinander über. Gerade das, was die Worte zum Schwingen bringt, sie verlebendigt, entzieht sie dem verstehen wollenden Zugriff. Das Echo: ein unkontrollierbarer Effekt, der von den *hereinbrechenden Rändern* die Wortkörper ergreift und sie zu nuanciert klingenden Echoräumen aushöhlt.

Walsers nuancierte Verwendung des Wortes *Nüance* verdeutlicht dieses Vorgehen, welches sich gegenüber dem leichten, feinen Zittern der verhallenden Wörter höflich, d.h. aufmerksam verhält. Paul de Mans Beobachtung der Disjunktion von Wort und Satz im Buchstaben – »what is being named here as a disjunction between grammar and meaning, Wort und Satz, in the materiality of the letter:

---

68 Menke: »Wie man in den Wald hineinruft,... Echos der Übersetzung«, in: *Übersetzen. Walter Benjamin*, a.a.O., S. 369.

the independence, or the way in which the letter can disrupt the ostensibly stable meaning of a sentence and introduce in it a slippage by means of which that meaning disappears, evanesces, and by means of which all control over that meaning is lost«[69] – beweist sich am *ü*, das leicht von der geläufigen Schreibweise abweicht und so das Eigene und das Fremde, das Deutsche und das Französische als streng geschiedene Einheiten aufbricht. Durch das minimal abgeänderte Schriftbild, welches die doppelte Fremdheit der Nuance durch die scheinbare Eindeutschung markiert, spricht das *ü* in der *Nüance* vom Anderen im Eigenen. In diesen Momenten kommt Walser Adornos Forderung nach der Überbietung der Nuance in und durch die Nuance nahe: »Die Konsequenz aus dem Verfall der Nuance wäre nicht, an der verfallenen obstinat festzuhalten und auch nicht, jegliche zu exstirpieren, sondern sie an Nuanciertheit womöglich zu überbieten, so weit sie zu treiben, bis sie aus der subjektiven Abschattung umschlägt in die reine spezifische Bestimmung des Gegenstandes.«[70] *Reine spezifische Bestimmung des Gegenstandes* heißt hier Aufmerksamkeit auf die verklingenden Wortgrenzen in der *Nachhallsfähigkeit* der Wörter als auch ein höflicher Umgang mit den feinen Abweichungen des Schriftbildes, der Differenz zwischen Wort und einzelnem Buchstaben. Die Sprache Walsers als nuancierte Entstellung des Deutschen[71] verlebendigt dieses, lässt es tönend erzittern, *prickeln*. Zum Echoraum ausgehöhlt, in welchem andere, fremde Sprachen nicht nur anklingen, sondern die Gegebenheit jeglicher Sprache als einer mit sich selbst identischen Einheit fraglich werden lassen, erlaubt die Nuance – vielleicht – das Fremde im Eigenen hör- und lesbar zu machen, wie es ein später Brief von Walser an Max Brod auf groteske Weise deutlich macht: »Die Sache begründet sich vielleicht so: wer singt, hat einen Affen, da ›singe‹ im Französischen Affe heisst. Einen Affen haben, bedeutet besoffen sein. Nun sind ja Gedichtemacher in der Tat öfter begeisterungs- oder gefühls-

---

69 Paul de Man: »Conclusions. Walter Benjamin's ›The Task of the Translator‹«, in: ders.: *The Resistance to Theory*, Minneapolis 1986, S. 73–105, hier S. 89.
70 Adorno: *Minima Moralia*, a.a.O., S. 295.
71 In diesem Sinne wäre das Schreiben Walsers als eine *kleine Literatur* im Sinne von Deleuze und Guattari lesbar. Vgl. Deleuze und Guattari: *Kafka. Für eine kleine Literatur*, a.a.O.

besoffen, was oft keineswegs *comme il faut* ist. Verse = des vers: das sind außerdem noch Würmer. Da könnte leicht pfui gerufen werden können!«[72]

---

[72] Robert Walser: *Briefe*, hg. v. Jörg Schäfer, in: Robert Walser: *Das Gesamtwerk*, Bd. 12,2, hg. v. Jochen Greven, Genf 1975, S. 312.

Verspätete Möglichkeiten
Tradition und Potentialität

> Die Möglichkeit
> ist eine weite Welt, und daß
> bereits Geschehnes möglich war,
> sieht wie Unmöglichkeit auch aus,
> ist mir auch unbegreiflich fast.
> Unfaßliches ist ferner wohl
> so gut wie bisher möglich. (11,89)

Das zu schreiben, was schon geschrieben wurde: Ein *Auftrag aus dem Bleistiftgebiet*[1] eines hoffnungslos Verspäteten, eines Nachzüglers, der am Rande der Literaturgeschichte fast unverortbar verweilt. Robert Walsers Literatur ist stellenlos im Übergang begriffen und entzieht sich jeder Periode und Territorialität. Unbestimmt aber konkret, vage, aber doch präzise, kommt das Schreiben Walsers nicht zustande, hat es keinen Ort im Zeitraum der Modernen. Was von ihm bleibt, sind Spuren, verschleppt aus einer anderen, märchenhaften Zeit. Zeichen eines Moments, der weder zur Signatur der Moderne noch zur nostalgischen Feier des Gewesenen reicht. Anachronistisch manifestiert sich seine Zeitgenossenschaft in der Auflösung einer zwischen Vorgängern und Nachkommen aufgespannten Zeit durch die Einsamkeit und Verlassenheit dessen, der in der gegenwärtigen Zeit keine Genossen hat. Er hält die Möglichkeiten des Verschiedenen und Abgelebten lebendig. Das *es war einmal* des Märchens ist ihm nicht einfach vergangen, sondern ist gegenwärtig – jetzt – gegeben; ein Auftrag zum wiederholten Abschreiben, Paraphrasieren und Zitieren. Eine Aufgabe der Gelassenheit und der Erbschaft, in welcher sich Walser zurückhaltend dennoch völlig verausgabt.

Robert Walsers Prosastück »Ferienreise«, 1926 in der Zeitschrift *Individualität* erschienen, wird von einer *Bemerkung des Autors* unterbrochen:

> »Der Autor erlaubt sich die Bemerkung: Die Menschheitsgeschichte läßt nicht zwei total ähnliche Menschenexemplare zu. Daher sind solche, die

---

[1] Zur schillernden Mehrdeutigkeit des Wortes Auftrag im Werk Walsers vgl. Elke Siegel: *Aufträge aus dem Bleistiftgebiet*, Würzburg 2001.

das Bedürfnis oder die Gewohnheit haben, Vergleichungen zu ziehen, beispielsweise sich an berühmte Muster anzuklammern, immer etwas wie Düpierte. Kein Mensch ist ganz wie ein anderer. In dieser Hinsicht gibt es eine Feinheit des Naturspiels und eine Freiheit des Immerwiederaufkommens von neuartigen Erscheinungen, über die man sich allgemein freuen würde, wenn man allerseits nicht gebildet scheinen, sondern sein wollte. Gebildete sind schon froh, wenn etwas getan wird, und wenn, was geschieht, nicht übel ist. Sensationsbegierde ist ein Zug von Durchschnittlichkeit. Der Durchschnitt verlangt in einem fort Außerordentliches. Um scheinbar Uninteressantes interessant zu finden, bedarf es eines Quantums Begabung. Eine große Begebenheit rüttelt auch einen Trottel auf; die kleine, die bescheidene entgeht seinem Mangel an Geübtheit im Schauen. Anständigkeit, Bravheit kommen keinem anderen so klein, so unbedeutend vor wie den Kleinlichen, Undeutenden, denen nur Gaunereien usw. bedeutend zu sein scheinen.« (17,432f.)

Für den *Autor* ist die Natur der *Menschheitsgeschichte* und der *Menschenexemplare* durch eine *Feinheit des Naturspiels und eine Freiheit des Immerwiederaufkommens von neuartigen Erscheinungen* gekennzeichnet. Das Neue ist etwas, das aus der Wiederholung entspringt. Differenz und Wiederholung sind ineinander verschränkt. *Freiheit* und *Feinheit* des Neuen kommen *immer wieder neu* auf. Insofern sich das Neue fast natürlich – wie ein *Naturspiel* – ereignet, bedarf es nicht der *Anklammerung an berühmte Muster*. Es *kommt* nicht nur *immer wieder auf*, es ist auch *immer wieder neu*. Im Zulassen der Wiederholung, die sich nicht auf berühmte Muster beschränkt, kann Neues entstehen. Eine solche Wiederaufnahme der Überlieferung unterscheidet nicht voreilig zwischen einer großen und einer kleinen Tradition. Nur wer schon von vornherein weiß, was groß und klein ist, wer gebildet *scheinen* aber nicht *sein* will, unterscheidet unaufmerksam zwischen hoch und niedrig. In der Wiederholung ist Freude und Glück angelegt; es sei hier daran erinnert, wie Kafka von Walsers und Simon Tanners Glück spricht.[2] Es ist ein Glück, welches in der Wiederholung liegt, und welches durch eine falsche Vorstellung von Bildung unterdrückt wird. Der Glaube, durch Imitation berühmter Muster sich zu bilden, lässt keine Freude zu, ist bloßer Schein und *düpiert* den sich derart Bildenden. Echte, nicht nur scheinhafte

---

2   Vgl. oben das Kapitel »Unaufhörliches Aufhören«.

Bildung verhält sich gegenüber der *Feinheit des Naturspiels* und der Freiheit des *Immerwiederaufkommens von neuartigen Erscheinungen* aufmerksam. Es sind Phänomene, die von dem, der sich bilden will, nicht willentlich herbeigeführt werden können. Das Neue *kommt immer wieder auf* und erlaubt daher eine Freiheit im Umgang mit der Überlieferung, wie sie sich weder in der bloßen Imitation noch in der Vorstellung finden lässt, etwas Neues *ex nihilo*, ohne Bezug zur Tradition schaffen zu wollen. Bildung, so der Autor, ereignet sich in einer Beziehung zum Vergangenen, die auch scheinbar Kleines wahrnimmt und in der wiederholenden Auseinandersetzung zur Sprache bringt. Nicht der gestaltete, fixierte Ablauf ist ihr Ziel, sondern gerade eine gewisse Ziellosigkeit, die versucht, den Vorgang des *Immerwiederaufkommens von neuartigen Erscheinungen* zu erhalten und als Geschehen darzustellen. Für den Gebildeten ist der Prozess der Bildung, nicht aber dessen Resultat von Interesse. Es ist der affektive Mehrwert, das *Frohsein*, welches das Geschehen der Bildung begleitet. Das Glück des Simon Tanner gleicht der Freude und der Fröhlichkeit des Gebildeten.

Dieses kleine Glück der Wiederholung beleuchtet Walsers Haltung als Spätling, der um seine Lage weiß, im Angesicht der großen deutschsprachigen Tradition schreiben zu müssen. Entgegen den zeitgleich sich entwickelnden Avantgarden des ersten Drittels des 20. Jahrhunderts, deren innovatorische Dynamik sich aus dem Versuch der radikalen Destruktion jeglicher Tradition speist, ist Walsers Beziehung zu dieser Tradition differenzierter. Er ist sich bewusst, dass jeder absolute Traditionsbruch unter dem Vorzeichen einer bloßen Verneinung sich notwendig im Rahmen der abgelehnten Tradition bewegen muss. Theodor W. Adorno hat in seiner Interpretation des Spätromantikers Eichendorff auf die Dialektik, die sich zwischen Repetition und Innovation auftut, hingewiesen. Als Beispiel dient ihm Arnold Schönberg: »Große Künstler wie Schönberg mußten nicht sich selber durch die Wut auf Vorfahren bestätigen, daß sie deren Bahn entrannen. Entronnene und Befreite, durften sie die Tradition als ihresgleichen wahrnehmen, anstatt auf einem Unterschied zu insistieren, der mit dem Gebot des radikalen, gleichsam naturhaften Neubeginns nur die Geschichtshörigkeit übertönt. Sie wußten sich als Vollstrecker des geheimen Willens jener Tradition, die sie zerbrachen. Nur wo sie nicht mehr durchbrochen wird, weil man sie nicht mehr spürt und darum auch nicht die eigene Kraft an ihr erprobt, verleugnet man sie; was anders ist, scheut nicht die Wahlverwandschaft mit dem, wovon es sich abstößt.«[3] Der Versuch der Überbietung des Überlieferten, der entweder im völligen Bruch oder der totalen Anverwandlung bestehen kann, gehört zu einem falschen Bildungsbegriff, der sich bloß auf den *Schein*, nicht aber auf das *Sein* richtet. Das »Müssen – in – jeder – Hinsicht – Hervorragen« (2,73f.), das hier abgelehnt wird, ist ein Merkmal der Durchschnittlichkeit: *Sensationsbegierde ist ein Zug von Durchschnittlichkeit. Der Durchschnitt verlangt in einem fort Außerordentliches.* Wie ist diese Durchschnittlichkeit zu verstehen? Wie ist ihre Beziehung zur *Sensationsbegierde* und zum *Außerordentlichen*?

Sensationsbegierde besteht in dem Glauben, in der *Anklammerung an berühmte Muster* – durch die Vergleichung mit großen *Begebenheiten* – selbst groß und bedeutend zu werden. Im durchschnittlichen Blick, der nur das Große wahrnimmt, geht das Kleine und Bescheidene verloren, welches die Freiheit des Naturspiels und die *Freiheit des Immerwiederaufkommens von neuartigen Erscheinungen* ausmacht. Im Versuch, gebildet zu erscheinen, anstatt es wirklich zu sein, verwandelt sich das Außerordentliche in etwas *Durchschnittliches*. Es ist eine Frage der minimalen Differenzen, welche der Sensationsbegierige übergeht, und die sich im Problem der Bildung bzw. im Unterschied zwischen Gebildetsein und Gebildetscheinen stellt. Walsers Vorstellung von Bildung zieht die Konsequenzen aus der Erkenntnis, dass kein *Menschenexemplar* ganz wie ein anderes ist, und dass daher die *Menschheitsgeschichte* nicht *zwei total ähnliche Menschenexemplare* zulässt. Der Versuch, sich an berühmte Muster anzuklammern, sich den Vorbildern der Tradition anzuverwandeln, muss scheitern, da dieser Vorgehensweise immer ein Moment der Vergleichung eignet. Durch diese Betonung der Gleichheit und des Maßstabs sowie im Glauben, eine *totale Ähnlichkeit* herstellen zu können, welche das Gleiche im Vergleich betont, wird die Individualität des Menschen ausgelöscht. Ein solcher Vergleich stellt eine Art von *Anklammerung* dar, welche die Differenz des Verglichenen zu nivellieren droht. Es sind die kleinen Unterschiede, die der Möglichkeit, Vergleiche zu ziehen, den Maßstab entziehen. *Menschheitsgeschichte* und *Naturspiel* als Bereiche der schattierenden Nuancierung sind

---

3 Theodor W. Adorno: »Zum Gedächtnis Eichendorffs«, in: Adorno: *Noten zur Literatur*, a.a.O., S. 69–94, hier: S. 70.

maßlos. Sie kommen nicht in einem vergleich- und wiederholbaren Muster überein. Aus dieser Art der Differenzierung kann keine Methode der Bildung abgeleitet werden, welche durch die einfache Wiederholung, Anverwandlung und Imitation großer, außerordentlicher Vorbilder gekennzeichnet wäre. Die Herstellung einer *totalen Ähnlichkeit* würde das Außerordentliche in etwas *Durchschnittliches* verwandeln und die Nuancierung in der Wiederholung, die Fein- und Freiheit des *Immerwiederaufkommens von neuartigen Erscheinungen* zerstören. Frei ist der Gebildete durch seine Fähigkeit, Abseitiges, Abweichendes und scheinbar Uninteressantes wahrzunehmen. Er sieht das Interessante im Uninteressanten, das Unähnliche im Ähnlichen, die Abweichung in der Wiederholung. Das *Quantum Begabung*, das für eine solche Wahrnehmung nötig ist, besteht in der Aufmerksamkeit für die Nuance in all ihren Schattierungen. Es bedarf jedoch mehr als nur der Gabe einer Fähigkeit, eines naturgegebenen, genialen Talents: »Eine große Begebenheit rüttelt auch einen Trottel auf; die kleine, die bescheidene entgeht seinem Mangel an Geübtheit im Schauen.« (17,181) Übung und Begabung machen die Aufmerksamkeit aus. Übung ist ein Vorgang der bewussten Wiederholung, in welchem der Übende, um den Fortschritt seines Lernens zu erkennen, die Unterschiede zwischen sich und dem zu erreichenden Resultat einer ständigen, aufmerksamen Überprüfung unterzieht. Der Vorgang des Lernens im Sinne Walsers zielt jedoch nicht auf ein vorgegebenes, feststehendes Bildungsideal, da die Etablierung eines solchen unbeweglichen Musters die *Freiheit des Immerwiederaufkommens von neuartigen Erscheinungen* einschränken würde. Bildung, gedacht als die Aufmerksamkeit für die Nuance, ist ein sich beweglich haltender Vorgang, der berühmte Muster nicht einfach imitiert, sondern in der Wiederholung das scheinbar Uninteressante, das Unähnliche und Abweichende wahrnimmt. Sie ist keine »Anpassung an die herrschende sozialpsychologische Wirklichkeit«,[4] sondern vielmehr eine Geübtheit im Schauen, die das Kleine und Unbedeutende interessant findet. Im Zusammentreten von Übung und Begabung löst sich der Gebildete vom Bedürfnis und der Gewohnheit, sich in einem fort an das Außerordentliche *anzuklammern*, löst er sich aus der *Durchschnittlichkeit* der *Trottel, Kleinlichen* und *Unbedeutenden*:

---

4 Eugenio Bernardi: »Robert Walser und Jean Paul«, in: Chiarini und Zimmermann (Hg.): ›*Immer dicht vor dem Sturze...*‹, a.a.O., S. 187–198, hier S. 192.

»Anständigkeit, Bravheit kommen keinem anderen so klein, so unbedeutend vor wie dem Kleinlichen, Unbedeutenden, denen nur Gaunereien usw. bedeutend zu sein scheinen.« (17,432) So wie *Sensationsbegierde*, die nur das Außerordentliche will, in Wirklichkeit ein Zug von *Durchschnittlichkeit* zeichnet, ist die Geringschätzung von kleinen Tugenden wie *Anständigkeit* und *Bravheit* ein Merkmal von echter Kleinheit und Unbedeutendheit. Aufmerksam für das Kleine und Unbedeutende verhält sich der Gebildete *anständig* und *brav*, ohne selbst kleinlich und unbedeutend zu sein. Derartige Aufmerksamkeit ist eine Form der Höflichkeit und des Takts; ein Widerspiel aus Übung und Begabung.[5]

Dieser Vorgang der Verkleinerung ist keine Methode der Selbstauslöschung.[6] Im Gegenteil: Es kommt zur Schärfung und Stärkung der Aufmerksamkeit, der Intensivierung der Wahrnehmung, welcher Details und die jeder Wiederholung innewohnenden Nuancen nicht entgehen. Diese werden nur durch das aufmerksame Vorgehen des scheinbar Kleinen und Unbedeutenden sichtbar. Was sich zeigt – minimale Differenzen –, entzieht sich der geläufigen Gegenüberstellung von groß und klein. Die in der fortschreitenden Bildung sich entwickelnde Beziehung zur Überlieferung markiert die in der Wiederholung berühmter Muster sich eröffnenden Abweichungen, welche – kaum sichtbar – im Detail und der Nuance den Gebildeten *aufrütteln*. Die Fähigkeit des Gebildeten, kleine, feine, unbedeutende *Begebenheiten* wahrzunehmen, unterscheidet ihn von denjenigen, die gebildet und bedeutend scheinen wollen, sie unterscheidet ihn von den Kleinlichen und Unbedeutenden. Indem ein Autor nur die großen Vorbilder wahrnimmt und versucht, diese zu imitieren, bildet er sich nicht, sondern wird zu einem Kleinlichen, der sowohl kleine, vergessene Autoren übersieht als auch die leichten Abweichungen und

---

5 Vgl. oben das Kapitel »Höflichkeit im Zeichen der Nuance«.
6 Vgl. Borchmeyer: *Dienst und Herrschaft*, a.a.O., S. 10: »Die Tendenz der permanenten Annullierung des Gesagten steht ohne Zweifel in einer engen Beziehung zu der Apologie, ja fast Apotheose der ›Nullität‹.« Die permanente Konjunktivität des Gesagten negiert dessen Inhalt nicht einfach, sondern nuanciert ihn. Verweigerung der eindeutigen Zuschreibung ist noch immer eine Zuschreibung, keine schiere Verneinung, sie beläßt die Aussage im Raum der Möglichkeit. Insofern stellt die häufige Verwendung der sogenannten Unsicherheitsformeln nicht die Affirmation der Negativität, keine *Apotheose des Nullität* dar. Höchstens die Tendenz zur Annullierung, ein Kleiner- und Unbedeutenderwerden aber keine Destruktion kennzeichnet die Schreibweise Walsers.«

Details der großen Meister nicht zu erkennen in der Lage ist. Durch den Verzicht, in einem fort Außerordentliches zu fordern, öffnet sich die Aufmerksamkeit des Autors für kleine, andere Traditionen als auch für die in der großen Literatur innewohnenden Dissonanzen und Aberrationen. Sich durch diese scheinbaren Kleinigkeiten aufrütteln und beleben zu lassen, ist die Voraussetzung und der Auftrag eines Schreibens im Angesicht einer als fast übermächtig empfundenen Tradition. Der Schreibende verliert in diesem Vorgang des Aufgerütteltwerdens seine Starre, er lockert auf und belebt sich.

In der Reflexion »Einige Worte über das Romanschreiben« lehnt Walser Größe – hier als Quantität verstanden – als *maßgeblich* für die Bewertung von Romanen ab: »Hinsichtlich der wahren Größe des Romanes, der eine Abspiegelung des Zeitalters ist, kann die Quantität der Wörter, Sätze usw. unmöglich maßgeblich sein, was in der Tat auch nicht zutrifft, obwohl mitunter dem Schein nach.« (17,181) Will der Schriftsteller das *Zeitalter abspiegeln*, muss er nicht zwingend viele Wörter verwenden. Die wahre Größe eines Romans liegt nicht in seinem Umfang. Auch eine kurze Erzählung – ein Prosastück – kann eine romanhafte Qualität erlangen, ist der Schriftsteller von *großem Geist*: »Dagegen benimmt sich der mit großem Geiste ausgestattete Romanschriftsteller so: er spaziert gern mit seinem hellen, umsichtigen und großem Geiste im kleinen und bescheidenen *Milieu* herum.« (17,181) Größe zeigt sich beim Spaziergang des Schreibenden, der aufmerksam und mit *hellem, umsichtigem* Blick die Kleinigkeiten und Details seiner Umgebung wahrnimmt. Der *große Geist* erkennt das Vernachlässigte und scheinbar Unbedeutende, das am Rande des Weges liegt und sein *Milieu* ausmacht, wohingegen der kleine Geist nur das scheinbar Große und Außerordentliche im Blick hat: »Es gibt also Romanautoren, die, mit kleinem Geist ausgestattet, gern in die Großartigkeiten laufen, was man natürlich beim Lesen der betreffenden Bücher sogleich bemerkt und als ärmlich empfindet.« (17,181) Sich *umsichtig*, d.h. aufmerksam in seiner Umwelt bewegend, läuft der wirklich große Romanschriftsteller nicht in *Großartigkeiten* herum, sondern spaziert im Detail, der Nuance und der Kleinigkeit. In einem Gespräch mit Carl Seelig äußert Walser seine Skepsis gegenüber langen, ausschweifenden Texten: »Je weniger Handlung und einen je kleineren regionalen Umkreis ein Dichter braucht, umso bedeutender ist oft sein Talent. Gegen Schriftsteller, die in der Handlung exzellieren und gleich die ganze Welt für ihre

Figuren brauchen, bin ich von vornherein mißtrauisch.«[7]

In der *Die Rose* betitelten Sammlung verschiedener kurzer Prosatexte formuliert Walser seinen »poetologischen Minimalismus«[8] auf ähnliche Weise: »Schriftsteller sollen sich nicht darum, daß sie sich ans Großartige schmiegen, für groß halten, vielmehr in Kleinigkeiten bedeutend zu sein versuchen.« (3,58) Erneut sind es die Kleinigkeiten und Details und nicht das Großartige und Außergewöhnliche, für welche sich der Schriftsteller zu interessieren hat. Wahre literarische Größe ist sich des Abstands – und sei er noch so klein – zwischen Vorläufer und Nachfahre, Muster und Nachahmung, der keine *totale Ähnlichkeit* zulässt, bewusst. Der Wille zur Größe in der Imitation berühmter Muster ist sowohl kleinlich als auch unbescheiden, er verwandelt sich als nur scheinbare Bildung zu einer »Fabrik zur Gewöhnlichmachung des Ungewöhnlichen«. (3,366f.) In der fabrikhaften Reproduktion der Vorbilder, welche alles Abweichende auslöscht, wird nicht nur das Ungewöhnliche gewöhnlich gemacht, sondern auch das Ungewöhnliche im Gewöhnlichen, das Außerordentliche im Durchschnittlichen übersehen.

Was für Walser zum Beispiel bei Hugo von Hofmannsthal fehlt – »Könnten Sie nicht ein wenig vergessen, berühmt zu sein?«,[9] so seine legendär gewordene Frage an Hofmannsthal anlässlich eines Treffens in Berlin –, ist das *ein wenig vergessen*, das Aufrütteln der Berühmtheit, die Schaffung von Lücken. Wie kann jedoch Größe aussehen, die auf einem solchen Vergessen aufbaut, das Lücken lässt? Was genau soll Hofmannsthal vergessen? Und wie kann er seine Berühmtheit nur *ein wenig* vergessen? Walser empfiehlt nicht ein Vergessen, welches die Größe schlicht negiert und an ihre Stelle ein Ideal des Kleinseins setzen würde. Ruhm soll nur *ein wenig* vergessen werden, ein Vorgang, der den Willen zur Größe *ein wenig* – von Zeit zu Zeit – unterbricht. Bescheidenheit ist die winzige Unterbrechung,

---

7 Seelig: *Wanderungen mit Robert Walser*, a.a.O., S. 83.
8 Borchmeyer: *Dienst und Herrschaft*, a.a.O., S. 84.
9 Diese Frage hat Robert Mächler in seiner Walser-Biografie überliefert. Vgl. Robert Mächler: *Das Leben Robert Walsers. Eine dokumentarische Biographie*, Frankfurt 2003, S. 107: »An dem Abend bei Fischer [der Verleger Samuel Fischer, J.K.] soll er außerdem zu dem ihm wohlgesinnten Hugo von Hofmannsthal, der sich möglicherweise nach seinem Empfinden preziös oder herablassend benahm, gesagt haben: ›Könnten Sie nicht ein wenig vergessen, berühmt zu sein?‹«

die *ein wenig* den Ruhmeswillen entsetzt und derart das Außergewöhnliche im Gewöhnlichen aufscheinen lässt. Eine Zäsur, welche die Zeit *aufrüttelt*. Erlaubt ein Vorgehen, welches nur auf das Außerordentliche gerichtet ist, keine Wahrnehmung kleiner Abweichungen, so vermag die Aufmerksamkeit für die Kleinigkeit, die ihnen innewohnende Größe und Bedeutung für das Schreiben einzusetzen. Der Schriftsteller erstarrt nicht angesichts der großen Tradition, sondern ist locker.

Dieses Vermögen, welches den Willen zur Größe hintergeht, ist die Aufgabe eines Vermögens, das Belassen einer Fähigkeit im Bereich des Möglichen. Der Schriftsteller bewegt sich im *bescheidenen Milieu*, »fühlend oder wissend, daß es sich gut ausnimmt und eine Wirkung des Schönen, ja sogar des Erhabenen hat, wenn sein Leser zu der sehr angenehmen Empfindung kommen kann, der Autor tummele sich gutmütiger- oder humorvollerweise in Gebieten, über die er göttlich hinauszuschauen vermöge; er besitze gewissermaßen ein Vermögen, das er nicht anzutasten nötig habe, er sei etwas wie ein in Wahrheit reicher Herr.« (17,182) Der Autor hält sein Vermögen, seine Fähigkeit zu schreiben, zurück, er behält es sich vor, ungebildet und unbedeutend zu erscheinen, indem er auf Größe und Bedeutung verzichtet. Das Resultat dieses Vorgangs ist ein »Eindruck der Nichtüberspannung und Nichtüberanstregung der Kunst- und Geisteskraft« (17,182) des Schriftstellers. Solche Zurückhaltung und Höflichkeit sind die Kennzeichen *wahrer Größe* und *weltmännischen Charakters* und machen den *wirklich bleibenden Wert* von Romanen aus. Große Literatur, folgt man Walser, ist zurückhaltend, hält ihre Fähigkeit zur Größe im Möglichen. Was den guten Roman auszeichnet, ist der *Eindruck von Nichtüberanspannung und Nichtüberanstrengung* – ein Eindruck der Gelassenheit –, der eine Abspiegelung des Zeitalters erlaubt. Was er abspiegelt, taucht im Ungesagten, den Lücken und Nuancen des Textes auf: »Gewissermaßen sind es in einem Buch die Ungesagtheiten, die wie eine blühende Sprache anmuten, es ist ein Duft, eine Wohlhabenheit, die uns gefällt.« (17,182) Diese Lücken des Ungesagten sind kaum wahrnehmbar, sie sind wie ein *Duft*, der sich – kaum *begreifbar* – in seiner leichten Flüchtigkeit der Feststellung entzieht, sie machen aber gerade aufgrund ihrer Flüchtigkeit die aufrüttelnde, lockere Lebendigkeit der Sprache aus. Das, was der kleine, aber *mit großem Geist ausgestattete Schriftsteller* als Spaziergänger sowohl in der Natur als auch in den berühmten

Mustern der Tradition wahrnimmt, sind deren Lücken. Es ist das, was übersehen wurde und ungesagt blieb.

Größe zeigt sich gerade darin, dass der Dichter etwas zurückhält, er hinterlässt beim Leser den Eindruck, dass er *gewissermaßen* ein *Vermögen* besitzt, das er *nicht anzutasten nötig habe*. Der Schriftsteller verausgabt sein Können nicht völlig. Dabei bleibt es für den Leser unentscheidbar, wie diese Fähigkeit zum Verzicht, dieser Wille zur Zurückhaltung, diese aktive Passivität, wie diese Gelassenheit, die in der Tendenz zur Verkleinerung sichtbar wird, zu beurteilen ist. Ist sie ein Ausdruck von *wahrer* Größe oder einfach nur fehlendes Talent? Zwar spricht Walser davon, dass man die Bücher von *mit kleinem Geist ausgestatteten Romanautoren* sogleich erkennt und als *ärmlich empfindet*, doch ist dieser Eindruck nicht verallgemeinerbar. Urteile über die Wirkung der schöner Literatur sind *Meinungsverschiedenheiten* ausgesetzt, wie sie im Prosastück »Von der Sprachgewandtheit und dem Mangel derselben« diskutiert werden, welches im 17. Band der *Sämtlichen Werke* vom Herausgeber Jochen Greven den »Worten über das Romanschreiben« unmittelbar vorangestellt ist. Beide Texte wurden zusammen mit »Der Nobelpreis« unter dem Titel »Drei literarische Traktate« im Januar 1926 in der Zeitschrift *Die literarische Welt* veröffentlicht: »Auf einen der Leute habe der Stil, von dem die Rede ist, den Eindruck der Zufälligkeit, Zerstreutheit gemacht, während ihn der andere als gepflegt, also mit jedem erdenklichen Bewußtsein ausstaffiert empfand. Ich mache diese Meinungsverschiedenheiten hier in der angenehmen Überzeugung bekannt, daß man sich dafür interessiere. Ist es nicht interessant, wie immer wieder über ein und dieselbe literarische oder andere, beliebige, weltliche und menschliche Erscheinung die Beurteilungen sich kreuzen, sich aneinander anschmiegen oder aber sich total widersprechen und weit auseinandergehen? Jeder von uns hat eben in Geschmacks- und Bildungssachen stets so sein eigenes Gutfinden.« (17,179) Ob ein Schriftsteller *zufällig* oder mit *höchstem Bewußtsein* etwas Bedeutendes schafft, ob seine Größe in der Verkleinerung einem Willen oder einem Willen zum Nicht-Willen entspringt, bleibt in der Schwebe. Alexander García Düttmann macht in seiner Deutung der Erzählung »Les grands moments d'un chanteur« von Louis-René des Fôrets, Giorgio Agambens Bartleby-Interpretation zitierend, auf die Möglichkeit einer solchen Zurückhaltung aufmerksam, die sowohl als ein Können als auch als ein Nicht-Können lesbar ist: »Auf die

Frage ›Vous pouvez ne plus chanter?‹ [Können Sie (das) nicht mehr singen?] antwortet der Sänger, der sich inzwischen von der Bühne zurückgezogen hat: ›Je ne peux plus chanter‹ [Ich kann nicht mehr singen] (ebd., S.148). Im Deutschen entsprechen der Alternative, welche die syntaktische Umstellung indiziert, die zwei Lesarten des Satzes ›Ich kann nicht singen‹: Nicht-Singen als Können, als das, was man kann, Singen als Nicht-Können, als das, was man nicht kann. Vielleicht also ist seiner Bestimmung am treuesten jener Sänger, der das Vermögen der Passivität hat, der Untätigkeit oder der Gelassenheit, ein Können des Nicht-Könnens, das Giorgio Agamben in einer Studie über die Figur des Bartleby als Rettung des Nicht-Gewesenen deutet.«[10] Der Stil des mit *großem Geist ausgestatteten Schriftstellers* kann sowohl *zerstreut* als auch *gepflegt* erscheinen und vielleicht ist er gerade seiner *Bestimmung am treuesten*, um mit García Düttmann zu sprechen, wenn er diese Unentschiedenheit, diese irritierende Verschränkung von Können und Nicht-Können ausstellt. Diese Abweichung vom geläufigen Willen zu Größe und Meisterschaft im stilistischen Ungeschick, in der Zerstreuung und »Sprachverwilderung«[11] setzt das Schreiben der Möglichkeit aus, von den Zeitgenossen als zweitrangig und minderwertig abgelehnt zu werden. Die Karriere des Schriftstellers bleibt vielleicht eine *schlechte*, er erscheint den Zeitgenossen als erfolglos.[12]

Die Möglichkeit des Erfolgs bzw. des Misserfolgs eines solch zweideutigen Schriftstellers entwickelt Walser im Mikrogramm »Bücher können Erfolge sein«. Im Gegensatz zu Texten wie »Einige Worte über das Romanschreiben« spricht der Erzähler diesmal ausschließlich aus der Perspektive des Lesers und nicht der des Schreibenden: »Ich lehnte heute die Lektüre eines Buches ab, das vor einigen Jahren einen Bombenerfolg errang und mich um dieses Begleitumstandes willen total kalt ließ, indem er das Bedürfnis in mir entstehen ließ, lieber das Werk irgendeines gänzlich Erfolglosen zu lesen. Mit Menschen und Büchern ist's ähnlich, und aus Erfolgen wachsen Miß-

---

10 García Düttmann: *Kunstende*, a.a.O., S. 27.
11 Benjamin: »Robert Walser«, in: *Gesammelte Schriften*, Bd. 2,1, a.a.O., S. 325: »Denn während wir gewohnt sind, die Rätsel des Stils uns aus mehr oder weniger durchgebildeten, absichtsvollen Kunstwerken entgegentreten zu sehen, stehen wir hier vor einer, zumindest scheinbar, völlig absichtslosen und dennoch anziehenden und bannenden Sprachverwilderung.«
12 Vgl. oben das Kapitel »Unaufhörliches Aufhören«.

erfolge, und aus Mißerfolgen keimen oder gedeihen Erfolge.«[13] An dieser Stelle kommt erneut die Möglichkeit, ja geradezu die Notwendigkeit der Umkehrung von Erfolg und Misserfolg zur Sprache: Im Erfolg ist der Misserfolg wie im Misserfolg der Erfolg angelegt. Sie *keimen, wachsen* oder *gedeihen* in und aus ihrem jeweiligen Gegenteil, sind also schon in ihrem Ursprung ununterscheidbar sowohl Erfolg als auch Misserfolg. Die Einsicht in diese Reziprozität lässt weder die Bevorzugung des Erfolgs noch die der Erfolglosigkeit zu, sondern lenkt das Interesse auf die gänzliche Erfolglosigkeit, die sich nicht in die einfache Opposition von Erfolg und Misserfolg einschreiben lässt. Welcher *Begleitumstand* erzeugt das Bedürfnis, das Werk *irgendeines gänzlich Erfolglosen* zu lesen? Was macht den *gänzlich Erfolglosen entzückend*?[14] »Vor einiger Zeit führte ich mir einen Roman zu Gemüt, der es nie zu einem eigentliche[n] Erfolg gebracht hatte, und wie kam er mir vor? Wunderbar, und weil mich der Erfolglose entzückt hatte, lehnte ich nun den Erfolgreichen ab, der mir mit viel zu viel Sicherheit zu sagen schien, er sei reizend, was ich zu glauben nicht die geringste Lust hatte.«[15] Was den Erfolgreichen als auch den einfach Erfolglosen vom *gänzlich* Erfolglosen unterscheidet, ist das Bewusstsein von seinem Erfolg, nicht etwa die künstlerische Qualität seines Romans. Es ist kein Geschmacks- oder Werturteil, das mit der Zuschreibung des Erfolgs oder der Erfolglosigkeit ausgesprochen wird, da diese, wie oben gesehen, immer *Meinungsverschiedenheiten* ausgesetzt sind. Das *Entzückende* am Werk des Erfolglosen ist das fehlende Wissen von diesem *Entzücken*. Unsicherheit über die Wirkung des Buches lässt den Schriftsteller und sein Werk *reizend, lieb, sanft, fein, klug* und *sympathisch* erscheinen. Diese Unsicherheit ist eine Unsicherheit bezüglich des schriftstellerischen Könnens, das sich noch nicht zu einem verfügbaren Vermögen gefestigt hat.

---

13 Robert Walser: *Aus dem Bleistiftgebiet*, Bd. 5, hg. v. Bernhard Echte und Werner Morlang, Frankfurt 2000, S. 319.
14 Es sollte in diesem Zusammenhang nicht übersehen werden, wie Walser hier mit zu Klischees gewordenen Motivelementen wie der Künstlerlegende, dem Antagonismus von Künstlertum und bürgerlicher Gesellschaft oder dem Passionsweg des Verkannten spielt. Diese Figuren und Elemente sind jedoch nicht die Grundlage einer einfachen Identifikation, sondern werden in der Wiederaufnahme gebrochen und ironisiert. Vgl. Thomas Horst: »Probleme der Intertextualität im Werk Robert Walsers«, in: Dieter Borchmeyer (Hg.): *Robert Walser und die moderne Poetik*, Frankfurt 1999, S. 66–82.
15 Walser: *Aus dem Bleistiftgebiet*, Bd. 5, a.a.O., S. 319.

Schreiben verharrt auf der Schwelle von Können und Nicht-Können. Bleibt der Erfolg aus, erzielt das Werk keine Wirkung bei den Lesern und der Schriftsteller kann sich seines Status als Schriftsteller nicht sicher sein. Eine in diesem Sinne *schlechte Karriere* befragt ständig die Lage des Schreibenden. Die fehlende Anerkennung und Nichtbeachtung des Dichters belassen die Beziehung von Erfolg und Erfolglosigkeit in der Schwebe, d.h. sie lassen in dieser Zurückhaltung den Schriftsteller nicht zu sich kommen. Nur die Erfolglosigkeit erlaubt das *Wachsen, Keimen* und *Gedeihen* des *gänzlichen* Erfolges, der noch nicht zu einem Zustand geronnen ist, und der das Vermögen des Schriftstellers radikal in Frage stellt. Erfolglosigkeit ist somit nicht reiner Gegensatz zum Erfolg, sondern eine Unsicherheit und ein Zweifel, in welcher der Schriftsteller sein Können nicht als etwas Gegebenes – als Genie oder Talent – ansieht, über das er frei und sicher verfügen könnte: »Mißerfolge laden zur Besinnung, Erfolge auf's Verführerischste zum Unvorsicht[ig]sein ein.«[16] Der Misserfolg erlaubt die Reflexion über den Vorgang des Schreibens. Nur die Ausstellung des Ungeschicks, Nicht-Wissens und Nicht-Könnens kann beim Leser *Entzücken* hervorrufen und so zu einem »ganz ungewöhnlichen Geschick«[17] werden. Erfolgreiche Schriftsteller betonen den *Reiz* zu direkt, sie erscheinen unvorsichtig und voreilig: »Ich erinnere mich, anläßlich eines Diners zu einer schönen Frau gesagt zu haben: »Ich will in ihren Augen reizend zu sein versuchen.‹ Wird man mir glauben, wenn ich erkläre, daß ich mit meinem Wort einen eklatanten Mißerfolg erzielte?«[18] *Reiz* und *Entzücken* entstehen nicht aus dem bewussten Versuch, ein frei verfügbares Vermögen unreflektiert anzuwenden. Die Besinnung des Erfolglosen auf seine Vorgehensweise ist reizend und macht ihn sympathisch. Die ostentative Betonung dieses Reizes ist dagegen unsympathisch: »Die Frau erwiderte nämlich auf meine Bemerkung, daß dieselbe äußerst ungeschickt sei, ein netter und feiner Mensch versuche nicht, Reiz auszuüben, sondern er sei entweder durch irgendwelche Eigenschaften anziehend oder dieses Sympathische fehle ihm, und in diesem Fall

---

16 Ebd.
17 Benjamin: »Robert Walser«, in: *Gesammelte Schriften*, Bd. 2,1, a.a.O., S. 327.
18 Walser: *Aus dem Bleistiftgebiet*, Bd. 5, a.a.O., S. 319.

sei er uninteressant und fade.«[19] *Reiz* und *Sympathie* liegen in der Vorsichtigkeit und Zurückhaltung. Der Versuch der Betonung des Reizes wirkt ungeschickt, unfein und unhöflich. Höfliche Zurückhaltung basiert auf der Erkenntnis, dass *Reiz* und *Entzücken* Wirkungen darstellen, die unabhängig vom bewussten Versuch, diese herzustellen, vorhanden sind. Wenn Erfolge und Anerkennung zu deutlich werden, verwandeln diese den Erfolgreichen. »Man spürt es sofort,« heißt es in *Jakob von Gunten*, »wenn Menschen Erfolge und Anerkennung aufzuweisen haben, sie werden quasi dick von sättigender Selbstzufriedenheit, und ballonhaft bläst sie die Kraft der Eitelkeit auf, zum Niewiedererkennen.« (11,82) Walsers (Miss-)Erfolg geschieht gelassen und ungeplant. Er verwandelt sich, wird er dennoch als anzustrebendes Ziel vorgenommen, sofort in einen Misserfolg, in ein *Niewiedererkennen* des Menschen, da er als geplantes Produkt der Eitelkeit erscheint. Diese höfliche Art der Erfolglosigkeit, welche die Möglichkeit des *gänzlichen Erfolges* enthält, basiert auf der Indifferenz von Erfolg und Erfolglosigkeit. Jede Betonung eines der beiden Gegensätze würde diesen sofort in sein Gegenteil verwandeln, sodass schließlich die Dame, auf die der Erzähler zu wirken versucht, vorübergehend *mißerfölgelig aussieht*: »Mein Mißerfolg hatte sich in einen Erfolg verwandelt, während ihr Erfolg plötzlich mißerfölgelig aussah.«[20] Erfolg wird nur dann zu einem *gänzlichen Erfolg*, wenn die immer schon mögliche Erfolglosigkeit sich in eine *gänzliche Erfolglosigkeit* verwandelt.

In einem Zeitalter, das *nun einmal sehr klein geworden* ist, in welchem *alle vom Verfallen all des Großen erschüttert* sind, und man daher *den großen weitausholenden Tonarten mißtraut*, kann ein Dichter nur noch vom Kleinen und Alltäglichen sprechen. Kleinlichkeit und Alltägliches *bewegen sich zusammen* und ergeben eine Widerspiegelung der Welt: »Sie lassen mich die Kleinlichkeit, das Alltägliche vermissen, aus dessen Zusammenbewegung sich ja eine Weltwiderspiegelung ergibt, denn nicht wahr, mein Herr, wir sind ja heute doch nun einmal sehr klein geworden. Wir sind ja alle vom Verfallen des Großen so erschüttert und mißtrauen darum den großen weitausholenden Tonarten.«[21] Der Zug der Resignation und

---

19 Ebd.
20 Ebd.
21 Walser: *Aus dem Bleistiftgebiet*, Bd. 1, hg. v. Bernhard Echte und Werner

Melancholie, der durch diese Zeilen des Mikrogramms »Dies Buch eines Dichters, das er da zur Besprechung eingesandt bekommen hatte« geht, erinnert an eine besonders in der Mitte und am Ende des 19. Jahrhunderts verbreitete Mentalität der Verspätung. Durch Karl Leberecht Immermann wurde diese Haltung in der Figur des Epigonen emblematisch.[22] Laut Gottfried Keller, einem anderen Spätling, ist der zeitgenössische Dichter nicht mehr fähig, große Literatur zu produzieren. Keller, Immermann und Walser fühlen sich bedroht, sie fürchten, im Bann der Überlieferung zu erstarren. *Lebendig* und *beweglich* kann der Schriftsteller, folgt man Walsers Mikrogramm, nur noch im Kleinen, Nebensächlichen und Alltäglichen sein. Diese erlauben eine *Zusammenbewegung*, welche eine *Weltwiderspiegelung* in der Dichtung zulässt. Es wird deutlich, dass das Kleinliche und Alltägliche sich beweglich verhält, und dass nur aus dieser Beweglichkeit die Darstellung der Welt – von Walser hier erneut als Widerspiegelung gedacht – in der Dichtung möglich wird. Wie ist diese Widerspiegelung zu denken? Ist es bloße Reflexion oder vielleicht mehr eine Wiederspiegelung? Nicht nur Abspiegelung der Welt – nach der Natur –, sondern aufmerksame Wiederholung eines gelesenen Textes? Das Prosastück »Wissen und Leben«[23] beschreibt diese Darstellung als eine Widerspiegelung, welche die Welt etwas nuancierter wiedergibt: »Ist vielleicht alles sich Widerspiegelnde um irgendwelche Nuancen deutlicher, als es in der sogenannten Wirklichkeit ist?« (19,78f.) Im aufmerksamen Blick tritt das zutage, was der oberflächlichen Betrachtung oder der ungenauen Lektüre entgeht. Insofern ist Walsers Aufgehen in den Kleinigkeiten – seine Bewegung an den *hereinbrechenden Rändern* – kein bloßer Impressionismus, noch gleicht sein Verweilen beim Kleinen und Abseitigen der epigonalen Resignation eines Keller oder Immermann.[24] Im Raum

---

Morlang, Frankfurt 1985, S. 22.
22 Karl Leberecht Immermann: »Die Epigonen«, in: ders.: *Immermanns Werke*, hg. v. Robert Boxberger, 5. Theil, Berlin 1883. Zur Geschichte des Wortes *Epigone* vgl. Manfred Windfuhr: »Der Epigone. Begriff, Phänomen und Bewußtsein«, in: *Archiv für Begriffsgeschichte*, 4 (1959), S. 182–209. Zum Phänomen des Epigonen vgl. Markus Fauser: *Intertextualität als Poetik des Epigonalen*, München 1999; Burkhard Meyer-Sickendiek: *Die Ästhetik der Epigonalität. Theorie und Praxis des wiederholenden Schreibens im 19. Jahrhundert: Immermann – Keller – Stifter – Nietzsche*, Tübingen, Basel 2001.
23 Vgl. oben das Kapitel »Höflichkeit im Zeichen der Nuance«.
24 Vgl. Immermanns Brief an seinen Bruder Ferdinand vom April 1830:

der nuancierten Wiederholung und Weltwiderspiegelung im Prosastück entfalten sich die schillernden Randgebiete und Lücken der Wahrnehmung. Sowohl *Großes* als auch *Kleinigkeiten* sind von dieser flüchtigen Beweglichkeit gekennzeichnet. Die Konzentration gilt nicht den kleinen Dingen an sich, sondern den kleinen, feinen Differenzen. Nicht wird die große Tradition durch eine andere, abseitige oder vergessene Überlieferung, wie sie etwa die Trivialliteratur darstellt, ersetzt. Schiller und Marlitt, Goethe und Courths-Mahler können nebeneinander unter dem nuancierten Blick des aufmerksamen Lesers bestehen und für den Dichter Gelegenheiten bieten, sich in ihren Lücken und an ihren Rändern zu bewegen. Das *Angelesene*, welches das Schreiben des Autors in Gang setzt,[25] eröffnet sich nur der präzisen Lektüre, welche Details und scheinbar Nebensächliches wahrnimmt. Ein solches Vorgehen belässt das Gelesene in seiner Lebendigkeit, ohne es zu einem festgeschriebenen Bildungsgut objektiver Kultur zu mortifizieren. Walser spricht sich durchaus die Eigenschaft der Modernität zu, er beharrt nicht auf dem Status des Epigonen.[26] Seine Auffassung von Modernität bleibt jedoch eng mit der Tradition verknüpft,[27] versucht nicht, diese zu desavouieren oder als kontingent zu entlarven. Doch die Betonung des Neuen und Originellen ist immer nur innerhalb einer Überlieferungsgeschichte zu denken, Schreiben verbleibt notwendigerweise immer in der Relation zu tradierten literarischen Strukturen. Solche Strukturen macht Walser in jeglicher Art von Literatur – sei es im Kanon der Höhenkammliteratur oder in den Massenproduktionen zeitgenössischer Trivial-

---

»Unsere Zeit, die sich auf den Schultern der Mühe und des Fleißes unserer Altvorderen erhebt, krankt an einem gewissen geistigen Überflusse. Die Erbschaft ihres Erwerbes liegt in zu leichtem Antritte uns bereit, in diesem Sinne sind wir Epigonen. Daraus ist ein ganz eigentümliches Siechtum entstanden, welches darzustellen die Aufgabe meiner Arbeit ist.« Zitiert nach: Robert Boxberger: »Immermann als Romandichter. Einleitung zu ›Die Epigonen‹«, in: *Immermanns Werke*, a.a.O., S. 5f.
25 Vgl. zur Methode des *Anlesens* die Beiträge in: Borchmeyer (Hg.): *Robert Walser und die moderne Poetik*, a.a.O.
26 Dies im Gegensatz zu klassischen Epigonen wie Immermann.
27 Zu dieser Problematik vgl. Eva Geulen: »Autorität und Kontingenz der Tradition bei Robert Walser«, in: Jürgen Fohrmann u.a. (Hg.): *Autorität der/in Sprache, Literatur, Neuen Medien. Vorträge des Bonner Germanistentages 1997*, Bd. 2, Bielefeld 1999, S. 805–818; Tamara Evans: *Robert Walsers Modernität*, Bern, Stuttgart 1989.

romane – für sich fruchtbar. So wie Trivialliteratur klassische Muster hoher Literatur auf einfache Erzählmuster reduziert, schematisiert Walser in seinen Nacherzählungen und Paraphrasen seine Vorbilder. Das, was erzählt wird, ist nicht neu – es lässt sich auf wenige Zeilen oder Seiten verdichten –, doch diese Reduktion erlaubt die Konzentration auf den Vorgang des Schreibens selbst, welcher *immer wieder neu aufkommt* und sich als modern herausstellt. Die Originalität des Erzählens liegt nicht im Dargestellten, dem Inhalt oder Sujet, in diesem Bereich kann bereits Gesagtes nur wiederholt werden, sondern in der Art der Darstellung. Walter Benjamin kommentiert zutreffend: »Walsern ist das Wie der Arbeit so wenig Nebensache, daß ihm alles, was er zu sagen hat, gegen die Bedeutung des Schreibens selbst völlig zurücktritt.«[28] Durch diese Vorgehensweise rückt der Vorgang des Schreibens in den Mittelpunkt, eröffnet sich für den Schriftsteller die Möglichkeit, die »Geschichte der Konstitution des eigenen Erzählvorgangs«[29] zu thematisieren, in dem das *Wie* über das *Was* triumphiert.[30]

Diese Konstitution geschieht im *Anlesen*, einer Form produktiver Rezeption, die aus der nuancierten Wiederholung entspringt und die für sich keine Größe an sich darstellt. Walsers Wille zur Größe besteht im Verzicht darauf, groß zu scheinen: »Könnte Auf-Größe-Verzichten nicht auch Größe sein?« (6,119) fragt er im frühen Prosastück »Hölderlin«. Souverän ist der Dichter, der das »unerläßliche bißchen Bildung, das [ein, J.K.] Poet notwendigerweise besitzen muß« (6,119) in sich aufgenommen hat. Diese Bildung stellt die notwendige Bedingung seiner dichterischen Produktivität aus der Rezeption überlieferter Bildungsgüter dar. Sein Schreiben entsteht aus einem Lesen: »Woher schöpfte er das unerläßliche bißchen Bildung, das nach unserem Dafürhalten ein Poet notwendigerweise besitzen

---

28 Benjamin: »Robert Walser«, in: *Gesammelte Schriften*, Bd. 2,1, a.a.O., S. 325.
29 Andea Hübner: ›*Ei, welcher Unsinn liegt im Sinn?*‹ *Robert Walsers Umgang mit Märchen und Trivialliteratur*, Tübingen 1995, S. 188. Vgl. auch Moritz Baßler: *Die Entdeckung der Textur. Unverständlichkeit in der Kurzprosa der emphatischen Moderne 1910–1916*, Tübingen 1994.
30 Stephan Kammer entwickelt daraus mit Blick auf Walsers Berner Zeit eine Produktionsästhetik. Vgl. Stephan Kammer: *Figurationen und Gesten des Schreibens. Zur Ästhetik der Produktion in Robert Walsers Prosa der Berner Zeit*, Tübingen 2003.

muß? Die Antwort lautet: Es gibt ja Lesesäle voll Lesestoff in der Welt.« (6,120) Der Verzicht auf Größe und Originalität lässt sich demnach dahingehend deuten, dass der Dichter darauf verzichtet, sich zum gebildeten Originalgenie zu entwickeln und er sich seiner Stellung als Nachkomme und Epigone bewusst ist. Durch den Dichter spricht nicht mehr die Natur, sondern das in den Lesesälen gesammelte und jederzeit verfügbare Archiv der literarischen Überlieferung. Voraussetzung des Schreibens ist der Zugang zur Bibliothek, nicht jedoch eine geniale Disposition des Schriftstellers. Imitatio der Literatur statt Mimesis der Natur. Eine solche Tendenz des Sich-Zurücknehmens und der Selbst-Minimierung ist für Gert Mattenklott ein Kennzeichen der Epigonalität: »Zu den historisch stabilen Merkmalen epigonaler Produktivität gehört das Verkleinern.«[31] In der verkleinerten und verkleinernden Wiederholung – man denke hier an Walsers Vorliebe für kleine Genres wie das Märchen, die Glosse, das Dramolett – verwandelt sich die Größe der Tradition, verbleibt sie nicht unveränderliches Monument oder vollendetes Bildungsgut. Sie wird beweglich – *aufgerüttelt* –, löst sich aus der Starre und erlaubt andere, neue Umgangsweisen mit ihr: »Ist nicht auch dies eine Dimension des Epigonalen, daß es das Absolute in Möglichkeiten auflöst und verkleinert?«[32] Diese Möglichkeiten werden sichtbar, indem der kleine, souveräne Dichter sich auf die Details und Kleinigkeiten konzentriert. Es geht ihm um die Latenzstruktur von Tradition, nicht um die Reaktualisierung verloren geglaubter Bildungselemente. Die »Neigung zum Latenten«,[33] welche die Epigonalität auszeichnet, sollte aber nicht als rein temporale, sondern auch als logische aufgefasst werden: »Das Zeitliche ist aber hier nur die Metapher eines strukturellen Verhältnisses. Was auf den ersten Blick wie eine ewige Rückständigkeit aussieht und als ein Ressentiment gegen alles Neue ärgerlich stimmen mag, gibt sich auf den zweiten als Liebe zum Verhüllten zu erkennen. Jede kulturelle Formation läßt sich als Latenzform der nächstfolgenden deuten, zuverlässig im nachhinein. Mehr als einem bestimmten Schönen in dessen spezifischer historischer Eigenart gilt die Treue des Epigonen der Latenz als solcher. […] Was

---

31 Mattenklott: »Sondierungen. Das Verblassen der Charaktere«, in: ders.: *Blindgänger*, a.a.O., S. 90.
32 Ebd.
33 Ebd.

der Epigone verehrt, soll nicht entwickelt werden, sondern als Potential, also verhüllt, erhalten bleiben; dies aber nicht aus einer obskurantischen Verschrobenheit, sondern weil gewisse Energien nur als verhüllte wirken.«[34] Walsers Umgang mit den Mustern und Vorbildern der Überlieferung zielt darauf, den »geheimen Willen der Tradition zu vollstrecken«,[35] d.h. deren Potentialität in der Wiederholung zu erhalten, ohne sie in der bloßen Aktualisierung auszulöschen. Das Ideal tritt niemals unverhüllt als ein gebildetes Ganzes mit klar definierten Grenzen auf. Es erscheint vielmehr immer wieder neu, wie der Epigone, in einer Formulierung Jochen Grevens, als eine *Figur am Rande, im wechselnden Licht*.[36] Diese Dynamik im Verborgenen berührt – obwohl nicht direkt sichtbar – die Produktivität des Epigonen, dessen Werke oft als kraftlos, schwach oder zierlich charakterisiert werden. Ihm wird das Fehlen einer eigenen, zeugenden Maskulinität vorgeworfen; die Literatur der Spätlinge erscheint aus dieser Perspektive als verweichlicht und impotent. Adynamische Impotenz kann sich prinzipiell in jedem Text und jeder Handlung zeigen, ist aber kein festgelegtes Gegenmodell zur männlich konnotierten Zeugungskraft des Originalgenies. Dies erklärt, warum es bei Walser zu keiner einseitigen Bevorzugung des Müßiggangs über die Arbeitswelt kommt. Das Nichtstun – die Unproduktivität – wird nicht als eine Gegenwelt zur bürgerlichen Gesellschaft entworfen, in welcher die anarchische Subversion des Bildungsbürgertums eingeübt würde. Walsers irritierende Mischung von Kritik und Affirmation, Aristokratismus und Bohème, Stolz und Untertänigkeit entsteht in einer Zone des Nicht-Könnens und Nicht-Wollens, die jedes Können und jede Handlung begleitet. Jede Stelle, jede Lektüre, jeder Spaziergang ist von der Entstellung, vom Nicht-Verstehen, vom Verirren berührt. Ökonomien des Austauschs, sei es die »mächtige theologische Maschine der christlichen oiconomia«[37] oder die bürgerlich-kapitalis-

---

34 Ebd., S. 96.
35 Adorno: »Zum Gedächtnis Eichendorffs«, in: *Noten zur Literatur*, a.a.O., S. 70.
36 Jochen Greven: *Robert Walser. Figur am Rande, im wechselnden Licht*, Frankfurt 1992.
37 Giorgio Agamben: *Die kommende Gemeinschaft*, übers. v. Andreas Hiepko, Berlin 2003, S. 12. Agamben situiert Walser in der Vorhölle des Limbus, einem Ort der unwiederbringlichen Verirrung: »Diese vorhöllische Natur ist das Geheimnis von Walsers Welt. Zwar haben sich seine Geschöpfe unwiederbringlich

tische Wirtschaftsordnung, werden durch die Adynamik, die jeder Handlung innewohnt, irritiert. Simon Tanners *schlechte Karriere* hält die Erinnerung an diese Indifferenz wach, die weder für das reine Nichtstun noch für die völlige Anpassung an die »Geld- und Berufsfunktionen der sozialen Existenz«[38] optiert, und die sowohl als Kritik als auch als Affirmation lesbar ist.

Insofern jeder Handlung das Nicht-Handeln und jedem Ort die Ortlosigkeit eingeschrieben ist, entzieht sich Walsers Schreiben den Prämissen einer konventionell verstandenen Ironie. Ironisch wäre danach eine Position, welche nicht handelt und das Nicht-Handeln, die schiere Passivität affirmiert. Ein solcher Ironiker bevorzugt die gesicherte Stellung des Beobachters, unter dessen Blick jede Handlung als müßig erscheint und der daher die Sphäre des reinen Denkens nicht verlässt. Demgegenüber steht die Ironie Walsers, die sich rhetorisch-stilistisch als »permanente Parekbase«,[39] als Arabeske, die »über dem reinen ›Wie‹ das ›Was‹ vergißt«,[40] präsentiert. In der Konzentration auf die Schreibweise, das schriftstellerische Verfahren nähert sich Walser aber nicht nur der romantischen Ironie, sondern auch Techniken der historistischen Tradition des 19. Jahrhunderts.[41] Heterogene Konventionen und Traditionen werden aufgenommen – angelesen – und im Raum der souveränen Konjunktivität potentialisiert.

---

verirrt, jedoch in Regionen, die jenseits von Verdammnis und Heil liegen: Ihre Nichtigkeit, die ihr ganzer Stolz ist, äußert sich vor allem in ihrer Neutralität gegenüber dem Heil. Sie ist der radikalste Einwand, der gegen die Idee der Erlösung erhoben werden kann. Im eigentlichen Sinn unrettbar ist nämlich nur das Leben, in dem es nichts zu retten gibt und an dem die mächtige theologische Maschinerie christlicher *oikonomia* scheitert. Nur so lässt sich die wunderliche, die Figuren Walsers auszeichnende Mischung von Schalkhaftigkeit und Bescheidenheit, *cartooneskem* Leichtsinn und peinlicher Genauigkeit verstehen.«

38 Norbert Elias: *Die höfische Gesellschaft*, Frankfurt 1983, S. 144.
39 Friedrich Schlegel: *Kritische Ausgabe*, hg. von Ernst Behler, Bd. 18, München, Paderborn, Wien 1963, S. 85. Vgl. zu Walsers Ironie auch Hans H. Hiebel »Robert Walsers ›Jakob von Gunten‹. Die Zerstörung der Signifikanz im modernen Roman«, in: Hinz und Horst (Hg.): *Robert Walser*, a.a.O., S. 240–275, hier S. 253: »Das Fehlen eines fixen Punktes im Aussagekontext führt zu einer Art ›Romantischer Ironie‹, einer transzendentalen Buffonerie, einem Spiel mit dem Nichts, zur Zerstörung der Signifikanz.«
40 Benjamin: »Robert Walser«, in: *Gesammelte Schriften*, Bd. 2,1, a.a.O., S. 327.
41 Vgl. zu dieser These Baßler: *Die Entdeckung der Textur*, a.a.O.

Die Handlungen der walserschen Helden sind nicht einfach mit dem Vorzeichen eines *Es-Könnte-Auch-Anders-Sein* versehen, vielmehr ist ihr Vorgehen radikaler. Sie tragen in sich ihr Ent-Stehen, ihre passive Im-Potentialität. Giorgio Agamben bringt dies in seiner Deutung von Melvilles Erzählung »Bartleby the Scrivener« auf den Punkt: »Bartleby stellt genau die Frage der Vorherrschaft des Willens über die Potenz neu. Wenn Gott (zumindest *de potentia ordinata*) wirklich nur das sein kann, was er will, kann Bartleby einzig ohne zu wollen, er kann nur *de potentia absoluta*. Aber seine Potenz ist deshalb nicht wirkungslos, bleibt nicht inaktiv aus Mangel an Wille: im Gegenteil, sie übertrifft in allem den Willen (seinen wie den der anderen).«[42] Jede Möglichkeit, etwas zu tun oder etwas zu sein, muss auch gleichzeitig die Möglichkeit, etwas nicht zu tun oder nicht zu sein, in sich tragen, soll der *Möglichkeitssinn* nicht im handelnden Vollzug völlig aufgehen und ausgelöscht werden. Nur ein Handeln, das die Möglichkeit des Nicht-Handelns, ein Sein, das die Möglichkeit des Nicht-Seins, eine Potenz, die gleichzeitig ihre Impotenz erhält, steigert ihre Potentialität zur *potentia potentiae*. In dieser Verschränkung von Möglichkeit und Nicht-Möglichkeit wendet sich die Potentialität auf sich selber zurück und wird zur »vollkommenen Potenz«.[43] Ein solches Vorgehen erhält im *ergon* die *energeia*, im Werk das Nicht-Werk und im *actus* die *potentia*. Zwar muss die Impotenz zurücktreten, soll es überhaupt zur Handlung kommen, doch gleichzeitig erfüllt sie sich – auf andere Art – im Modus einer selbstreferentiellen Wendung: »Das Vermögende kann erst dann zum Akt übergehen, wenn es die Potenz, nicht zu sein (seine *adynamía*), ablegt. Dieses Ablegen der Impotenz bedeutet nicht ihre Zerstörung, sondern im Gegen-

---

42 Agamben: *Bartleby oder die Kontingenz*, a.a.O., S. 35.
43 Ebd., S. 16: »Folgerichtig bedient sich Avicenna in seiner wunderbaren Schrift über die Seele, die das Mittelalter als *Liber VI naturalium* kannte, des Bildes der Schrift, um die verschiedenen Arten oder Stufen des möglichen Intellekts zu veranschaulichen. Es gibt eine Potenz (die er material nennt), ähnlich dem Zustand eines Kindes, das mit Sicherheit eines Tages schreiben wird lernen können, aber noch nichts von der Schrift weiß, es gibt, darauf folgend, eine Potenz (die er leicht oder möglich nennt), die wie jene eines Kindes ist, das anfängt sich mit Feder und Tinte vertraut zu machen und mit Mühe die ersten Buchstaben krakeln kann; und schließlich eine vollständige oder vollkommene Potenz, die jene eines Schreibers ist, der die Kunst des Schreibens perfekt beherrscht, in dem Moment, in dem er nicht schreibt (potentia scriptoris perfecti in arte sua, cum non scripserit).«

teil ihre Erfüllung; die Potenz wendet sich auf sich selbst zurück.«[44] Diese Art der impotenten Potenz gibt und nimmt zugleich. Aktualität und Potentialität verschränkend, ist sie eine Struktur des Lassens und der Gelassenheit.

Vielleicht lässt sich in dieser Weise Walsers Souveränität als eine Strategie der Selbstaufgabe und der Verausgabung verstehen. Diese Vorgehensweise liegt jenseits einer »Ökonomie der Kräfte«,[45] ist unproduktiv im bürgerlichen Sinn. Als ihr Resultat verschränken sich Werk und Werklosigkeit, Erfolg und Erfolglosigkeit unentscheidbar: »Die reine Potenz und der reine Akt sind letztlich nicht auseinander zu halten, und genau diese Zone der Ununterscheidbarkeit ist der Souverän.«[46] Souveränes Existieren des Schriftstellers zeichnet sich durch Gelassenheit aus, in der es zu einer »vollkommenen Durchdringung äußerster Absichtslosigkeit und höchster Absicht kommt«.[47] Derart verirrt kommt das Vorgehen des Schriftstellers zu keinem Ziel, bleibt er unerlöst. Verzweiflung ist ihm jedoch fremd. Er hat Glück; ihn zeichnet eine »reine und rege Stimmung des genesenden Lebens aus«.[48] Durch die gelassene Akzeptanz einer *schlechten Karriere*, die Affirmation einer *gänzlichen Erfolglosigkeit*, nähern sich Walsers Figuren dem an, was Agamben über den Schreiber Bartleby feststellt: »Als Schriftkundiger, der aufgehört hat zu schreiben, ist er die extreme Gestalt des Nichts, aus dem die gesamte Schöpfung hervorgeht, und zugleich die unerbittlichste Einforderung dieses Nichts in seiner reinen und absoluten Potenz.«[49]

In Walsers Welt der Dichter und Diener, der kleinen Angestellten und Commis, in dieser Welt des Niedrigen und Subalternen gehen Selbst- und Fremdbestimmung, Freiheit und Gebundenheit, Affirmation und Subversion ineinander auf. Demut und Arroganz, Anpassung und Auflehnung treten in einer »Zone der Unbestimmbarkeit«[50]

---

44 Giorgio Agamben: *Homo Sacer. Die souveräne Macht und das nackte Leben*, übers. v. Hubert Thüring, Frankfurt 2002, S. 56.
45 Klaus-Michael Hinz: »Robert Walsers Souveränität«, in: Chiarini und Zimmermann (Hg.): ›Immer dicht vor dem Sturze...‹, a.a.O., S. 153–171, hier S. 165.
46 Agamben: *Homo Sacer*, a.a.O., S. 58.
47 Benjamin: »Robert Walser«, in: *Gesammelte Schriften*, Bd. 2,1, a.a.O., S. 325.
48 Ebd., S. 327.
49 Agamben: *Bartleby oder die Kontingenz*, a.a.O., S. 33.
50 Ebd., S. 36f.: »Jaworski seinerseits hat beobachtet, daß die Formel [Bartleby's Ausspruch *I would prefer not to*, J.K.] weder affirmativ noch negativ ist,

zusammen. Unentscheidbar bewegen sich diese Figuren auf einer Bahn, auf welcher ihre Handlungen und ihre Sprache stets den Sinn der Möglichkeit erhalten. Dieser Sinn ist zugleich ein Sinn der Nicht-Möglichkeit und des Nonsense. Dieses In- und Miteinander erklärt, warum Untertänigkeit so schnell und scheinbar unmotiviert in Hochmut, Höflichkeit in Taktlosigkeit, Aktivität in Passivität umschlagen können. Personen, die mit diesem Sinn für den Unsinn ausgestattet sind, erscheinen als *beglückend* und *unheimlich* zugleich. Für Walter Benjamin, der als erster auf diese Zusammenhänge im Werk Walsers aufmerksam gemacht hat und auf den sich Agambens Walser-Lektüre unausgesprochen stützt, sind Walsers Figuren der »Nacht und dem Wahnsinn des Mythos entronnen«.[51] Diese Befreiung ist, laut Benjamin, weder in den positiven Religionen – »Man meint gewöhnlich, es habe sich dies Erwachen [vom Mythos, J.K.] in den positiven Religionen vollzogen. Wenn das der Fall ist, dann jedenfalls in keiner sehr einfachen und eindeutigen Form.«[52] – noch im Märchen – »Natürlich haben seine Figuren [die des Märchens, J.K.] nicht einfach Ähnlichkeit mit den walserschen. Sie kämpfen noch, sich von den Leiden zu befreien«[53] – zur Gänze gelungen.[54] Vielleicht lösen sich Walsers Figuren vom Mythos dadurch, dass sie nicht versuchen, den Wahnsinn und das Leiden zu negieren, und eine aufgeklärte Position der Überwindung einzunehmen. Die *perfekte Passivität* ereignet sich jenseits mythischer Kräfte wie Schuld und Opfer oder theologischer Begriffe wie Sünde und Erlösung. Simon Tanner, Fritz Kocher und all die anderen Figuren Walsers existieren in souveräner Gelassenheit, die in der Indifferenz von Potentialität und Impotentialität zutage tritt. Sie sind *Genesende*, verhalten im Bann ihrer *potentia potentiae*, zugleich ausgeschlossen von und befreit aus christlichen Erlösungs- oder bür-

---

daß Bartleby weder akzeptiert noch verweigert, daß er vorwärtsgeht und sich zurückzieht in eben dem Moment, in dem er vorwärtsgeht; oder, wie Deleuze nahe legt, daß er eine Zone der Unbestimmbarkeit eröffnet zwischen dem Ja und dem Nein, dem was vorzuziehen ist und dem Nicht-Bevorzugten. Aber auch, aus dem Blickwinkel, der uns hier interessiert, zwischen der Potenz zu sein (oder zu tun) und der Potenz nicht zu sein (oder nicht zu tun).«
51 Benjamin: »Robert Walser«, in: *Gesammelte Schriften*, Bd. 2,1, a.a.O., S. 327.
52 Ebd.
53 Ebd.
54 Zum Begriff des Mythos bei Benjamin vgl. Winfried Menninghaus: *Schwellenkunde. Walter Benjamins Passage des Mythos*, Frankfurt 1986.

gerlichen Warenökonomien. Als *Figuren am Rande im wechselnden Licht* verausgaben sie sich ohne Rückhalt, geben sie sich der Passivität hin. Sie bewegen sich mit märchenhafter Sicherheit in einer Welt des Zitats und der Wiederholung.

Das Märchen,[55] das sich zwischen *es war einmal* und *wenn sie nicht gestorben sind, dann leben sie noch heute* aufspannt, deutet Benjamin als einen ersten Schritt aus dem »Schuldzusammenhang des Lebendigen«,[56] wie er sich im Mythos manifestiert. Diese Formulierungen, Anfang und Ende jedes Märchens markierend, zeigen die Zweideutigkeit des Märchens zwischen Einmaligkeit – *es war einmal* – und zeitloser Allgemeingültigkeit – *wenn sie nicht gestorben sind, dann leben sie noch heute*. Folgt man Benjamin, setzt Walser dort an, wo das Märchen endet und die Figuren die Auseinandersetzung mit den mythischen Mächten *hinter sich* haben. Sie haben den Wahnsinn und das Leiden *hinter sich*, diese bleiben aber als unheimlicher Hintergrund sichtbar. Schildert das verkleinernde Märchen[57] den Kampf mit dem Mythos, so siedelt Walser seine Geschichten dort an, wo dieser Agon aufgehoben ist. Gegensätze wie Schuld und Schuldlosigkeit, Regression und Fortschritt oder Individuelles und Allgemeines verlieren ihre Bedeutung; in der souveränen Gelassen-

---

55 Den vom Mythos befreienden Charakter des Märchens hat Benjamin an anderer Stelle – im Text »Der Erzähler« – genauer gefasst: »Das Märchen gibt uns Kunde von den frühesten Veranstaltungen, die die Menschheit getroffen hat, um einen Alp, den der Mythos auf ihre Brust gelegt hatte, abzuschütteln. [...] Das Ratsamste, so hat das Märchen vor Zeiten die Menschheit gelehrt, und so lehrt es noch heut die Kinder, ist, den Gewalten der mythischen Welt mit List und mit Übermut zu begegnen (So polarisiert das Märchen den Mut, nämlich dialektisch: in Untermut [d.i. List] und in Übermut.) Der befreiende Zauber, über den das Märchen verfügt, bringt nicht auf mythische Art die Natur ins Spiel, sondern ist die Hindeutung auf ihre Komplizität mit dem befreiten Menschen. Diese Komplizität empfindet der reife Mensch nur bisweilen, nämlich im Glück; dem Kind aber tritt sie zuerst im Märchen entgegen und stimmt es glücklich.« In: Walter Benjamin: »Der Erzähler«, in: *Gesammelte Schriften*, Bd. 2,2, Frankfurt 1977, S. 438–465, hier S. 458.
56 Benjamin: »Schicksal und Charakter«, in: *Gesammelte Schriften*, Bd. 2,1, a.a.O., S. 175.
57 Mattenklott: »Sondierungen. Das Verblassen der Charaktere«, in: Mattenklott: *Blindgänger*, a.a.O., S. 90: »Der Exodus des Mythos ins Märchen – und damit weniger seine Vernichtung als vielmehr seine Verkleinerung ins Verträgliche – bedeutet auch, daß der letzte Ernst der Mythen dahingestellt bleibt«. Zum Märchen als kleine Form vgl. André Jolles: *Einfache Formen*, Tübingen 1974.

heit Walsers gehen Anfang – *es war einmal* – und Ende – *wenn sie nicht gestorben sind, dann leben sie noch heute* –, gehen Vergangenheit und Gegenwart, Epigonentum und Originalität ineinander über. Walsers Helden bewegen sich in dieser Sphäre der Indifferenz, einer Zone der permanenten Latenz, die niemals zur reinen Aktualität gerinnt.

Die Art und Weise, *wie* sie leben, nachdem sie den Mythos *hinter sich* gelassen haben, lässt die Möglichkeit zu, anders zu leben, die eigene Vergangenheit des *es war einmal* zu potentialisieren, und sie neu zu lesen. Diese Lektüre der Tradition darf in diesem Zusammenhang nicht als eine bloße Reaktualisierung des Vergangenen aufgefasst werden. Die verkleinernde Wiederholung großer Vorbilder muss im Moment ihrer Aktualisierung die Potentialität der Tradition erhalten, will sie sich in gelassener Souveränität in der »Kunst der Latenthaltung«[58] üben. Hans Blumenberg spricht in diesem Zusammenhang von einer »zwanghaften Anamnesis der Latenz« und nennt sie einen »Mechanismus von ebenso großartiger wie verhängnisvoller Potentialität.«[59] Die mythische Vergangenheit bzw. ihre Bannung, wie sie von Benjamin und Blumenberg beschrieben werden, vollzieht sich im Modus der Wiederholung und Potentialität. Das *es war einmal* ist niemals ganz vergangen, der Mythos nicht einfach überwunden. Er wurde zwar *hinter sich* gelassen, ist jedoch noch immer verkleinert und entstellt als Geschwätzigkeit[60] lesbar. Im Zitat und der Paraphrase, der Wiederholung traditioneller Erzählstrukturen wird der Mythos potentialisiert, latent gehalten und derart gleichzeitig »gewahrt, gebannt« und »überwunden«.[61]

---

58 Anselm Haverkamp: *Figura Cryptica. Theorie der literarischen Latenz*, Frankfurt 2002, S. 9.
59 Hans Blumenberg: »Wirklichkeitsbegriff und Wirkungspotential des Mythos«, in: ders.: *Ästhetische und metaphorologische Schriften*, Frankfurt 2001, S. 327–405, hier S. 347.
60 Benjamin: »Robert Walser«, in: *Gesammelte Schriften*, Bd. 2,1, a.a.O., S. 327: »Denn das Schluchzen ist die Melodie von Walsers Geschwätzigkeit.«
61 Haverkamp: *Figura Cryptica*, a.a.O., S. 7.

Der monotone Lehrgang der Dilettanten
Wie lernt man, eine Null zu werden?

Eine Figur im Werk Walsers, welche das eigentümliche Glück einer schlechten, erfolglosen Karriere ausstellt, ist der Dilettant. Indem sich Walser von der seit der deutschen Klassik geläufigen Abwertung des Dilettantischen absetzt, beteiligt er sich an einer Diskussion über den Status des Dilettanten, wie er ungefähr zeitgleich von so unterschiedlichen Autoren wie Hugo von Hofmannsthal, Rudolf Kassner und Carl Einstein geführt wurde. Zwischen Tradition und Experiment gewinnen dilettantische Formen wie der Versuch, die Skizze und der Essay, die sich von den im 19. Jahrhundert geläufigen Ideologien des gebildeten Künstlers abheben, neue Validität.[1] In einer kurzen Reflexion über die Figur des Dilettanten entwirft Walser eine Künstlerfigur, die zwischen traditionellen Vorstellungen von Genie und Dilettant schwankt und die sich weder durch Erfolg noch Erfolglosigkeit auszeichnet: »[A]ber weder der Erfolg noch auch der hartnäckigste Mißerfolg macht den Künstler.« (15,61) Was den genialen Künstler auszeichnet, ist das Glück. Es ist das einzige Merkmal, welches das *alleranerkannteste Genie* vom *verkannten* Genie unterscheidet: »Gerade die alleranerkanntesten Genies sind oft den verkannten Genies am ähnlichsten. Beide unterscheiden sich nur durch das Glück.« (15,61) Es ist eine Frage des Glücks, welche über die erfolgreiche Laufbahn des Kunstgenies entscheidet und eine gewisse »Schuldlosigkeit« (15,61), welche die *anerkanntesten* Genies und die verkannten Künstler einander ähneln lässt. Diese *Schuldlosigkeit* ist keine Eigenschaft des anerkannten Genies, sondern nur des *alleranerkanntesten* und des *verkannten* – gleichzeitige Steigerung und Verkleinerung der Anerkennung. Im Umschlag der Anerkanntheit in die Allerkanntheit zeigt sich ein Zug des Genies, welcher dieses in die Nähe der Verkanntheit rückt. Höchste Anerkennung gleicht der Verkennung. Die Frage, ob ein Künstler als ein Genie oder als ein Dilettant anzusehen ist, entscheidet sich nicht durch Erfolg oder Erfolglosigkeit, durch Anerkennung oder Verkennung. Es scheint, als sei

---

1 Zur Begriffsgeschichte der Wörter ›Dilettant‹ und ›Dilettantismus‹ vgl. Georg Stanitzek: »Dilettant«, in: Klaus Weimar u.a. (Hg.): *Reallexikon der deutschen Literaturwissenschaft*, Bd. 1, Berlin, New York 1997, S. 364–366.

Genialität in einer gewissen *Schuldlosigkeit* zu suchen, »mit welcher diese Art von Leuten ihren Beruf auffassen« (15,61). Das Genie zeichnet sich durch eine unschuldige Berufsauffassung aus, die sich nichts aus Erfolg noch aus dem *hartnäckigsten Mißerfolg* macht. Ironischerweise zitiert Walser mit dem Begriff der Schuldlosigkeit, verstanden als quasi-kindliche Unschuld, eine zentrale Kategorie der gegen Ende des 18. Jahrhunderts entwickelten Genie-Ästhetik. Schuldlosigkeit ist in diesem Zusammenhang, aber auch im ökonomischen Sinne als Schuldenlosigkeit zu verstehen. Sowohl der reiche, berühmte, *anerkannteste* Künstler als auch das verkannte Genie sind von der bürgerlichen Tauschökomie abgekoppelt, können ihr Künstlertum diesseits bzw. jenseits der Sphäre des öffentlichen und des finanziellen Erfolgs ausüben.

Dilettantismus im Sinne Walsers ist nichts, was dem naturwüchsigen Genie schlicht entgegenzusetzen wäre.[2] Vielmehr scheint das Naturtalent eine merkwürdige Tendenz zum Dilettantischen zu eignen: »Seltsam ist es mit der sogenannten Naturtalent-Anlage. Manchmal ist gerade die holdselige Natur-Eigentümlichkeit zum ewigen Dilettantismus bestimmt, während die scheinbare Unoriginalität es durch den festen Fleiß und die Leidenschaft des Geistes zu hohem Künstlerstand zu bringen vermag.« (15,61) Die naturgegebenen Anlagen des Genies – seine schöpferische Originalität – haben die Neigung, im ewigen Dilettantismus stecken zu bleiben. Dem Originalgenie gelingt es nicht, »selbst schöpferisch eine neue Bahn zu finden«.[3] Es ist unbeweglich, festgestellt, es beschreitet keine *merkwürdige Laufbahn* und kann »also der Welt« nicht »etwas noch nie Dagewesenes aufzwingen« (15,62). Der *ewige Dilettantismus* des Genies kommt

---

2 Vgl. Marion Gees: *Schauspiel auf Papier. Gebärde und Maskierung in der Prosa Robert Walsers*, Berlin 2001, S. 127: »Hier findet eben keine Festlegung von Normen statt, die eine negative Bewertung oder eine eindeutige Aufwertung des Dilettant ein für allemal zuließe. [...] Was auf den ersten Blick Oppositionen bildet, sind vermeintliche Gegensätze, mit denen leichtfertig dilettiert wird, ein dilettantisches Spiel, das sich, angereichert mit überlieferten Versatzstücken und geläufigen Meinungen zum Dilettanten, fortbewegt in einem Hin und Her zwischen Tradition und Experiment. Dieses Schwanken hält sich nicht immer die Waage, sondern nimmt häufig völlig kontroverse, kurzlebige Positionen ein, die sich jedoch eindeutigen und längerfristig gültigen kulturpädagogischen oder kulturpessimistischen Tendenzen widersetzen.«
3 Georg Stanitzek: »Dilettant«, in: *Verstärker*, 3, 2 (1998), http://www.culture.hu-berlin.de/verstaerker/vs003 (aufgerufen: 26.8.2009).

nicht voran, verharrt im Zustand seiner naturgegebenen Originalität, die jeder Entwicklung hemmend entgegensteht. Überraschenderweise liegt für Walser eine Möglichkeit, die Starre des *ewigen Dilettantismus* zu lösen, in der Betonung des scheinbar Unoriginellen, der Fleißarbeit des Epigonen, welcher nichts Neues schafft, sondern bloß nachahmt.[4]

Worin besteht diese Leistung des Unoriginellen? Warum gelangt er zu *hohem Künstlerstand*, während das Naturtalent im *ewigen Dilettantismus* verbleibt? Dass Beweglichkeit und Fortgang den Künstler ausmachen, wird durch einen Blick auf das Prosastück »Über den Charakter des Künstlers« deutlich, welches 1911, zwei Jahre nach »Dilettanten«, in der Zeitschrift *Kunst und Kunstwerk* veröffentlicht wurde. Dort heißt es: »[E]s ist immer eine Frage da, ein Gedanke, ein Geist, ein Fortlaufendes, und es bricht immer in ihm, es tönt, und er bildet sich ein, immer bildet er sich ein, treulos zu sein an einem schönen, unbezwinglichen, gräßlichen Etwas, das da ist und nie da ist, das nie da ist, weil es selbst ist, weil es das selbst ist, was da ist und immer fortgeht.« (15,64) Der unoriginelle Künstler ist derjenige, der niemals zu *sich selbst* kommt und nicht zum gestandenen, anerkannten Genie wird. Das, was *da* ist, *geht immer fort*. Der Charakter des Künstlers ist fortgehend, aufbrechend, eine Frage, ein Gedanke, ein fortfliegender Geist. Immer fortgehend, ist er sowohl an- als auch abwesend, bricht er an und hört zugleich auf. Insofern muss jeder Versuch, den Künstler zu charakterisieren und ihm eine gebildete Gestalt zu geben, ins Leere laufen. Jeder Form der Anerkennung ist ein Moment des Verkennens eingeschrieben.

Das Naturtalent besitzt seine produktive Schöpferkraft von Beginn an, es braucht sich daher seiner selbst als Künstler nicht beständig zu vergewissern. Dieses fortlaufende Vergewissern ist das Geschick des unbeständigen, flüchtigen Dilettanten, der sich fortlaufend auf der Suche nach seinem Wesen befindet: »Daß er nie zur Sicherung oder Versicherung seiner selbst gelangt, scheint sein Los. Es ist dies weder ein sehr trübes, noch ein sehr leichtes Los. Es brennt, es ist das Los der immerwährenden Spannung. Da soll er fassen und fürchtet sich davor; da unterliegt er und ist beinahe froh darüber; da erschlafft und ermüdet er und greift zugleich einen ganz neuen, nie vorher geahn-

---

4 Vgl. dazu Jürgen Fohrmann: »Dichter heißen so gerne Schöpfer. Über Genies und andere Epigonen«, in: *Merkur*, 39 (November 1985), S. 980–989.

ten Besitz an. Ein seltsamer, fast gespenstischer Geist beherrscht ihn. Verloren in den Abgründen der Mutlosigkeit gewinnt er oft das Beste: sich selbst; und vertieft in große Gedanken verliert er sich wie Spreu in den Wind geworfen.« (15,64) In dieser Dialektik des Suchens und Findens, des Gewinnens und Verlierens, die sich aus der Niederlage, der Erschlaffung, der Müdigkeit und der Mutlosigkeit entwickelt, bewegt sich der Künstler, welcher weder in seiner genialen Naturanlage stecken geblieben noch zum scheinbar gebildeten *Meister* erstarrt ist. Er geht *immer fort*, ohne anzukommen. Gespannt zwischen den Polen des Kommens und Gehens, gerinnt sein Fortgehen zu keiner Karriere. Seine Laufbahn bleibt *merkwürdig*, überschreitet sein Vorgehen nie das »schlechtweg« (15,61) Dilettantische. Seine Gedanken gleichen in den Wind geworfener Streu, losen Zetteln, uneinsammelbar. Sie entgleiten dem ermüdeten, erschlafften Zugriff, zwischen Geist und Gespenst gespannt. Dieses seltsame, fassungslose Schicksal immerwährender Spannung hat sich aus der Klammer von Erfolg und Erfolglosigkeit gelöst, ist weder *trübe* noch *sehr leicht*.

Ein Blick auf die Wortgeschichte des Wortes *Dilettant* zeigt, dass seine pejorative Verwendung erst im Laufe der zweiten Hälfte des 18. Jahrhunderts einsetzt, während bis dahin der aus dem Italienischen eingeführte Begriff auf einen Liebhaber der Kunst verweist: »Das italienische ›dilettante‹ bezeichnet den ›Liebhaber einer Kunst, die der Betreffende nur zum Vergnügen betreibt‹; und dieser liebhaberisch an Künsten und Wissenschaften anteilnehmende Dilettant realisiert ein Bildungsideal, das zugleich von seiner sozialen Stellung Zeugnis ablegt, das ihn distinguiert.«[5] Erst Ende des 18. Jahrhunderts ändert und erweitert sich die Wortbedeutung und nimmt die heute geläufigen, negativen Konnotationen an. Exemplarisch für die Abwertung des Dilettantischen kann Schillers Charakterisierung gelten, wie sie von Georg Stanitzek referiert wird: »Der Dilettant, die Dilettanten werden hier [bei Schiller, J.K.] zum ›-ismus‹: ›Dilettantismus‹, ein – wohl von Schiller geprägter – Begriff, der schon von Haus als abwertende Fremdbezeichnung fungiert: Bezeichnung des Jenseits der Kunst. [...] An diese Vorgabe schließt insbesondere Schiller an, dem zufolge man den auf genießende ›Betrachtung‹ fixierten ›bloßen

---

5 Vgl. Stanitzek: »Dilettant«, in: *Verstärker*, a.a.O. Vgl. auch: Hans Rudolf Vaget: »Der Dilettant. Eine Skizze der Wort- und Bedeutungsgeschichte«, in: *Jahrbuch der deutschen Schillergesellschaft*, 14 (1970), S. 131–158.

Dilettanten‹ strikt das sich dem ›Studium‹ widmende ›wahrhaftige Kunstgenie‹ entgegenzusetzen habe.«[6]

Betrachtet man Epigonalität nicht nur als zeitbezogenes, temporales Phänomen, das durch die Unterscheidung vorher vs. nachher charakterisiert ist, sondern als ein logisches Verhältnis oder als eine Form der Latenthaltung, wird die Nähe von Epigone und Dilettant deutlich. Als Figuren ästhetischer Souveränität[7] verweilen sie auf der Grenze von Rezeption und Produktion, verhalten sie Originales und Abgeleitetes, Primäres und Sekundäres.

Walter Benjamin erläutert in einer Tagebuchnotiz vom 16.8.1931 unter dem Begriff der Volkstümlichkeit die Möglichkeiten einer in Massenproduktion hergestellten Literatur, die auf ähnliche Weise geläufige Vorstellungen von künstlerischer Produktivität unterbricht: »Indem nämlich das Schrifttum an Breite gewinnt was die Kunst an Tiefe verliert, beginnt die Trennung zwischen Autor und Publikum, die der Journalismus auf korrupte Weise aufrecht erhält, auf anständige Art durchbrochen zu werden. Der Lesende ist jederzeit bereit ein Schreibender, nämlich ein Beschreibender und ein Vorschreibender zu werden; von jeder sachlichen Kennerschaft aus bahnt sich ein Zugang zum Schreibenkönnen; kurz, die Arbeit selbst kommt zu Worte.«[8] Das, was Benjamin hier als Gewinn an Breite und Verlust an Tiefe bezeichnet, lässt sich als eine Spielart des modernen Dilettantismus fassen. Als eine Produktionsweise, die nicht mehr auf das Große und Hohe abzielt, sondern die sich in Schreibweisen bewährt, in denen der Vorgang des Schreibens selbst zu Wort kommt. Es handelt sich um eine Literatur, in der ihre Gemacht- und Verfasstheit zur Darstellung kommt. Solche sowohl volkstümlichen als auch selbstreflexiven Texte sind nicht mehr das Produkt eines mythisch verklärten Originalgenies. Sie entstehen im dilettantischen, nicht abgesicherten Anverwandeln des Gelesenen durch den Bezug auf bereits Vorgegebenes, in dem Lesen und Schreiben nicht zu trennen sind. Was in der Nachfolge Schillers als eine dilettantische Vermischung von Rezeption und Produktion verworfen wurde, erhält bei

---

6   Stanitzek: »Dilettant«, in: *Verstärker*, a.a.O.
7   Vgl. Hinz: »Robert Walsers Souveränität«, in: Chiarini und Zimmermann (Hg.): ›*Immer dicht vor dem Sturze…*‹, a.a.O., S. 153–171.
8   Walter Benjamin: »Tagebuch vom 7.8.1931 bis zum Todestag«, in: *Gesammelte Schriften*, Bd. 6, a.a.O., S. 441–446, hier S. 446.

Benjamin und Walser eine eigene Dignität. Wie sieht eine dilettantisch-epigonale Methode der Rezeption aus? Wie ein Lesen, das Latenzen aufruft und produktiv wird? Ein Lesen, das sich in die Lücken der Tradition einschreibt? Für Walser ist Lesen nicht vom Schreiben zu trennen, daher ist sein *Anlesen* nicht nur ein genaues Lesen, welches Lücken und Dissonanzen wahrnimmt, sondern auch gleichzeitig die Herstellung von Null- und Unbestimmtheitsstellen. Diese sind Produkte der Lektüre, die »Räume der Konjunktivität«[9] schaffen, in denen das Schreiben aufbricht.

Ein solches Anlesen, das sich in das bereits Geschriebene einschreibt, das »ins Lesen hineingeht« (20,309), verlebendigt nicht nur die starren Formen der Überlieferung, sondern berührt auch den Charakter des Lesers: »Seine [des Lesers, J.K.] Existenz entfernt sich von ihm; sie verdünnt sich zur ausgedehnten, in die Länge gezogenen Teilnahme« (20,308). Es scheint, als ob der Leser – im Moment des Lesens – sich spaltet, er – als Leser – sich von sich – als Existenz – teilt. Im teilnehmenden Lesen nimmt der Leser nicht nur am Text teil, insofern er sich in die *handelnden Personen* hineinversetzt und mit ihnen *sympathisiert*, sondern er teilt sich selbst, *dehnt* und *verdünnt* sich. Sein Charakter verblasst, verwandelt sich zu einer *in die Länge gezogenen Teilnahme*. Der Lesende besteht aus nichts anderem als aus Teilen. Es verliert sich die Form des Menschen als Leser, der in Büchern liest, um zur Vergewisserung seiner selbst zu kommen. Im Lesen entfernt sich der Mensch von sich selbst, zerdehnt zu einer Teilnahme, einem Vorgang, in dem Teilen und Nehmen ineinander aufgehen.[10] Was vom Menschen bleibt, ist nichts außer dieser Oszillation zwischen Sammlung und Zerstreuung: »Indem er ins Lesen hineingeht, geht er aus sich selbst fort und ging dennoch nirgends hin, und indem er den eigenen Blicken entglitt, entschwindet er sich nie.« (20,309) Sich-Verlieren und Sich-Finden, Aktivität und Passivität scheinen sich im Moment des hineingehenden Lesens ineinander zu verlieren. Der Leser verwandelt sich in das »mannigfaltig zerschnittene und zertrennte Ich-Buch« (20,322),[11] das konti-

---

9 Rodewald: *Robert Walsers Prosa*, a.a.O., S. 175f.
10 Vgl. die Diskussion der Wendung »Ich teile mit« im obenstehenden Kapitel »Unaufhörliches Aufhören«.
11 Zu einer Lektüre dieser Wendung vgl. Siegel: *Aufträge aus dem Bleistiftgebiet*, a.a.O., S. 26f.

nuierlich fortgeschrieben wird. Fassungslos kommt sowohl das Buch als auch der Leser nie zu sich, bestehen sie nur aus einer gedehnten Teilnahme, dem beständigen Fortgehen und Wiederkehren, das aufgrund dieser Zerfaserung beständig *entgleitet*, ohne zu *entschwinden*. Das Buch, wie der in es hineingehende Leser, hat sein *Wesen* im Schneiden und Teilen: »Er [der Leser, J.K.] verzichtet auf sich, verlässt nichts, sucht, findet, verliert, gewinnt nichts, geht nicht hinaus, kehrt nicht zurück. Niemand fügt er etwas bei; niemand kann ihm beikommen. Er rührt nichts an, wird nicht angerührt. Keiner verspricht ihm etwas oder verspricht sich etwas von ihm. Ihm erschiene komisch, wenn er von irgend jemand etwas begehrte; sein nicht aufhörenwollendes Lesen gibt ihm genug.« (20,308f.) Vielleicht bedarf es dieser *absoluten Nichtigkeit*, die nicht nichts ist, um das *rein Menschliche* im Lesen und Schreiben – teilnehmend – darzustellen. Das *rein Menschliche* ist nichts als der Moment des teilenden Nehmens, der die menschliche Gestalt zäsuriert, das Ich-Buch zerschneidet und im *in die Länge gezogenen, nicht aufhörenwollenden Lesen* den Leser und seine Existenz – als *lesendes Wesen* – spaltet.

Es ist nicht überraschend, dass in den Texten Walsers Schüler und Auszubildende eine große Rolle spielen, da sich in diesen Gestalten die Lücke oder Grenze, die sich zwischen Rezeption und Produktion, Imitation und Innovation, Nachahmung und Originalität im Moment des Lesens auftut, personifiziert. Es geht Walser um die Übergängigkeit solcher Unterscheidungen und wie man diese Übergänge und Indifferenzen meistern kann. Lassen sich Dilettantismus und Inkompetenz im Vorgehen des Lesens erhalten? Lassen sie sich einsetzen? Und wie lassen sich neue, produktive Unbestimmtheitsstellen herstellen? Georg Stanitzek hat einige Aussagen hinsichtlich dilettantischer Unzulänglichkeit innerhalb von Wissenschaft, Philosophie und Literatur gesammelt: »Man denke daran, daß zum Beispiel Luhmann selbst davon ausgeht, daß seine Beschreibungsarbeit ›nur sehr dilettantisch geschehen kann‹, oder man denke an Derrida, ›admitting my incompetence very sincerely‹.«[12] Es kann hier nicht entschieden werden, inwieweit sich diese Eingeständnisse des eigenen Dilettantismus im Rahmen eines »sermo humilis«[13] oder der rhetorischen Figur

---

12 Stanitzek: »Dilettant«, in: *Verstärker*, a.a.O.
13 Vgl. dazu Erich Auerbach: »Sermo Humilis«, in: ders.: *Literatursprache und Publikum in der lateinischen Spätantike*, Bern 1958, S. 25–63.

des Asteismus[14] bewegen. Es bleibt jedoch festzuhalten, dass jedes Sprechen über Dilettanten notwendig dilettantische Momente in sich tragen muss, dass es kein nicht-dilettantisches Schreiben über den Dilettanten geben kann. Wie steht es mit dem Dilettantismus des Literaturwissenschaftlers, dem Dilettantismus dessen, der die Texte eines Dilettanten liest? Der Dilettantismus von jemandem, der eventuell das Urteil des Dilettantismus verhängt? In gewisser Weise muss der wissenschaftliche Kommentar über die Figur des Dilettanten an der Aufhebung des Dilettantismus arbeiten, darf ihn nicht zulassen, muss ihn ausschließen. Dieser Ausschluss gelingt jedoch nie vollständig, der Kommentierende kann sich nicht ganz aus den konjunktiven Spielräumen des Dilettantismus lösen.

Ausgangspunkt des Schreibens – sowohl von als auch über Literatur – ist weder ein fertig ausgebildetes Handwerk noch ein komplett verfügbares Wissen, sondern eine gewisse Inkompetenz, ein Nicht-Können, eine Impotentialität.[15] Im Bekenntnis der großen Meisterdenker zum Dilettantismus und zur Inkompetenz zeigt sich, dass diese keine Tendenzen sind, die auf dem Wege der Ausbildung hinter sich gelassen werden könnten. Der Dilettantismus meisterhafter Anfänger kann immer wieder neu auftauchen, das scheinbar gesicherte Vermögen unkontrolliert affizieren. Solche Meister bleiben Anfänger, haben eventuell schlechte Karrieren und sind erfolglos. So wie der Epigone eine Figur der Latenthaltung von Tradition darstellt, die geläufige Vorstellungen von Vorläufer und Nachkomme verabschiedet und somit nicht nur als ein Emblem von zeitlicher Nachkommenschaft aufzufassen ist, schert sich auch der Dilettant nicht um die Unterscheidung von Könner und Nicht-Könner. Dilettantische Produktivität entsteht auf der Grenze zwischen Produktion und Rezeption; zwischen Nachahmung und Innovation: »Diese Unentschiedenheit, diese Blindheit kann man ausnutzen, und zwar nicht, wie in der ›klassischen Avantgarde‹, um sich selbst als Innovation zu produzieren oder zu platzieren, als der Erfinder, der Meister ist, und sein wollte, sondern indem man die Blindheit selbst ausnutzt, und

---

14 Zur rhetorischen Figur des *Asteismus* vgl. Dirk M. Schenkeveld: »Asteimus«, in: Gert Ueding (Hg.): *Historisches Wörterbuch der Rhetorik*, Bd. 1, Tübingen 1992, Sp. 1129–1134.
15 Vgl. oben das Kapitel »Verspätete Möglichkeiten. Tradition und Potentialität«.

etwas herstellt, das die Barriere zwischen Produktion und Rezeption, also das Gesamtsystem, das Symptom, in dem man selbst steckt, in dem aber jeder stecken bleibt, vom Meister bis zum Novizen und zum Rezipienten, zum Thema macht.«[16] Diese Thematisierung kann – und dies geschieht im Fall Robert Walser – durch die erhöhte Konzentration und Aufmerksamkeit auf das schriftstellerische Verfahren geschehen.[17] Er begreift »Form als unfertiges Experimentierfeld«,[18] d.h. ihm *verschwindet*, in einer Wendung Walter Benjamins, das *Was* über dem *Wie*. Dieser Verschiebung entspricht die sich im *Fin de Siècle* vollziehende Umwertung der Figur des Dilettanten. Er rückt in die Nähe des Dandys, der den Dilettantismus sowohl als eine Möglichkeit des existenziellen als auch des ästhetischen Formexperiments mit unsicherem Ausgang konzipiert.[19] Der Essay »Freithema« aus *Fritz Kochers Aufsätze* bringt diese Priorität des Verfahrens und der Form des Schreibens auf den Punkt: »Was weiß ich, ich schreibe, weil ich es hübsch finde, so die Zeilen mit zierlichen Buchstaben auszufüllen. Das ›was‹ ist mir völlig gleichgültig.« (1,24) Das Verfahren – die Methode des Experimentierens – ist keine Vorgehensweise, über welche der dilettierende Schriftsteller frei verfügen könnte. Er ist seines Schreibens nicht mächtig und erfährt es als etwas, das sich seiner Kontrolle entzieht, *versuchshaft* und *tastend*: »Da sich das Leben, wie ich gesehen zu haben und fernerhin sehen zu können meine gleichsam in etwas Versuchshaftes, vorsichtig Tastendes verwandelt hat, so geschah dies im Verlaufe der letzten Jahre mehr und mehr auch mit der Schriftstellerei, die ein Lebensparallelismus war und bleiben wird.« (20,426) Daraus resultiert ein beweglicher, lockerer Text, perforiert von Unbestimmtheitsstellen, Lücken, Parekbasen und Digressionen. Dilettantismus ist eine Vorgehensweise, »da geht es um Vereinfachung, ums Tieferlegen, um basale Arbeitstechniken und die Arbeit an diesen Techniken selber, um Grundlagenarbeit. Deshalb findet man in vielen auf den Dilettantismus fußenden Poetiken Tech-

---

16 Erhard Schüttpelz: »Include me Out!«, in: *Verstärker*, 3, 2 (1999), http://www.culture.hu-berlin.de/verstaerker/vs003/ (aufgerufen am: 26.9.2009).
17 Zu einer verfahrenstechnischen Lektüre Walsers vgl. Baßler: *Die Entdeckung der Textur*, a.a.O.
18 Erich Kleinschmidt: »Die dilettantische Welt und die Grenze der Sprache«, in: *Jahrbuch der deutschen Schillergesellschaft*, 33 (1989), S. 370–383, hier S. 381.
19 Vgl. Lüssi: *Experiment ohne Wahrheit*, a.a.O., S. 7–14.

niken (Techniken!) des Buchstabierens und des Stotterns. Man weiß nicht, wie man sprechen und schreiben kann, und deshalb muß man mit den einfachen Dingen anfangen, klein anfangen, ganz unten.«[20] Der Dilettant ist jemand, der experimentiert und der dieses Experiment, diese Arbeit am Verfahren ausstellt und thematisiert. Der Ausgang des Experiments bleibt dabei offen, es kann immer wieder neu und anders ausfallen.[21] Jede Lektüre schafft neue Lücken, die sich anders lesen und die neue Texte entstehen lassen. Die Grenze zwischen Rezeption und Produktion, die gewöhnlich den Meister vom Dilettanten trennt, wird im verfeinernden Anlesen durchlässig. Tradition wird brüchig; ihr Potential erhalten. Das Vergangene ist nicht vorbei, sondern wird immer wieder neu möglich. Dieser Vorgang ist keine Form der Selbstermächtigung. Walser ist kein *Sieger im Scheitern*.[22] Ungeregelt – im dilettierenden, buchstabierenden Lesen und Schreiben, das sich ständig ins Wort fällt – muss sich das *Gelingen*, der Erfolg des Schriftstellers in jeder Lektüre, in jedem Prosastück neu beweisen. Ob das Schreiben geglückt ist, kann nicht vom Schreibenden entschieden werden; es bedarf der Rezeption, es bedarf eines Publikums, es bedarf einer Nachwelt, um zu entscheiden, ob es sich um das Werk eines Dilettanten oder eines Meisters handelt. Es ist genau diese Unsicherheit über den Status der eigenen Produktion, welche einen Umgang mit der Tradition erlaubt, der Lücken in der Überlieferung sowohl wahrnimmt als auch schafft und somit das Gelesene nicht zu unveränderlichen Werken mortifiziert. Tradition bleibt beweglich und lebendig, erhält sich regellos an ihren *hereinbrechenden Rändern*, die ihr *Wesen* perforiert und dynamisiert. Sie kommt nicht zu sich selbst, hat keine feste Form, kein Vorbild, das die einzelnen Texte zu einem abgeschlossenen Ganzen zusammenschließen würde. Insofern kann es auch keine gesicherte, lehrbare Methode des produktiven Lesens, der Einschreibung in die Lücken

---

20 Georg Stanitzek: »Über Professionalität«, in: *Verstärker*, 3, 2 (1998), http://www.culture.hu-berlin.de/verstaerker/vs003 (aufgerufen: 26.8.2009).
21 Zur Bedeutung des Experiments in der Literatur der Moderne vgl. Uwe Japp: *Literatur und Modernität*, Frankfurt 1987, S. 317ff. Jüngst hat Avital Ronell eine Untersuchung verschiedener Test- und Experimentierformen vorgelegt: Avital Ronell: *The Test Drive*, Urbana, Chicago 2005.
22 Peter Hamm: »Sieger im Scheitern. Fernando Pessoa und Robert Walser, zwei entfernte Verwandte«, in: *Robert Walser*, hg. v. Klaus-Michael Hinz und Thomas Horst, Frankfur 1991, S. 358–375.

der Tradition geben. Der Dilettant bleibt ein Anfänger, dessen Ausbildung und Lehrgang keiner festgelegten Bahn folgen, der sich nicht zur gebildeten Meisterschaft aufschwingt, dem immer ein Element des Anfängers und Ungebildeten anhaftet. Diese Nähe des Dilettanten zum Schüler und Auszubildenden ist interessanterweise schon in verschiedenen Texten Goethes nachzuverfolgen. Wird der Dilettant in seinen frühen Schriften im Feld zwischen Schüler und Meister als eine zu überwindende Phase in der Entwicklung des Künstlers verortet und noch nicht eindeutig pejorativ besetzt, so kommt es besonders in den zusammen mit Friedrich Schiller verfassten Schemata zum Dilettantismusprojekt zu einem kategorialen Ausschluss des Dilettanten aus der Sphäre der Kunst überhaupt.[23]

Walsers Stellung zu den traditionellen Verwendungen des Wortes Dilettant und den im *Fin de Siècle* aufkommenden dilettantischen Selbstzuschreibungen ist nicht eindeutig. Einerseits sieht er sich in der Folge der »großen« Tradition, liest er Goethe, Schiller und Keller. Andererseits findet er *Schreibanläßlichkeiten* auch in Groschenheften und Trivialliteratur, also einem Gebiet, das sich durch Dilettantismus und mangelndes schriftstellerisches Vermögen auszeichnet. Unterscheidungen von hoch und niedrig sind für Walsers dilettantisches Verfahren des Anlesens irrelevant. Dilettantismus – im positiven wie im negativen Sinne – lässt sich nicht auf die Unterscheidung von hoher und niedriger Literatur abbilden. Die Trennung von Rezeption und Produktion, Lesen und Schreiben, von Epigonentum und Originalität, bloßem Schreiber und Dichter wird durch die Figur des Dilettanten irritiert. Er ist *Halbkünstler*, weder anerkanntes Genie noch einfach erfolgloser Nicht-Könner. Für Walser wird der Dilettant in dem Moment *unsympathisch*, in welchem er seine Halbbildung zur Methode verfestigt, er sich seines prekären Status versichert und versucht, diesen in einen oberflächlichen Erfolg umzuwandeln: »Der Dilettant schlechtweg ist eine gute und sympathische Menschenerscheinung. Wie aber, wenn der Halbkünstler sich das Ansehen und Aussehen eines ganzen zu geben versteht, wenn die Skrupellosigkeit mit dem Schein von zehn, ja hundert peinlichen Skrupeln, Fragen und Gedanken aufzutreten weiß, wenn die absolute Nichtigkeit sich unendlich wichtig gebärdet?« (15,61) Dilettantismus als ästhetisches

---

23 Vgl. Vaget: »Der Dilettant«, in: *Jahrbuch der deutschen Schillergesellschaft*, a.a.O., S. 131–158.

Programm – als *skrupellose* Methode – verweilt nicht in der Sphäre der Unsicherheit. Stattdessen etabliert er ein methodisches Vorgehen, welches die Erfolglosigkeit systematisch in Erfolg umzuwandeln sucht. Er verfestigt die Unsicherheit und das Ungeschick, das Zögernde und Tastende, das Buchstabieren und Stottern. Die Schwäche des Dilettanten oder Epigonen – seine *absolute Nichtigkeit* – ist nicht das einfache Gegenteil der Stärke und Größe des ausgebildeten Meisters. Indem der Dilettant auf seinem eigenen Dilettantismus beharrt, läuft er Gefahr, sein Vorgehen zu einem Programm der Selbstermächtigung, einer programmatischen Ästhetik oder Poetologie, über die der Schriftsteller bewusst verfügen könnte, zu verfestigen. Das Spezifische des Dilettantismus liegt aber genau darin, sich der direkten, willentlichen Verfügbarkeit zu entziehen. Dilettantismus: eine Zurückhaltung, eine Verausgabung, aber kein Vermögen.

Das Prosastück »Über den Charakter des Künstlers« bestätigt gleich im ersten Satz diese Unsicherheit und Unverfügbarkeit des künstlerischen Vermögens: »Daß er nie zur Sicherung oder Versicherung seiner selbst gelangt, scheint sein Los. Es ist dies weder ein sehr trübes, noch ein sehr leichtes Los. Es brennt, es ist das Los der immerwährenden Spannung.« (15,63) Der Charakter des Künstlers entzieht sich dem gesicherten und sichernden Zugriff. Es ist sein Schicksal, in einer andauernden *Spannung* zu leben, ohne diese zu begreifen oder fassen zu können. Im *Brennen* des künstlerischen Schaffens kommt es zu keiner Selbstversicherung der Identität des Künstlers. Seine Spannung lässt sich nicht in einer greif- und wiederholbaren Methode auflösen. Kunst ist eine immerwährende Arbeit an der Form, die sich dem direkten, reglementierten Zugriff entzieht. Der Verlust der Kontrolle über die künstlerischen Mittel erlaubt ein neuartiges Vorgehen: »Das soll er fassen und fürchtet sich davor; da unterliegt er und ist beinahe froh darüber; da erschlafft und ermüdet er und greift zugleich einen ganz neuen, nie vorher geahnten Besitz an.« (15,63) Niederlage, Ermüdung und Erschlaffung bezeichnen Zustände, in welchen der Künstler sich seines Selbst und seiner aktiven Vermögen nicht mehr sicher ist. Neues, *nie vorher Geahntes* eröffnet sich in der Passivität des derart Ermüdeten und Depravierten.[24] Der Verlust aktiver Vermögen ermöglicht, das Neue passiv anzugreifen. Neuheit und Originalität entspringen der Gelassenheit eines Nicht-Wollens

---

24 Vgl. oben das Kapitel »In die Irre gehen: der Spaziergang«.

und Nicht-Könnens. Wird versucht, diese zu überwinden, verwandelt sich das von Walser zunächst affirmativ gebrauchte Wort vom Dilettanten in eine Kritik: »Dilettanten aber sind gerade mit größter Vorliebe Neuerer, Reiniger und Welt-Umstürzer, während es doch in der breiten und weiten Welt durch sie nie etwas wird zu verbessern geben.« (15,62) Kunst entsteht im Verlauf einer *merkwürdigen Laufbahn*, welche, in den Worten Franz Kafkas, wie die *schlechte Karriere* des Simon Tanner *der Welt Licht geben* kann.[25] Das ungestüme, nicht reglementierbare Element, das jedem künstlerischen Schaffen zugrunde liegt, darf sich aber laut Walser nicht direkt in der Person des Künstlers widerspiegeln, denn: »Treu, still und unstürmisch nach außen hin ist der echte Künstler.« (15,62) Dieser strebt weder nach äußerem Erfolg noch nach direkter Wirkung, er macht keine Karriere, propagiert keinen absoluten Bruch mit der Tradition oder eine ästhetische Revolution. Er macht sich nicht zum »Dilettanten der äußersten Linken«, der »mit kühnen Handgriffen die Spitze des zeitgenössischen Geschmackes aus dem Himmel der Kunst herabreißt«. (8,53f.) Unschwer lässt sich hier Walsers Distanz zu den zeitgenössischen Avantgarden erkennen. Walser verhält sich gegenüber der Überlieferung, wie er es vom echten Künstler fordert: *treu, still* und *unstürmisch*. Die Revolution in der Kunst, verstanden als Umsturz und Negierung von Tradition, kennzeichnet den von Walser kritisierten Dilettantismus, wohingegen der echte Künstler als wahrer Dilettant sich dem Überlieferten gegenüber *treu* verhält. Wie ist Walsers Treue zur Tradition zu verstehen? Erneuerung oder Überwindung gibt es für ihn in der Kunst nicht: »In der Kunst gibt es nie etwas zu erneuern, nur neu zu erfassen, nie etwas zu reinigen, nur selber reinlich zu sein, nie neue Werte zu schaffen, nur selber versuchen, wertvoll zu sein.« (15,61) In der Unterscheidung von Erneuerung und Neufassung zeigt sich seine Treue zur Tradition. Durch das Wiederaufnehmen wird das Alte nicht einfach von etwas Neuem abgelöst. Es ist ein Vorgang des Neufassens, ein anderer, neuer Umgang mit dem Gegebenen, der von *Ermüdung* und *Erschlaffung* gezeichnet ist, und der es erlaubt, *einen ganz neuen, nie vorher geahnten Besitz anzugreifen*. Ein *treues, stilles* Vorgehen, welches nicht erneuert und welches nicht auf den unmittelbaren Erfolg oder den zeitgenössischen Geschmack zielt.

---

25 Vgl. oben das Kapitel »Unaufhörliches Aufhören«.

Walsers Affirmation des Dilettanten geschieht mit zeitgleich aufkommenden Ästhetiken des Zufalls und des Experiments. In einem Fragment aus den Mikrogrammen, unter dem Titel »Angela Borgia, Julio, Der Kardinal, Der Herzog, Lukrezia, Der Autor dieser Szene« von den Herausgebern Bernd Echte und Werner Morlang rubriziert, nähert Walser das sprachliche Experiment einem *Anschmiegen an die Tradition*: »Der Autor dieser Szene (scheint sich an Conrad Ferdinand Meyers Angela Borgia zart angeschmiegt zu haben. Wie es scheint, experimentiert er. Zum mindesten beweist er einige Bildung und scheut vor einer gewissen Anlehnung nicht zurück. Er hält sich nichtsdestoweniger für originell, für fast zu sehr. Bekam er das häufig genug zu hören?)«[26] Experimente mit dem sprachlichen Material sind nicht als Gegensatz oder Überwindung der Tradition zu verstehen. Vielmehr ist das Experiment gerade die Form der *Anlehnung* an die Überlieferung. Der Autor experimentiert mit der Tradition. Sein experimentierender Umgang ist originell, schafft Neues, ohne das Alte zu negieren. Conrad Ferdinand Meyers Novelle *Angela Borgia* wird in der Wiederholung zu einer *Schreibanläßlichkeit*, um eine Akzentverschiebung innerhalb der Tradition vorzunehmen. Werner Kraft stellt fest: »Hier zeichnet sich das ›Neue‹ ab, dem auch Walser zustrebt. Er gibt die Tradition keineswegs preis, wichtig ist weder das Alte noch das Neue, wichtig ist nur der neue Akzent, die Akzentverschiebung.«[27] Das Experiment findet im Verschieben des Akzents statt, in der Nuancierung der Überlieferung, in der Eröffnung der Möglichkeit einer *zart angeschmiegten* Originalität. Die prinzipielle Offenheit des literarischen Experiments[28] schließt die Gefahr ein, von den Lesern als dilettantisch beurteilt und kritisiert zu werden: »Wenn ich gelegentlich spontan drauflos schriftstellerte, so sah das vielleicht für Erzernsthafte ein wenig komisch aus; doch ich experimentierte auf sprachlichem Gebiet in der Hoffnung, in der Sprache sei irgendwelche Lebendigkeit vorhanden, die es eine Freude sei zu wecken. Indem ich mich zu erweitern wünschte und diesem Wunsch

---

26 Walser: *Aus dem Bleistiftgebiet*, Bd. 1, a.a.O., S. 449.
27 Werner Kraft: »Die Idee des Verschwindens bei Robert Walser«, in: *Text und Kritik*, 12 (1978), S. 21–52, hier S. 22.
28 Vgl. Japp: Literatur und Modernität, a.a.O., S.320f.: »Der Ungewißheit der Hervorbringung korrespondiert vielmehr die Offenheit des Resultats (des Werks). [...] Nun ist die Rede vom offenen Kunstwerk zu einer Art Schibboleth der Moderne geworden.«

das Dasein gönnte, missbilligte man mich möglicherweise da und dort. Immer wird Kritik meine Bemühungen begleiten.« (12,43f.) Der dilettantische, akzentverschiebende Umgang mit der Tradition bricht deren Verbindlichkeit, da der Ausgang des Experiments sich den *Bemühungen* des Autors entzieht und Erfolg bzw. Erfolglosigkeit sich nicht direkt aus dem niedergeschriebenen Sprachexperiment ableiten lassen können, da sie jenseits der Kontrolle des Schriftstellers liegen. Ob das Experiment mit der Tradition gelingt oder nicht, muss prinzipiell offen bleiben. Walter Lüssi hat dies ein *Experiment ohne Wahrheit* genannt: »In diesem Sinn ist Walsers Dichtung ein Experiment ohne Wahrheit. Sie ist kein bloßes, blindes Experiment, weil sie Bezug auf Wahrheit ist, und sie ist ohne diesen Bezug, weil dieser das Wichtige verdecken würde. Walsers Dichtung als Experiment ist kein Experiment mit etwas, oder zu einem Zweck, sondern das hier hervorgebrachte Ich ist blind (weil ohne Bezug zu etwas), ohne Erwartung sich selbst als Experiment preisgegeben.«[29] Der Bezug zur Tradition ist nicht völlig aufgehoben, doch diese wird aus ihrer determinierenden Verbindlichkeit gelöst, sie ist ohne Wahrheit und erlaubt experimentierende und dilettierende Umschriften.

In dem Fragment »Über den Dilettantismus« präzisiert Walter Benjamin die Unterschiede, die zwischen souveränem Könner, Schüler und Dilettant bestehen. Für ihn ist der Dilettant nicht – wie noch etwa beim jungen Goethe – eine notwendige Durchgangsstation des sich bildenden Künstlers. Die Schule des Dilettanten ist vom Lehrgang des Schülers strikt getrennt: »Die fernere Ausbildung dieser Spontaneitäten auf Grundlage der Phantasie ist Sache des Dilettanten. Niemals wird diese Schule ihn zu Kollisionen mit der Kunst führen, da deren Lehrgang nicht Phantasie sondern Sprache zugrunde legt. Der Schüler lernt produzierend, der Dilettant erfährt lernend seine Spontaneität.«[30] Dem Dilettanten entgleitet, wenn man Benjamins Argument auf Walser überträgt, die Macht über die Sprache: »In den Ausdruck des Werkes aber vermag allein die Sprache bisweilen die Phantasie aufzunehmen, denn nur sie kann im glücklichsten Falle die entstaltenden Mächte in ihrer Gewalt behalten. Jean Paul entglitten sie meist, Shakespeare ist – in seinen Komödien – ihr un-

---

29 Lüssi: *Experiment ohne Wahrheit*, a.a.O., S. 11.
30 Walter Benjamin: »Über den Dilettantismus«, in: *Gesammelte Schriften*, Bd. 6, a.a.O., S. 125–137, hier S. 135.

vergleichlicher Gewalthaber«.[31] Shakespeare als souveränem Meister gelingt es, das entstaltende Element der Phantasie sprachlich zu bannen. Die Sprache Walsers dagegen ist, wie Benjamin an anderer Stelle ausführt, durch eine »zumindest scheinbar, völlig absichtslose[] und dennoch anziehende[] und bannende[] Sprachverwilderung«[32] gekennzeichnet. Es kommt zum Verlust der Kontrolle über die sprachlichen Mittel, welcher das Schreiben kindlich erscheinen lässt.[33] An anderer Stelle spricht Benjamin von einem »Sichgehenlassen«[34] des walserschen Stils. Die Frage, ob diese Phänomene als ein echter Verlust der Kontrolle über die sprachlichen Mittel oder nur als ein raffinierter rhetorischer Kunstgriff zu verstehen sind, hält Benjamin für nicht weiterführend: »Scheinbar, sagten wir, absichtslos. Man hat manchmal darüber gestritten, ob wirklich. Aber das ist ein tauber Disput.«[35] Für den Leser bleibt letztendlich unentscheidbar, wie es zur Verwilderung der Sprache bei Walser kommt. Die entstaltende Macht der Phantasie, die in die Sprache einschlägt und deren Bewältigung für Benjamin den Unterschied zwischen dem sprachmächtigen Shakespeare und dem kindlichen Jean Paul ausmacht, verliert im Fall Robert Walsers genau diese Differenzierung. Ob die Literatur Walsers als das Produkt eines souveränen Meisters, eines lernenden Kindes oder eines Dilettanten anzusehen ist, verbleibt stets ein *tauber Disput*.

Lernen als eine Form der Wiederholung ist in Walsers Roman *Jakob von Gunten* in Form des Instituts Benjamenta auf die absurde Spitze getrieben: »Welch ein Unterricht! Doch ich würde lügen, wenn ich ihn kurios fände. Nein, ich finde das, was Fräulein Benjamenta uns lehrt, beherzigenswert. Es ist wenig, und wir wiederholen immer, aber vielleicht steckt ein Geheimnis hinter all diesen Nichtigkeiten und Lächerlichkeiten. Lächerlich?« (11,9) Das Geheimnis hinter der

---

31 Walter Benjamin: »Phantasie«, in: *Gesammelte Schriften*, Bd. 6, a.a.O., S. 114–117, hier S. 116.
32 Benjamin: »Robert Walser«, in: *Gesammelte Schriften*, Bd. 2,1, a.a.O., S. 325.
33 Benjamin: »Phantasie«, in: *Gesammelte Schriften*, Bd. 6, a.a.O., S.116: »Diese Kritik gilt von den meisten Werken Jean Pauls, der die größte Phantasie hatte, in diesem Geist der reinen Empfängnis zugleich den Kindern sehr nahe stand und zuletzt eben daher der geniale Lehrer der Erziehung war.«
34 Benjamin: »Robert Walser«, in: *Gesammelte Schriften*, a.a.O., S. 325.
35 Ebd.

Monotonie der Wiederholung, welches über die sich ständig wiederholende Unterrichtsstunde hinausgeht, entzieht sich dem direkten Zugriff. Das *surplus* der Wiederholung bewegt sich als geheimnisvolle Schattierung – als Nuance – am Rande des Wissens und Könnens. *Nichtig* und *lächerlich* verschwimmt die Grenze zwischen Wissen und Nicht-Wissen bzw. von Können und Nicht-Können und damit auch die Grenze zwischen »Unterwerfung und Selbstbehauptung«.[36]

Das Ziel der Erziehung im Institut Benjamenta ist die Ziellosigkeit. Von der »guten, runden Null« (11,53) – so eine Selbstbeschreibung Jakobs – führt kein Weg zu einer erfolgreichen, zielgerichteten Karriere. Die Null ist kein neutraler, unbestimmter Anfangspunkt, aus welchem sich folgerichtig eine zielgerichtete, fortschreitende Laufbahn ableiten ließe.[37] Der Übergang von der Null zur Eins und zur Zwei, das Ab- und Erzählen eines gebildeten Erzählkontinuums kommt nicht voran. An diesem »Nullpunkt der Literatur«,[38] an welchem Jakob von Gunten verweilt, gibt es keinen Fortschritt, keinen Eintritt in die Welt der Großen und Erfolgreichen. Jakob bleibt stellenlos, ist von einer erfolgreichen Karriere ausgeschlossen. Seine Nichtigkeit scheint keine Veränderung, keinen Wechsel durchzumachen. Heißt es im ersten Tagebucheintrag zunächst, das Ziel des *späteren Lebens* Jakob von Guntens bestehe darin, eine Null zu werden: »Aber das Eine weiß ich bestimmt: Ich werde eine reizende, kugelrunde Null im späteren Leben sein« (11,8), so wird in der Mitte des Romans dieser Zustand bereits für die Schüler des Instituts reklamiert: »Was ein Zögling des Institutes Benjamenta ist, das weiß ich, es liegt auf der Hand. Solch ein Zögling ist eine gute runde Null, weiter nichts.« (11,53) Die Lehre des Instituts kann demnach nicht darin bestehen, das Nichts – die Null – in Etwas, etwa eine erzählbare, stetige Schrittfolge zu verwandeln. Das Ziel der Erziehung ist

---

36 Ernst Osterkamp: »Commis, Poet, Räuber. Eigengesetzlichkeit und Selbstaufgabe bei Robert Walser«, in: Hinz und Horst (Hg.): *Robert Walser*, a.a.O., S. 217–239, hier S. 233. Vgl. auch Borchmeyer: *Dienst und Herrschaft*, a.a.O.
37 Vgl. Peter Utz: »Robert Walsers ›Jakob von Gunten‹. Eine ›Null-Stelle‹ der deutschen Literatur«, in: *DVjs*, 74,3 (2000), S. 488–513. Zur *Nullität* Jakob von Guntens vgl. auch Jan Plug: »Guilty: Of Nothing (Jakob von Gunten)«, in: *English Studies in Canada*, 32,1 (März 2006), S.161–182.
38 Roland Barthes: *Am Nullpunkt der Literatur*, übers. v. Helmut Scheffel, Frankfurt 1982.

bereits erreicht. Der Zögling ist immer schon das, was er einmal werden soll. Er kommt nicht voran, keiner seiner Schritte bewegt sich aus dem Nullpunkt heraus. Die Erzählung seines Lebens ist unstetig. Es gibt für ihn kein geregeltes Fortschreiten, keine Bildung, die nicht von der Null berührt wäre. Seine Karriere als einfachen Misserfolg zu bezeichnen, würde den Charakter von Jakobs Vorgehen verkennen, da es zu Veränderungen und Wechsel in seinem Leben kommt: Die Null des Zöglings ist nicht identisch mit der Null des *späteren Lebens*. Diese Vorgänge sind jedoch ungerichtet, bilden eine *schlechte Karriere*, eine *merkwürdige Laufbahn*, einen Lehrgang ohne Abschluss.

Im Institut Benjamenta ist Lernen als zukunftsorientierter Prozess ausgesetzt und aufgebrochen. Jakob von Gunten geht, ohne sich fortzubewegen: Er ist eine Null und wird immer eine Null bleiben; ob im Institut oder im Leben. Das Nullsein kann somit nicht als eine Adaption oder Anpassung an äußere Lebensumstände verstanden werden. Jakobs Entwicklungslosigkeit als eine bewusste Methode zu lesen, die versucht, eine subversive Lebensweise in einer funktional ausdifferenzierten Gesellschaft zu etablieren, übersieht diese Abgelöstheit von Jakobs Lebensentwurf. Seine Geschichte ist kein umgekehrter Bildungsroman. Im strengen Sinne ist Jakob von Guntens Vorgehensweise kein Lebensentwurf, da ihm die zukünftige Dimension jeglichen Plans oder Entwurfs radikal entzogen ist. Insofern in der *absoluten Nichtigkeit* das Ziel mit dem Ausgangspunkt seiner Laufbahn übereinstimmt, fehlt seinem Lernen die Kontrolle und Orientierung an einem gegebenen Programm oder Bildungsideal. Sein dilettantisches Anfängertum bleibt bestehen, die Laufbahn vom Schüler zum ausgebildeten Meister ist ihm verwehrt. Jakobs Dilettantismus ist auf Dauer gestellt, er irrt am Nullpunkt zwischen dem Nullsein und dem Nullwerden. Die Übergängigkeit, die dem dilettierenden Schüler als eine zu überwindende Phase der künstlerischen Entwicklung des Menschen innewohnt, ist zur leeren Wiederholung immergleicher Verhaltensweisen erstarrt: »Es gibt nur eine einzige Stunde, und die wiederholt sich immer. ›Wie hat sich der Knabe zu benehmen?‹ Um diese Frage herum dreht sich im Grunde genommen der ganze Unterricht. Kenntnisse werden uns keine beigebracht.« (11,8f.) Lernen ist eine Wiederholung, ein *Herumdrehen*, die Repetition einer einzigen entleerten Stunde.

Es wird nichts Neues gelehrt, der Unterricht vermittelt keine traditionellen Bildungsinhalte. Bloße Form hat Wissen und *Kenntnisse* überlagert und verdrängt. Die abwesenden Lehrer erscheinen schlafend, tot oder versteinert. Diese Morti- bzw. Petrifikation von Lehre, Unterricht und Bildung im monotonen Leerlauf der Wiederholung des Immergleichen, die Ablösung von Inhalt durch ein formales Verfahren hat für Jakob jedoch etwas *Geheimnisvolles*: »[A]ber vielleicht steckt ein Geheimnis hinter all diesen Nichtigkeiten und Lächerlichkeiten.« (11,9) Wie sieht dieses Geheimnis aus? Wie kann man lernen eine Null zu werden? In der täglich wiederholten Routine verharren die Zöglinge auf der Schwelle zur *großen Welt*, bewegen sie sich im »Vorzimmer zu den Wohnräumen und Prunksälen des ausgedehnten Lebens«. (11,65) Sie sind weder Kinder noch Erwachsene. Der Übergang vom Nicht-Wissen zum Wissen, vom Nicht-Können zum Können im Prozess des Lernens wird ad absurdum geführt. Die Welt des Instituts ist von der realen Welt hermetisch geschieden, d.h. Erziehung geschieht ohne Blick auf die sich wandelnde Umgebung.

Es ist das monotone, immer wiederkehrende Auswendiglernen, welches das leere Zentrum des Unterrichts im Institut Benjamenta ausmacht. Der Schüler, der etwas auswendig lernt, verweilt in den Zwischenräumen, den Lücken des Textes; sein Vorgehen ist langsam, stockt, hält an, wiederholt übersprungene Lücken und übersehene Stellen, welche laut Eva Geulen in Musik und Sprache Sinn und Zusammenhang verbürgen.[39] Vielleicht ist es dieses Stocken und Immer-wieder-neu-Beginnen – man denke hier an die Nähe zu dilettantischen Verfahren –, das nötig ist, um »eine Schicht der Erhebung des Wortes über den Alltag erfahrbar zu machen«.[40] Es wird deutlich, dass sich Sinn und Zusammenhang gerade an den im geläufigen Prozess des Lernens vernachlässigten Lücken entzünden. Der Schüler tritt auf der Stelle und kann derart eine Dimension des Sinns von Sprache erfahren, die dem Erwachsenen oder dem schnell Ler-

---

39 Eva Geulen: »Stellen-Lese«, in: *Modern Language Notes*, 116, 3 (2001), S. 475–501, hier S. 499: »Damit enthüllt Jakob [Grillparzers ›Der arme Spielmann‹, J.K.] ein Geheimnis nicht nur des Lernens, sondern aller Sinnzusammenhänge überhaupt, die sich nur dort einstellen, wo Lücken übersehen oder übersprungen werden. Gleichsam hinter seinem und des Erzählers Rücken zeigt sich, daß es nicht der ›unsichtbare, ununterbrochene Faden‹ ist, der Sinn und Zusammenhang verbürgt, sondern daß beide sich, in Musik und Sprache gleichermaßen, übersprungenen Lücken und übersehenen Stellen verdanken.«
40 Adorno: »Zum Gedächtnis Eichendorffs«, in: *Noten zur Literatur*, a.a.O., S. 71.

nenden verschlossen bleibt. Dies geschieht im Absehen von direkt erfassbarem Sinn. Avital Ronell hat an der Figur des Dummkopfs eine ähnliche Form des Lesens in Jean Pauls »Von der Dummheit« herausgearbeitet: »The dummkopf reader as sketched by Jean Paul remains loyal to the text; he doesn't have the energy to supplement, warp, or distort. There is no appropriative drive in the slavish reader, just a deadly repetition compulsion that stiffens memory and blunts thought. [...] The only thing that the stupid have over the smart is mechanical memory.«[41] Der dumme Leser wie der auswendig lernende Schüler lesen nicht, insofern Lesen als die Herstellung einer eindeutigen, lückenlosen Textbedeutung aufgefasst wird. Ein derart lückenloses »hermeneutisches Lesen«[42] überspringt Stellen, die nicht sofort verstanden werden, um einen Gesamtzusammenhang etablieren zu können. Der Leser muss von den Details des zu lesenden Textes absehen, seine Aufmerksamkeit von den Kleinigkeiten ablenken, will er den Text nicht nur mechanisch lesen und erinnern, sondern auch verstehen. Solche Leseanweisungen finden sich zahlreich in der pädagogischen Literatur des 18. und 19. Jahrhunderts: »Alles was in Uebung übergehen soll, muß zur Fertigkeit, zum Gefühle werden; so daß man ohne Bewusstseyn aller Stücke des Details, leicht und geschwind das Ganze übersehen, und seine Wahl treffen könne. Wer alle Buchstaben kennt, kann noch nicht lesen, obgleich das mechanische Lesen weiter nichts ist, als Buchstaben aussprechen. Nur der kann lesen, der, ohne an die einzelnen Buchstaben zu denken, ganze Worte, ganze Zeilen mit einem Blick übersieht.«[43] Wer jedoch sofort ganze Worte und Zeilen übersieht, verliert die Aufmerksamkeit und Auffassungsgabe für Buchstaben, Details und Nuancen. Wie lässt sich ein Unterricht denken, der diese vernachlässigten Momente der Sprache für die Schüler erfahrbar macht? Die Fähigkeit zur Wahrnehmung von Nuancen und flüchtigen Abweichungen wird durch »die Dynamik der Tropen, deren Maß ihrer Nuancierung nicht konstant ist«, erschwert: »Deren Aggregatzustand [der Aggregatzustand der Tropen, J.K.] ist instabil; sie sind latent immer schon auf der Kante

---

41 Avital Ronell: *Stupidity*, Urbana, Chicago 2002, S. 17.
42 Friedrich A. Kittler: *Aufschreibesysteme 1800/1900*, München 1985, S. 184.
43 Peter Villaume: *Methode jungen Leuten zu der Fertigkeit zu verhelfen, ihre Gedanken schriftlich auszudrücken*, (o.O.) 1786. Zitiert nach Kittler: *Aufschreibesysteme 1800/1900*, a.a.O., S. 184.

zur Figur, verfestigen sich im Handumdrehn oder zerfallen noch auf der Zunge.«[44] Unterricht und Erziehung im Sinne des späten 18. und 19. Jahrhunderts, etwa in der oben zitierten Konzeption Peter Villaumes, versuchen, diese Instabilität und Inkonsistenz aufzulösen. Doch gerade in der schieren Wiederholung, dem mechanischen Lesen jedes einzelnen Wortes werden Kleinigkeiten und Details nicht festgeschrieben. In der Wiederholung wird die Nuance an der Grenze der Figuralität sicht- bzw. hörbar. Was zunächst als schlichte Repetition, als Verfestigung auftritt, ist die Bedingung der Möglichkeit der Wahrnehmung der *Struktur komplexer Wörter*[45] und der Fähigkeit, sprachliche Ambiguitäten – »any verbal nuance, however slight«[46] – zu erfahren.

Den Status des Auswendiglernens für die Ausbildung eines ästhetischen Bewusstseins beschreibt Theodor W. Adorno – auf seine eigene Schulzeit zurückblickend – in einem »Zum Gedächtnis Eichendorffs« betitelten Essay: »Wer nicht als Kind ›Wem Gott will rechte Gunst erweisen, / Den schickt er in die weite Welt‹ auswendig lernte, kennt nicht eine Schicht der Erhebung des Wortes über den Alltag, die kennen muß, wer sie sublimieren, wer den Riß zwischen der menschlichen Bestimmung und dem ausdrücken will, was die Einrichtung der Welt aus ihm macht.«[47] Eichendorffs Zeilen waren dem Gymnasiasten Adorno *selbstverständlich*, d.h. sie verstanden sich wie von selbst und mussten nicht mehr gelesen werden. Daher entgeht dem jungen Adorno die *Trivialität des Bildes*, auf welche ihn erst sein Deutschlehrer, der es als Anachronismus entlarvt, aufmerksam machen muss: »Deutlich erinnere ich mich aus meiner Gymnasialzeit daran, wie ein Lehrer, der auf mich bedeutenden Einfluß ausübte, mich bei den Zeilen ›Es war, als hätt' der Himmel / Die Erde still geküßt‹, die mir so selbstverständlich waren wie Schumanns Kompositionen, auf die Trivialität des Bildes aufmerksam machte.«[48] Gedichte dieser Art verlangen eine »angestrengte Passivität«,[49] verlangen vom Rezipienten, Verzicht zu üben und sie nicht mit Deutungsversuchen

---

44 Haverkamp: *Figura Cryptica*, a.a.O., S. 80.
45 William Empson: *The Structure of Complex Words*, London 1951.
46 Ders.: *Seven Types of Ambiguity*, New York 1966, S. 1.
47 Adorno: »Zum Gedächtnis Eichendorffs«, in: *Noten zur Literatur*, a.a.O., S. 71.
48 Ebd., S. 70f.
49 Ebd., S. 71.

zu überfrachten, ihre Wörter nicht unmittelbar in Bedeutungen zu übersetzen. Für Adorno bedarf es der »Autorität von Lesebüchern, welche uns die Schönheit der Dichtung zueignen, die wir verstehen, weil wir sie noch nicht verstehen«.[50] Eine Schönheit, die verstanden wird, weil sie *noch nicht* verstanden ist. Ästhetische Erfahrung, die sich am kindlichen Auswendiglernen und Lesenlernen im Lesebuch orientiert, versteht die richtige Bedeutung der Wörter *noch nicht*. Das Kind bzw. der Schüler erfährt die Schönheit der Dichtung im Vorgang des Lernens. Ihr Material – die Wörter – ist *noch nicht* eindeutig bestimmt, ist *noch nicht* zu bedeutender Sprache geronnen. Das *noch nicht* ähnelt dabei dem *noch einmal*, wie es Adorno in der »Rede über Lyrik und Gesellschaft« an der epigonalen Lyrik Mörikes erörtert.[51] Der Verlust einer verbindlichen ästhetischen Tradition in der Moderne geht für Adorno Hand in Hand mit dem Verlust der Autorität von Lesebüchern: »Zu einer Stunde aber, zu der keine künstlerische Erfahrung mehr vorgegeben ist; zu einer Stunde, da in unserer Kindheit keine Autorität von Lesebüchern uns die Schönheit zueignet.«[52] Die Erfahrung von Dichtung als der »Erhebung des Worts über den Alltag«[53] ist verloren gegangen. Überraschenderweise wird authentische künstlerische Erfahrung durch einen Akt der schieren Wiederholung, dem Auswendiglernen von Gedichten aus Lesebüchern, *noch einmal möglich*. Was dieses Auswendiglernen für Adorno auszeichnet, ist ein Moment des *noch nicht*. Nicht nur verhindert der Versuch, den Text zu verstehen, das Einprägen, sondern der *noch nicht* gebildete Lernende hat auch einen anderen Zugang zur Sprache. Bedeutung und ihr Träger fallen im Wort *noch nicht* zusammen. Es gibt noch kein Verstehen im herkömmlichen Sinne, es gibt noch keine eindeutige Zuweisung von Bedeutungen und Vorstellungen. Im mechanischen *Hersagen*, der schieren Wiederholung, tauchen Wörter nur als Material, aber noch nicht als Träger von Sinn auf. In der sturen Wiederholung erhält sich die Latenz des Textes als eine Folge von Stellen. Stellen werden flüchtig, lassen sich immer wieder neu und anders besetzen: »Die Stelle ist nichts an sich selbst, aber

---

50 Ebd.
51 Vgl. Adorno: »Rede über Lyrik und Gesellschaft«, in: *Noten zur Literatur*, a.a.O., S. 48–69.
52 Vgl. ders.: »Zum Gedächtnis Eichendorffs«, in: *Noten zur Literatur*, a.a.O., S. 71.
53 Ebd.

ihre jeweilige Faszination ergibt sich auch nicht nur aus dem, was ihr im Bezug auf andere Stellen an innovativem Potential zuwächst. Das Geheimnis der Stelle liegt vielmehr darin, daß Bekanntes für Unbekanntes, der Gemeinplatz für das Besondere einstehen kann, ohne es schon zu sein.«[54] Oder um es mit Simon Tanner aus *Geschwister Tanner* zu sagen: »Ich sehe immer [...] Neues im Alten.« (9,254) Das Abgelebte und Verbrauchte der Tradition – ihre Allgemeinplätze – lösen sich im Moment ihrer Wiederholung im Auswendiglernen aus einer starr begrenzten Sinnzuweisung und machen sie neu und anders lesbar. Auswendigkeit – zumindest im Sinne Adornos – verfestigt nicht das Überlieferte, sondern verwirklicht im Augenblick des Verfalls einer verbindlichen Überlieferung die »Einheit von Tradition und offener Sehnsucht nach dem Fremden«.[55] Der mechanische Zusammenhang des Auswendigen ist stellenlos, lockert die Sistenz von Tradition und macht Toposforschung zu einer Lehre von Latenzen und Nuancen. Er verunmöglicht »eine substantialistische Ontologie der Geschichte«.[56] Mit einem Wort David Wellberys, aus einer Laurence Sterne-Lektüre entwickelt, lässt sich dieses Phänomen als eines der »Unstelligkeit«[57] beschreiben. Es eröffnet sich ein Textgefüge, das im Auswendiglernen entsteht und das als eine Reihe von Stellen ohne semantische oder logische Verbindungen oder Hierarchien die Möglichkeit anderer Lektüren und Umbesetzungen offenhält.

Im Abschnitt 463 der *Enzyklopädie der philosophischen Wissenschaften*, welcher dem Gedächtnis gewidmet ist, verweist Hegel auf die Notwendigkeit, im Vorgang des Auswendiglernens vom Sinn der Worte abzusehen: »Man weiß bekanntlich einen Aufsatz erst dann recht auswendig, wenn man keinen Sinn bei den Worten hat, das Hersagen solches Auswendiggewußten wird darum von selbst akzentlos.«[58] Laut Hegel ist ein Text richtig auswendig gelernt, wenn er

---

54 Geulen: »Stellen-Lese«, in: *Modern Language Notes*, a.a.O., S. 482.
55 Adorno: »Zum Gedächtnis Eichendorffs«, in: *Noten zur Literatur*, a.a.O., S. 69.
56 Hans Blumenberg, zitiert nach: Geulen: »Stellen-Lese«, in: *Modern Language Notes*, a.a.O., S. 482.
57 David Wellbery: »Der Zufall der Geburt. Sternes Poetik der Kontingenz«, in: Gerhard von Graevenitz und Odo Marquard (Hg.): *Kontingenz. Poetik und Hermeneutik*, Bd. 17, München 1998, S. 291–318, hier S. 312.
58 Georg Wilhelm Friedrich Hegel: *Enzyklopädie der philosophischen Wissenschaften*, Bd. 3, in: *Werke*, Bd. 10, Frankfurt 1986., S. 281.

sinn- und akzentlos wird, wenn ihn der Lernende als eine Folge von Wörtern ansieht und wiederholt, ohne ihre Bedeutung zu verstehen. Das Kennzeichen eines solchen Textes ist seine Akzentlosigkeit, also die schlichte, monotone Abfolge der Wörter, ohne Hebungen und Senkungen, unbetont. Er erscheint als eine undifferenzierte Sequenz von Wörtern, ein grauer, stellenloser Text. Durch die auswendige Vorgehensweise lässt sich kein schlüssiger Zusammenhang, keine semantische Ordnung etablieren, denn »[d]er richtige Akzent, der hineingebracht wird, geht auf den Sinn; die Bedeutung, Vorstellung, die herbeigerufen wird, stört dagegen den mechanischen Zusammenhang und verwirrt daher leicht das Hersagen«.[59] Der zu lernende Text wird durch ein solches Auswendiglernen zu einem mechanischen Zusammenhang ohne ausgezeichnete Stellen. Es ist genau dieser fehlende innere Zusammenhang, welcher es erlaubt, die schiere Reihe von Wörtern immer wieder neu und anders zu lesen. Es handelt sich, um mit Hans Blumenberg zu sprechen, um ein »nicht-substantielles System von umbesetzbaren, nach dem Geltungsschwund bestimmter Gehalte neu ausfüllbarer ›Stellen‹«.[60] Dieses System umbesetzbarer Stellen kann vom Lesenden als langweilig und monoton erfahren werden: Erfahrungen, die viele Lektüren des walserschen Œuvres begleitet.[61] Als Beispiel sei eine bereits früher zitierte Leseerfahrung Peter Bichsels angeführt: »In den ›Geschwistern‹ geschieht wirklich fast nichts, nicht mehr als ein bisschen Leben, und es gibt in diesem Buch keine Geschichte, die den Leser vorantreiben würde, das

---

59 Ebd.
60 Hans Blumenberg: *Die Legitimität der Neuzeit*, Frankfurt 1970, S. 70.
61 Vgl. zum Beispiel Hans Ulrich Treichel: »Über die Schrift hinaus. Franz Kafka, Robert Walser und die Grenzen der Literatur«, in: Hinz und Horst (Hg.): *Robert Walser*, a.a.O., S. 292–309, hier S. 298: »Der Überdruß des Autors an seiner eigenen Schreibtätigkeit korrespondiert mit dem des Lesers an der Lektüre. Der tiefste Eindruck, den Walsers *Räuber*-Roman beispielsweise [...] auf seine Leser macht, ist sicherlich der der Langeweile.« Treichel zitiert unter anderem die Walser-Forscher Martin Jürgens und Tamara Evans, die von ähnlichen Leseeindrücken berichten. Vgl. dazu Martin Jürgens, »›... daß man ihn nun an kenne und grüße.‹ Zu Robert Walsers *Räuber*-Roman«, in: Chiarini und Zimmermann (Hg.): *›Immer dicht vor dem Sturze...‹*, a.a.O., S. 47–54. Und Tamara Evans: »Der Dichter als Räuber: Robert Walser zwischen Modernismus und Avantgardismus«, in: Walter Haug und Wilfried Barner (Hg.): *Ethische contra ästhetische Legitimation von Literatur/Traditionalismus und Modernismus. Kontroversen, alte und neue*, Bd. 8, Göttingen 1986, S. 235–239, hier S. 237.

Buch wird nur durch Sprache vorangetrieben. [...] Das Buch ist nicht spannend, überhaupt nicht spannend.«[62] In der ausufernden Wucherung der Prosastücke, der Wiederholung immer ähnlicher werdender Motive und Erzählstrukturen, schließlich der bloßen Auflistung von Gegenständen und Eigennamen »wird die Bedeutung der einzelnen Posten immer gleichgültiger. [...] Die Unaufhörlichkeit der Erscheinungen [...] läßt diese mehr und mehr verblassen. Sie lösen sich auf, indem sie sich ablösen. Das Überhandnehmen der Vielfalt ist auch deren Einebnung.«[63] Dieser Überfluss an Material, die schiere Fülle und Dichte erzeugt beim Lesen nicht nur ein Gefühl der Langeweile, sondern erschwert auch den hermeneutischen Zugang zum Text. Es ist die Gleichgültigkeit der Wörter, welche Lesen – verstanden als ein Vorgang, Bedeutendes von Unbedeutendem, Sinnvolles von Sinnlosem zu scheiden und einen lückenlosen Bedeutungszusammenhang herzustellen – in Frage stellt:»In der Monotonie zerfällt der Sinn der einander ablösenden Versuche, dem, was ist, Sinn zu geben.«[64] Lesen als eine Selektionsmethode – »an act of reading that separates from the undifferentiated mass of facts and events the distinctive elements susceptible of entering into the composition of a text«[65] – zerfällt in der Masse gleichgültigen Wortmaterials. Es kann aus der Zusammenhanglosigkeit des Textes keine gültige Ordnung oder einen kohärenten Zusammenhang herstellen. Die Unbestimmtheit der Stellen lässt sich nicht lückenlos in ein bestimmtes System klar gegliederter Orte überführen. Jede Lektüre ist von einer zerfallenden Dekomposition berührt, jeder Zusammenhang von einer entstellenden Stellenlosigkeit bedroht. Hans-Jost Frey fasst die Konsequenzen dieser Problematik für den Akt des Lesens zusammen: »Lesen darf sich nicht in der Ermittlung von Zusammenhang vollenden und erschöpfen, sondern ist immer auch das Herausfallen aus dem Zusammenhang als die Erfahrung eines Ungenügens. Lesen gerät in die Monotonie der endlosen Versuche, den Text ohne den Glauben, daß es gelingen kann, zu ordnen.«[66]

---

62 Bichsel: »Geschwister Tanner lesen«, in: Schweizer Kulturstiftung Pro Helvetia (Hg.): *Robert Walser*, a.a.O., S. 83.
63 Frey: *Der unendliche Text*, a.a.O., S. 216.
64 Ebd., S. 217.
65 Paul de Man: »Reading (Proust)«, in: ders.: *Allegories of Reading*, New Haven, London 1979, S. 57–78, hier S. 57.
66 Frey: *Der unendliche Text*, a.a.O., S. 220.

Diese Monotonie ist nichts, was auf Walsers Spätwerk und insbesondere auf die Texte des sogenannten Bleistiftgebiets beschränkt wäre, denn was sind die frühen literarischen Spaziergänge anderes als ein zielloses, irrendes Umherstreifen, in welchem die Dinge, Personen und Orte als schieres Nacheinander ohne innere Verknüpfung im Verlauf des Gehens auftauchen? Walsers Vorgehen deutet auf die ursprüngliche Bedeutung des Begriffs *Paraphrase*, an den Carol Jacobs erinnert: »Paraphrazein: to point out alongside.«[67] Vielleicht lässt sich somit Walsers eigentümliche Vorgehensweise, die Wiederholung und repetitive Nacherzählung bekannter literarischer Stoffe als eine spezielle Form der Paraphrase beschreiben.

Eine Paraphrase wiederholt nicht nur; sie interpretiert, schreibt um, transkribiert und übersetzt. Selbst die präziseste paraphrasierende Wiedergabe eines Textes ist weder objektiv noch neutral, sondern verlässt sich auf interpretative Gesten und ist von hermeneutischen Vorentscheidungen berührt. Die Paraphrase als einer der Grundbausteine hermeneutisch ausgerichteter Literaturwissenschaft ist vom Vorgang der Interpretation nicht zu trennen. Paraphrasieren heißt immer schon auslegen. Es gibt kein ›erstes‹, neutrales Lesen, welches kritisch-interpretative Lektüren vorbereiten würde, die auf dieser Basis eindeutig feststellbarer Bedeutungseinheiten aufbauen könnten. Jacques Derrida spricht von einem *paraphrastic moment*, der jeden Kommentar affiziert: »This paraphrastic moment, even if it appeals to a minimal competence, [ ] is already an interpretive reading. This moment, this layer already concerns interpretations and semantic decisions which have nothing ›natural‹ or ›originary‹ about them and which impose, subject to conditions that require analysis, conventions that henceforth are dominant.«[68] Die Rekonstruk-

---

67 Carol Jacobs: *The Dissimulating Harmony. The Image of Interpretation in Nietzsche, Rilke, Artaud, and Benjamin*, Baltimore, London 1978, S. 26.
68 Jacques Derrida: »Afterword: Toward an Ethic of Discussion«, in: ders.: *Limited Inc.*, Evanston 1988, S. 111-160, hier S. 144. Zur Paraphrase im literaturwissenschaftlichen und systemtheoretischen Diskurs vgl. Rembert Hüser: »Frauenforschung«, in: Jürgen Fohrmann, Harro Müller (Hg.): *Systemtheorie der Literatur*, München 1996, S. 238-275, hier S. 247: »Mich interessiert zunächst die Paraphrase der literarischen Texte in den systemtheoretischen Lektüren. Was läßt sich von einem (literarischen) Text überhaupt paraphrasieren? Paraphrasen sind auf der einen Seite unvermeidlich. Gleichwohl scheint es mir von Bedeutung zu sein, einmal zu fragen, was eigentlich deren basale Einheiten sind. Kann es mehr geben als eine bloße Fabelrekonstruktion? Das Hand-

tion der Fabel einer gelesenen Erzählung hängt von semantischen Entscheidungen und interpretativen Voreinstellungen ab, einem Komplex von Regeln und Konventionen. Walsers Vorgehen zeigt die prinzipielle Arbitrarität dieser Konventionen auf. Jedes Lesen oder Entlanggehen am oder im Text, jedes »Schreiben am Gehen«[69] betont anders, lässt andere Lücken und eröffnet andere Bedeutungsmöglichkeiten. Walser hält sich an keine vorgegebenen Regeln oder Methoden. Er weicht vom *Met-hodos*, dem richtigen Weg ab. Durch die Aufmerksamkeit für Details und Nebensächlichkeiten, welche auf eine scheinbar geordnete Wiedergabe des *plots* verzichtet, durch die nuancierte Wiedergabe des Gelesenen – einer Lektüre, die nicht mehr um eine »fixed axis dividing values« organisiert ist – wird »the assumption that a sign may function as a clear and unproblematical index of a repeatable meaning«[70] fraglich. Denn die Möglichkeit einer exakten Wiederholung oder einer konzentrierten Zusammenfassung, die von Walser ad absurdum geführt wird, vertraut gerade darauf, dass die einzelnen Elemente stabil, d.h. ohne Veränderung übertragen werden können.[71]

In der rhetorischen Tradition fungiert die Paraphrase als ein Mittel zur rhetorischen Schulung des Redners, sie ist Teil der *exercitationes*. Das Lernen des Redens entwickelt sich am Modell des Paraphrasierens, welches wiederum auf einem Modell des Lückenlassens fußt: Eine wichtige rhetorische Figur in diesem pädagogischen Zusammenhang stellt nicht zufällig die *detractio* dar.[72] Lernen heißt das Auslassen von Unwichtigem. Lernen heißt Lücken lassen. Wie lernt

---

lungsgerüst? Was ist das, eine Paraphrase? Und wieviel Paraphrase braucht der Text?«

69 Paul Nizon: *Am Schreiben Gehen. Frankfurter Vorlesungen*, Frankfurt 1985.

70 Carol Jacobs: *The Dissimulating Harmony*, a.a.O., S. 30.

71 Vgl. dazu Jacques Derridas Begriff der Iterabilität in: Jacques Derrida: *Limited Inc.*, a.a.O.

72 Vgl. Heinrich Lausberg: *Elemente der literarischen Rhetorik*. München 1967, S. 156 (§ 470): »2) Die Fähigkeit der Herstellung ganzer Reden (§ 3) wird geschult in: a) Redaktions-Übungen, in denen man: α) gegebene Texte bearbeitet, und zwar: I') fremdsprachige Texte in die Muttersprache übersetzt; - II') muttersprachliche Texte durch paraphrasis nach den Änderungskategorien (§ 58) verändert, wobei besonders auf die Weglassung oder Hinzufügung des ornatus (§§ 162–463) und auf die Einhaltung eines verlangten genus elocutionis (§§ 465–469) Wert gelegt wird.«

man, Lücken zu lassen? Wie lernt man lernen?

Leerstellen sind immer auch Lehrstellen, Orte an denen das Subjekt lernt, seine Stellung in der topografischen Ordnung zu finden. Durch eine solche Stellungnahme etablieren sich Sinn und Bedeutung: »Wie Lévi-Strauss in seiner Diskussion mit Paul Ricœur sagte, ist der Sinn immer ein Resultat, eine Wirkung: nicht allein eine Auswirkung als Produkt, sondern eine Auswirkung der Sprache, eine Auswirkung der Stellung.«[73] Somit ergibt sich Sinn aus einem Un-Sinn, der jedoch nicht mit einer schlichten Negation, einem Nicht-Sinn, dem Nonsense, verwechselt werden darf. Es zeigt sich bei Walser, wie es gerade durch die Null nicht zu einer Negation, sondern zu einer Potenzierung von Bedeutung kommt: »Null schlägt um in Unendlich.«[74] Es sind die Nullstellen, Lücken und Unausgesprochenheiten aus denen sich die bedeutende Gestalt des Texts herleitet, indem der Lesende Stellen einnimmt und *entwickelt*: »Aus den Unausgesprochenheiten entwickelt sich das Gestaltliche.«[75] Als »symbolischer Nullwert« ist die unausgesprochene Stelle »buchstäblich ein leeres Feld, ein sich ständig verschiebender Platz ohne Besetzer«,[76] der immer wieder neue und andere Sinnzuschreibungen erlaubt.

Moritz Baßler nennt eine solche Lücke oder unverständliche Stelle der Indetermination *Textur*: Eine Öffnung in der Oberfläche eines ansonsten linear strukturierten Textes, die auf die Gemachtheit von Literatur, d.h. ihre Verfahren hindeutet. Den Gegensatz zur Textur stellt für Baßler die *Struktur* dar. Eine Unterscheidung, die durch den *Lackmus-Test* der Paraphrase sichtbar wird: »Deshalb läßt sich die Paraphrase für die Zwecke dieser Unternehmung wie folgt instrumentalisieren: was paraphrasierbar ist an einem Text, soll als Struktur, was nicht paraphrasierbar ist, als Textur bezeichnet werden. Eine solche Paraphrase-Probe hat sich als eine Art Lackmus-Test für Verständlichkeit/Unverständlichkeit bewährt.«[77] Indem sich die dunk-

---

73 Deleuze: *Woran erkennt man den Strukturalismus?*, a.a.O., S. 18.
74 Utz: »Robert Walsers ›Jakob von Gunten‹. Eine ›Null-Stelle‹ der deutschen Literatur«, in: *DVjs*, a.a.O., S. 506.
75 Brief an Max Rychner vom 18.3.1926 in: Walser: *Briefe*, in: *Das Gesamtwerk*, Bd. 12,2, a.a.O., S. 267.
76 Deleuze: *Logik des Sinns*, a.a.O., S. 73.
77 Baßler: *Die Entdeckung der Textur*, a.a.O., S. 15. Für Michael Bachtin erlaubt die Paraphrase das »ethische Moment« eines Textes wiederzugeben. Vgl. Michael M. Bachtin: *Die Ästhetik des Wortes*, hg. v. Rainer Grübel, Frankfurt

len, unverständlichen, nicht-paraphrasierbaren Stellen einem unmittelbaren Verstehen entziehen, weisen sie auf die materiale Basis und rhetorische Verfasstheit des Textes. Roland Barthes, auf die etymologische Herkunft des Wortes Text hinweisend, macht an einer Stelle von *Die Lust am Text* auf dessen Produziertheit aufmerksam: »Text heißt Gewebe; aber während man dieses Gewebe bisher immer als ein Produkt, einen fertigen Schleier aufgefasst hat, hinter dem sich, mehr oder weniger verborgen, der Sinn (die Wahrheit) aufhält, betonen wir jetzt bei dem Gewebe die generative Vorstellung, dass der Text durch ein ständiges Flechten entsteht und sich selbst bearbeitet.«[78] Ein Text besteht aus einem ständigen Weben von Wörtern – ein Vorgang, der Nuancen hervorbringt[79] –, einem Produzieren von Stellen, die der direkten Nacherzählung widerstehen, da sie auf keine unter der Oberfläche der Wortkörper liegenden wahren Bedeutungen verweisen.

Das bereits oben erwähnte Prosastück Walsers »Angela Borgia, Julio, Der Kardinal, Der Herzog, Lukrezia, Der Autor dieser Szene« radikalisiert diese Fragen, indem es Conrad Ferdinand Meyers Novelle »Angela Borgia« auf eine schiere Auflistung von Eigennamen reduziert. Durch diese Paraphrase *in extremis* – eine Art Nullstelle der Literatur – entsteht ein stellenloser, grauer Text ohne Entwicklung, Anfang oder Ende. Erzählen geht in bloßes Aufzählen über, in welchem jeder Stelle die gleiche Bedeutung zukommt. Walser schreibt als Nachkomme und Landsmann Meyers, akzeptiert und affirmiert seine eigene »nicht hintergehbare Sekundarität«[80] gegenüber der Überlieferung. Doch ist es gerade dieses Verspätetsein, welches es ihm erlaubt, in der Wiederholung die Frage von Vorgänger und Nachfahre neu zu stellen. Der Vorgängertext zergeht in der Paraphrase, er wird zu einem *leeren Feld*, einer Wüste, er verwandelt sich zur grauen

---

1979, S. 125f.: »Man kann das ethische Moment des Inhalts eines Werkes mittels der Nacherzählung wiedergeben und teilweise transkribieren [...] Viele Literaturkritiker und Literaturhistoriker beherrschen die Aufdeckung des ethischen Momentes mit Hilfe durchdachter halbästhetischer Nacherzählung meisterlich.«
78 Barthes: *Die Lust am Text*, a.a.O., S. 94.
79 Zum Ursprung des Wortes Nuance als eines Fachterminus der Gobelinweberei vgl. oben das Kapitel »Höflichkeit im Zeichen der Nuance«, S. 83-123.
80 Bettine Menke: »Die Polargebiete der Bibliothek. Über eine metapoetische Metapher«, in: *DVjS*, 74, 4 (2002), S. 575–599, hier S. 579.

Einschreibungsfläche, die wieder und wieder be- und entstellt werden kann. Aris Fioretos imaginiert in *The Gray Book* einen ähnlichen Stil, der aus Wiederholungen und Revisionen hervorgeht: »If we can imagine a style of writing influenced by such troubling movement – expanding while diminishing – where erasures would open up inner horizons; repetitions suddenly expose inscapes of unknown makeup and magnitude; revisions uncover vast vistas of interiority, we would be dealing with a narrative in which plot no longer had precedent.«[81] Als eine Liste von Eigennamen verliert der Text sein Zentrum – Angela Borgia ist nur ein Name unter vielen –, nichts hält ihn zusammen; er kann immer wieder neu und anders akzentuiert werden. Keine Stelle, keine Position ist endgültig. Diese Ort- und Ordnungslosigkeit ähnelt scheinbar unberührten, spurlosen Räumen – etwa der Wüste oder Schneelandschaften –, in denen der Schreibende sich verliert.[82] Doch für Walsers graue Literatur gilt das Gleiche, was Bettine Menke über die Polarfahrt als metapoetische Metapher feststellt: Sie ist ein Bibliotheksphänomen, d.h. sie ist intertextuell verfasst und lässt sich nur in den Spuren ihrer Vorgänger erfahren.

Die Stelle bewegt sich in diesen Räumen am Rande der Stellenlosigkeit; sie hält nicht stand. Im Moment, in dem der Leser sie fassen will, beginnt sie zu erzittern, beginnt sie, sich zu verflüchtigen. An ihren *hereinbrechenden Rändern* oszilliert die Stelle, droht sie ins Grau der Stellenlosigkeit zurückzusinken. Im Akt des Lesens taucht sie auf, um sich gleichzeitig zurückzuhalten. Eine Figur ohne Figur. Eine flüchtige Figur für nichts: »acting as a placeholder marking vacancy in a symbolic system«.[83] Es ist gerade diese Zurückhaltung, diese Leere, die das System – sei es ein Text oder ein Leben, eine Biografie – erzählbar macht, ohne jedoch selbst erzählt werden zu können. Jakob von Gunten – nach eigenem Bekenntnis eine Null, eine Leerstelle – oder Simon Tanner machen keine nachvollziehbaren, geradlinigen Entwicklungen durch. Jakobs Tagebuch er-zählt

---

81 Aris Fioretos: *The Gray Book*, Stanford 1999, S. 118.
82 Vgl. dazu Utz: »Robert Walsers ›Jakob von Gunten‹. Eine ›Null-Stelle‹ der deutschen Literatur«, in: *DVjs*, a.a.O., S. 506f. und Hiebel: »Robert Walsers ›Jakob von Gunten‹«, in: Hinz und Horst (Hg.): *Robert Walser*, a.a.O., S. 240–275.
83 Fioretos: *The Gray Book*, a.a.O., S. 84; vgl. auch Roman Jakobson: »Signe Zéro«, in: ders.: *Selected Writings*, Bd. 2, Den Haag, Paris 1971, S. 211–219 und Roman Jakobson: »Das Nullzeichen«, in: ebd., S. 220–222.

nicht, es tritt auf der Stelle. Es scheint, als ob jeder Schritt aus der *Nullität* sich magisch in diese zurückzieht. Der Wunsch, aus dem Institut ins wirkliche Leben zu treten, bleibt illusionär, und der Text endet mit dem berühmten Aufbruch in die Wüste, einem stellenlosen Ort, »alien to maps, missing in all topographies«.[84] Um diese leere, verwüstete Stelle der Null gruppiert, präsentiert sich das Tagebuch Jakob von Guntens als eine Serie von Episoden oder Stellen, deren Reihenfolge die Nullstellen des Erzählens umkreist, ohne diese zu fixieren. Die Lücke, für welche die Null einsteht, ist für das Erzählen notwendig, hat jedoch weder eine feste Position innerhalb der Sequenz der Wörter des Texts noch determiniert sie deren Fortgang. Ihre Relation ist eine der Eröffnung von Möglichkeiten, nicht der kausalen Bestimmung. In *Am Nullpunkt der Literatur* identifiziert Roland Barthes einen solchen »Nullzustand« in der modernen Lyrik: »Es [das lyrische Wort, J.K.] schafft eine Rede voller Hohlräume und Lichter, voller Abwesenheiten und übermäßig nährender Zeichen.«[85] Die Wüste wie das Institut Benjamenta sind exterritoriale Orte, *campi deserti*, in denen Fortschritte und Vorgehensweisen aufgehen. Sinnlose Repetition des Immergleichen und spurlose Atopik nähern sich einander an: Stellenlosigkeit ist das Kennzeichen dieser weißen Räume, in denen die schillernde Figur Jakob von Guntens untertaucht, und Robert Walser Weihnachten 1956, auf unheimliche Weise den Dichter Sebastian aus *Geschwister Tanner* imitierend, sich im Schnee verliert, verschwindet.

Der solchermaßen von Sinn entleerte Text, dessen ausgehöhlte Wörter sich zusammenhanglos aneinanderreihen, erschwert eine zielgerichtete Deutung. Insofern die Schrift auf ihre materiale Basis – wuchernde Listen, Namensreihen – reduziert ist, wird die Ausrichtung einer Erzählung von einem eindeutig definierten Anfang zu einem eindeutig definierten Ende und somit die sinnvolle, werkhafte Einheit der Prosastücke fraglich. Wenn kein Element – kein Wort – den Anspruch erheben kann, eine bevorzugte, organisierende Stellung einzunehmen, muss dieses auch für die ersten und letzten Wörter des Textes gelten. In der stellenlosen Schrift, vielleicht eine adäquate Beschreibung des *Bleistiftgebiets*, sind Anfang und Ende nur Elemente unter anderen, verlieren sie ihre klammernde Funk-

---

84 Fioretos: *The Gray Book*, a.a.O., S. 87.
85 Barthes: *Am Nullpunkt der Literatur*, a.a.O., S. 58.

tion, organisieren sie nicht mehr den Fortgang der Wörter. Zwischen den ersten und letzten Wörtern eines jeden Prosastücks ist keine Entwicklung aufgespannt: Literatur entspannt und löst sich, erlaubt Gelassenheit als auch Langeweile. Da die Erzählung sich nicht mehr auf ein abschließendes, sinnstiftendes Ende zubewegt, verwandelt sich diese in eine schlichte Aufzählung, eine eintönige Reihung. Hans-Jost Frey hat diese Tendenz zu Monotonie und Eintönigkeit am Beispiel von Flauberts Prosa aufgezeigt: »Die beliebig lange Reihe der vorüberziehenden Götter und Systeme [in Flauberts »Tentation de Saint Antoine«, J.K.] ist deshalb eintönig, weil es angesichts einer solchen Menge nicht mehr möglich ist, das eine vor dem anderen zu bevorzugen. In der Aufzählung wird die Besonderheit der einzelnen Posten immer gleichgültiger.«[86] Keine Lektüre solch monotoner Wortfolgen kann sich als privilegiert ansehen, denn jedes hermeneutische Verfahren ist von der Beliebigkeit der prinzipiell endlosen Versuche zu verstehen gezeichnet. Die Ordnungslosigkeit des Wortmaterials ist das, was den Versuch zu verstehen auslöst und gleichzeitig dieses Verstehen verunmöglicht.

Walsers Spaziergänge ins Weiß eingeschneiter Textlandschaften werden gewöhnlich als ein Aufgehen in der Spurlosigkeit des Verstummens gelesen. In dieser Lesart antizipiert Jakob von Guntens Aufbruch in die Wüste das Verlangen des Dichters nach der Auslöschung des Ich. Doch ist dieses Weiß nicht vielmehr grau – eine offene Potentialität? Ist es nicht vielmehr ein »Schweigen, welches nicht tot ist, sondern voll Möglichkeiten«?[87] Dieses Schweigen ist nicht das Gegenteil von Sprechen, diese Leere ist nicht der Widerpart von Fülle – es versammelt und splittert alle möglichen Spuren, Texte und Vorschriften. Der bloß graue, stellenlos entstellte Text ist als Einschreibungsfläche vom Hintergrundrauschen der literarischen Tradition überlagert: »Aber das gesuchte Gebiet der Spurlosigkeit wird erreicht nur mit einer reichen Ausstattung an Mythen und Büchern, innerhalb der Ordnung der Spuren, im Medium der Intertexte. Das Polargebiet dementiert als Bibliotheksphänomen, das es

---

86 Frey: *Der unendliche Text*, a.a.O., S. 216.
87 Wassily Kandinsky, zitiert nach: Utz: *Tanz auf den Rändern. Robert Walsers ›Jetztzeitstil‹*, a.a.O., S. 267. Vgl. auch Wolfram Groddeck: »»Weiß das Blatt, wie schön es ist?‹ Prosastück, Schriftbild und Poesie bei Robert Walser«, in: *Text: Kritische Beiträge*. Heft 3, *Entzifferung I*, 1997, S. 23–41.

ist, durch seine intertextuelle Verfaßtheit das, was in ihm aufgefunden werden sollte, den Ort ohne Spuren. Es wird begangen in den Spuren von Vorgängern.«[88] Der unstellige, graue Text wie auch die Wüste oder gefrorene Schneelandschaften vermessen »keine imaginären und unberührten Landstriche, sondern den ungeheuren Raum der Literatur«.[89] Die scheinbare Leere und Gleichförmigkeit enthüllt sich dem aufmerksamen Leser als eine unübersichtliche, zerklüftete Schichtung von bereits Geschriebenem: »Die Spurlosigkeit wird aufgefunden nur in einer Nachträglichkeit, die sie dementiert, das, was nur einmal sich ereignet, in der Wiederholung.«[90] Der Nachvollzug des grauen, monotonen Texts, welcher in den Spuren der Vorläufer fortschreitet, manche Stellen überspringt, Lücken lässt, plötzlich die Richtung wechselt, erkennt die Potentialität einer lesenden Ein- und Fortschreibung im Modus der Wiederholung. Diese repetitive Struktur ist bereits in Walsers Text angelegt als »immerwährende Wiederholung von Episode zu Episode, [...] stillstehende Entwicklung, [...] endlose Erweiterung des Gleichen«.[91] Dem Leser eröffnet sich die Möglichkeit, die Wiederholung weiterzuführen, die Leerstellen zu füllen und zu erweitern, »eine Fülle im Modus des Fehlens«[92] zu erfahren.

---

88 Menke: »Die Polargebiete der Bibliothek«, in: *DVjs*, a.a.O., S. 545.
89 Maurice Blanchot: »Die Holzbrücke. Die Wiederholung, das Neutrum«, übers. von Elsbeth Dangel, in: Maurice Blanchot: *Von Kafka zu Kafka*, a.a.O., S. 153–167, hier S. 157.
90 Menke: »Die Polargebiete der Bibliothek«, in: *DVjs*, a.a.O., S. 546.
91 Blanchot: »Die Holzbrücke. Die Wiederholung, das Neutrum«, in: ders.: *Von Kafka zu Kafka*, a.a.O., S. 156.
92 Ebd.